大数据运营与管理

——数据中心数字化转型之路

温柏坚　高　伟　彭泽武　万　婵　杨秋勇　著

机械工业出版社

本书立足企业数据中心，对其演进历程进行了回顾和总结，并站在数字化转型的历史潮头，阐述了数据中心转型的深层次原因和驱动力，明确了转型的基本思路和模式，提出了数据中心运营管理并实现数字化的基本框架，探讨了一些可供借鉴的实施策略、建议和实践案例，为企业数据中心的发展描绘了新蓝图、开启了新天地。因此，本书对于很多尚在苦苦思索数据中心在企业数字化转型中如何定位、如何转变的管理者来说，有着非常重要的指导意义。

本书适合政府机构、各行业的信息化部门管理者、数据中心工作人员及相关研究人员阅读。

图书在版编目（CIP）数据

大数据运营与管理：数据中心数字化转型之路/温柏坚等著 . —北京：机械工业出版社，2021.5（2024.2 重印）

ISBN 978-7-111-68372-8

Ⅰ.①大… Ⅱ.①温… Ⅲ.①企业管理-数据管理-研究 Ⅳ.①F272.7

中国版本图书馆 CIP 数据核字（2021）第 101611 号

机械工业出版社（北京市百万庄大街 22 号 邮政编码 100037）

策划编辑：杨 源 责任编辑：杨 源

责任校对：徐红语

责任印制：单爱军

北京虎彩文化传播有限公司印刷

2024 年 2 月第 1 版第 4 次印刷

184mm×240mm · 15 印张 · 325 千字

标准书号：ISBN 978-7-111-68372-8

定价：89.00 元

电话服务 网络服务

客服电话：010-88361066 机 工 官 网：www.cmpbook.com

010-88379833 机 工 官 博：weibo.com/cmp1952

010-68326294 金 书 网：www.golden-book.com

封底无防伪标均为盗版 机工教育服务网：www.cmpedu.com

自　序

当前，全球已迎来前所未有的新一轮科技与产业革命，产业数字化转型的脉络和趋势已日益清晰，并成为网络化、智能化方向提质增效及重塑核心竞争力的必由之路，推动着生产主体、对象、工具、模式、场所的全要素体系重构，形成企业经营管理层面发展观、方法论、价值判断、运行机理等认知框架的范式迁移。

随着全社会信息基础环境大幅改善，海量数据源源不断地产生，并成为新型生产要素。数据要素进一步推动劳动、技术、资本、市场等要素配置的合理化，并带动数字化转型呈现三大转变：一是从被动转变为主动，将数字化从用于提高生产效率的被动工具，转变为创新发展模式、强化发展质量的主动战略；二是从片段型转变为连续型，将数字化从对局部生产经营环节的参数获取和分析，转变为对全局流程及架构的诠释、重构及优化；三是从垂直分离转变为协同集成，将数字化从聚焦于单一环节、行业和领域，转变为对产业生态体系的全面映射。

数字化转型呈现平台化、共享化的新特征，加速推动产业链各环节及不同产业链的跨界融合。依托于互联网、大数据、人工智能等新一代信息技术的创新聚变，快速、高效、低成本的数据计算、处理及存储的新体系逐步建立。人类对客观世界的认知与探索从物理空间向信息空间急速迈进，在现实与虚拟之间、原子与比特之间搭建起可以彼此连接、精准映射、交互反馈、有效控制的通道、枢纽与平台。这时，企业数据中心就要发挥更加重要的作用，它不仅要像传统数仓那样做好数据的汇聚和整合，更需要参与到数据生产要素的价值运营中来，这就需要企业数据中心从其自身进行转型，使之更加适合新时期数据供给和服务的要求。

企业可以基于数据中心运营管理模式的转型来实现组织架构和商业模式的变革重塑。通过数据中心运营管理模式的转型，将企业间的竞争重点从产品和供应链层面推向生态层面，直接带动技术开源化和组织方式去中心化。届时，开放与高度协同的创新特质得以凸显：知识传播壁垒开始显著消除，创新研发成本持续大幅降低，创造发明速度明显加快，群体性、链条化、跨领域创新成果屡见不鲜，颠覆性、革命性创新与迭代式、渐进式创新并行，创新主体、机制、流程和模式发生重大变革，资源运作方式和成果转化方式多样化，跨地域、多元化、高效率的众筹、众包、众创、众智模式不断涌现，数据中心成为企业生产经营乃至整合行业的核心驱动力。

我相信，数字化转型的探索仍有待进一步深入，并不会随着本书的出版而止步不前。在未来可见的十几年内，数据中心必然会在全球数字化转型中扮演越来越重要的角色，它的运营和管理模式也会不断创新发展，但其目标始终明确，那就是不断提升数据对企业业务、经营管理以及行业发展和社会进步的价值赋能，与其他技术和要素一起，为人类带来一个更加美好、更加便捷的数字化新时代。

温柏坚

广东电网有限责任公司信息中心主任

前　　言

此时此刻，全球范围内数以千万计且各种规模的数据中心正在建设、扩容和持续完善之中。毫不夸张地说，数据中心已经成为社会经济数字化发展的基石，也是企业或组织数字化转型的根本，它就像一个"魔盒"，将数据作为生产资料，魔法般地转化成管理效益、经济效益和社会效益，加速全社会数字化水平的不断提升。

到底什么是数据中心？为什么它这么重要？如何建设、运营好数据中心，从而实现投资回报的最大化？弄清楚这些问题已经是无法回避的时代挑战。只有对数据中心有着深刻的认知，把握数据中心的本质与规律，方能利用好数据中心这把"利刃"，在数字化经济时代披荆斩棘，在激烈竞争和发展挑战中立于不败之地。

本书内容

全书共分为 7 章，从数据中心的发展现状分析入手，引出数字化运营的概念，将数据中心与数字化运营有机结合，创新性地提出数据中心数字化运营理念，站在全局规划的视角分步骤阐述了数据中心数字化运营的实现路径，并在最后给出了一些具有实际参考意义的行业实践案例。

第 1 章介绍了数据中心的发展现状，系统回顾和分析了数据中心的建设背景、数据中心的演进历程，以及数据中心的管理要求。

第 2 章介绍了数字化运营的基本概念和特征，明确了数字化运营的基本概念，阐述了数字化运营的环境、数字化运营的发展特征、数字化运营的模式分类。

第 3 章全面阐述了数据中心数字化转型的基本思路，从数据中心面临的转型挑战和传统运营模式面临的困境入手，提出了以数字化运营驱动数据中心转型的基本思路。

第 4 章构建了数据中心数字化运营的基本框架体系，包括价值框架、能力框架、管控框架和保障框架。

第 5 章阐述了数据中心数字化运营的实施策略，提供从数据中心运营现状评估，到实施方案设计、试点验证、试点总结推广、全面转型实施、实施总结与深化等一整套可行的策略方案。

第 6 章探讨了数据中心数字化转型过程中将会面临的认知理念层面、组织人才层面、实施策略层面和风险管控层面的关键挑战，并提出应对措施。

第 7 章介绍了四个数据中心数字化运营的行业探索案例，涉及通信、金融、能源、政府等行业领域，为其他企业数据中心数字化运营的转型落地提供了可行的参考方案。

本书特点

较早地对数据中心数字化运营开展理论探索，主题新颖，拓宽读者思维。

系统阐述了数据中心数字化运营的实施思路、框架与方案策略，结构清晰，深入浅出，是一本企业数据中心数字化运营的实操指导书。

书末附典型行业探索案例分析，场景、措施、成效均有所涉及，让读者能够结合自身工作，举一反三。

读者对象

本书适合政府机构、各行业的信息化部门管理者、数据中心工作人员及相关研究人员阅读，希望能给广大读者带来一些有益的启示。

目　　录

第1章 数据中心发展现状

1.1 数据中心建设背景

从 2008 年开始，国内的数据中心建设就在金融、电信等行业数据集中化管理的带动下，进入了一段快速发展时期。而今，高潮尚未退去，数据中心建设又一次站到了时代的风口。

数据中心缘何会再次成为令人瞩目的焦点？欲知其背景，首先应透过数据中心的定义，洞悉其内在的价值与意义。在此基础之上，我们能够发现无论是从国家战略决策层面，还是从社会经济转型、企业核心竞争力转变层面，数据中心能够再次站上风口都有其必然性。

1.1.1 数据中心的定义

为了让读者更好地对数据中心有一个感性认识，在我们正式探讨数据中心的相关概念之前，不妨先了解一下近几年发生的几件关于数据中心的大事。

1. 关于数据中心发展的典型事件

2019 年，南方电网宣布将在 2019～2020 年投入百亿元建设数字电网，在数据中心方面，推动公司数据中心从"旁站式"向"底座式"模式转变，以云数一体的方式升级公司数据中心，使得公司数据中心成为公司数字化转型和数字南网建设所有平台以及应用的统一基础数据底座。

2020 年 4 月 20 日，阿里云宣布将在未来 3 年投资 2000 亿元，用于重大核心技术攻坚和面向未来的数据中心建设。同年 7 月，阿里云宣布位于南通、杭州和乌兰察布的三座超级数据中心正式落成、陆续开服，将辐射京津冀、长三角、粤港澳三大经济带，加速新基建建设。

2020 年，中国移动加快"3＋3＋X"的数据中心布局，打造"京津冀、长三角、粤港澳"三大经济带数据中心。计划到 2022 年完成首期投资 40 亿元，10 年投资总规模达 150 亿元。

2020 年 6 月 18 日，交通银行新同城数据中心项目正式开工。总投资超过 30 亿元，建成后将为上海国际金融中心的运行提供强有力的金融数据服务支持和安全保障。

2020 年 7 月 3 日，腾讯公司发布"规划部署百万台服务器的腾讯云清远数据中心正式开服。"这是国家新基建战略背景下，腾讯首个开服的超大规模数据中心，同时也是华南地区迄今为止最大的新基建项目，如图 1-1 所示。

为什么传统产业领军企业和新兴产业互联网龙头，都在大规模投资建设数据中心呢？数据中心到底是什么，竟有如此魅力，引发全社会层面的"军备竞赛"？什么样的数据中心才是优秀的，怎样建设并运营数据中心，才能有效保护投资，赢取最大价值？

毫不夸张地说，针对上述问题的探讨，已触及企业或组织数字化转型的根源问题，更事关社会经济数字化发展基石的铸就。弄清楚这些问题已经是无法回避的时代挑战——只有真正掌握对数据中心的深刻认知，理解数据中心的本质定位

图 1-1　腾讯云清远数据中心

与发展规律，方能利用好数据中心这把"利刃"，在数字化经济时代披荆斩棘，在激烈竞争和发展挑战中立于不败之地。

2. 数据中心是什么

维基百科是这么定义数据中心的："数据中心（Data Center），用于安置计算机系统及相关部件的设施，例如电信和存储系统。它一般包含冗余和备用电源、冗余数据通信连接、环境控制（例如空调、灭火器）和各种安全设备。"很多人据此认为，数据中心就是一个机房加上一堆服务器。事实上，如果你真的了解数据中心在数字化建设中的作用，就会发现，数据中心并不仅仅是服务器的集合，它更大的价值在于实现对数据信息的集中处理、存储、传输、计算、交换和管理，通过数据来链接企业或组织的各个部分，从而具备智慧决策、全面协作、及时响应等关键能力，并推动数字化转型的全面实现。

简单来说，我们认为数据中心不仅仅是由一堆硬件和软件组成的，而是包括了组织、制度、数据、软硬件、运营、决策等一系列有机组成部分，从而形成了一个可持续为企业产生价值、推动企业数字化转型的完整体系。

下面我们将从三个层次来理解什么是数据中心。

第一，设备层次。通常数据中心由基础设施、软件系统、硬件设备、网络设备组成。其中，基础设施主要包括供电系统、制冷系统、监控系统等，保障数据中心运行所需要的环境；软件系统包括操作系统、数据库管理系统等，是实现人机互动的桥梁，方便对数据中心进行控制与管理；硬件设备包括机柜、服务器、存储器等，是数据中心的物理基础；网络设备包括交换机、光纤等，为数据中心提供了高速的数据传输和接入服务。

设备层次解决的是数据中心存在的软硬件问题。在某些硬件设备厂家的语境中，数据中心就是由一系列软硬件设备组成的，这种看法放在今时今日的发展环境中无疑是极其片面

的。因此，我们认为，设备层次是数据中心得以建成和发挥作用的物理基础，随着计算机存储、计算技术的日臻完善，软硬件层面的能力已经不再是大数据发展的焦点，也很少有企业会因为软硬件能力不足的问题而影响数据中心的建设和运行了。

第二，数据层次。数据层次是当前数据中心的关键组成，也是数据中心为企业带来多大助益的核心能力。一方面，数据中心将企业海量且分散的内部与外部数据进行汇聚、转换、融合，构建更便于使用的数据模型，提高企业数据质量，提升数据供给水平；另一方面，企业在量大质优数据的基础上进行业务分析计算，大大提高了对业务趋势预测的准确性和企业决策的正确性，从而可以建设多种多样的数据创新应用，为企业内部经营管理和外部市场拓展提供依据和抓手。此外，数据中心通过数据的汇聚和融合，可以逐步形成一种良性的数据生态，打破企业、行业之间的壁垒，从而实现数据价值的最大化。

数据层次解决的是数据中心核心竞争力的问题。在数据成为生产要素的今天，数据能够参与市场配置，可以直接或间接为企业带来效益。当然，数据的数量规模、质量水平、服务能力等都是评价数据中心核心竞争力够不够强劲的重要指标。基于这种认知，我们认为，一个企业的数据中心至少要具备数据层次的基本能力，才能成为初步可发挥作用的数据中心。值得注意的是，这一层次绝没有大家想得那么简单，可以毫不夸张地说，绝大多数企业经过多年数据中心建设，还一直在这个层次徘徊，还远没有达到驾轻就熟的良好状态。

第三，运营层次。随着大数据发展，汇聚和提供数据已经不再是数据中心最主要的目标和职能了。各个企业已经将目光聚焦到如何基于数据中心的核心能力实现持续性产出，为企业各方面带来可见的效益。这个层次的数据中心需要拥有专门的、专业的团队，扁平化的组织架构，清晰的权责划分，运维好软硬件设备的同时，更重要的是能够为业务部门提供持续可靠的服务，而且自身也具备数据创新和应用建设等能力，并能够持续开展数据成果市场推广和价值挖掘等工作。运营层次既是数据中心运行良好的保障，也是整个数据中心持续价值输出、实现数据驱动企业发展的重中之重。

运营层次解决的是数据中心价值持续释放的问题。越来越多的企业已经认识到，数据中心不能仅仅是建设一堆软硬件系统，也不能简单地将数据汇聚归集和整合融合，更重要的是要形成一套完整的运营机制，从组织、制度、流程、商业模式、市场策略等方面促进基于数据中心的各种生产活动的活跃化，形成快速迭代发展和持续优化改进的良性循环，从而对内对外不断促进数据价值的释放，为企业带来实际的经济效益和社会效益。

3. 数据中心的定位和意义

根据数据中心发展层次的不同，其在企业内部的定位也在不断变化，但总体上来看，定位越来越趋近核心生产能力，也变得越来越不可或缺。

在传统上，数据中心的定位主要是企业数据的"仓库"，它通过各种渠道和方式将企业的数据汇聚起来，并进行"分门别类"，实现有序存储和关联整合，当企业内部有人要用数据的时候，能够快速找到并提供出去。因此，数据中心位于企业各业务系统的下层，更多的是一种企业信息的记录汇集载体，主要是为企业各个业务部门提供数据支持，并没有自己的"生产力"。

在新的时空环境下，数据中心的定位已经发生了明显的变化。简单来说，**数据中心正在成为企业经营管理的"大脑"，它不再仅仅是作为一种"仓库"存储和提供数据，更重要的是通过海量的数据融合和先进的算法处理，一方面可以及时发现和解决企业经营管理中的问题，另一方面可以如同人的大脑一样，基于数据对未来进行预测和决策，驱动和指挥企业管理业务相关系统对外界环境和刺激提前做出恰当应对，帮助企业始终立于行业发展"潮头"。**这一过程对数据中心来说，就是企业或组织实现数字化转型的过程，业务、流程、人员、技术都被数据有效融汇在一起，形成了一个类似"有机体"的形态，通过最适合的方式跟外部市场生态进行互动，从而获得最优的发展结果。

数据中心作为企业经营管理的"大脑"，作为驱动企业实现数字化转型的"有机体"，对企业内外部的管理和业务发展，意义非凡。

数据中心可以给予内部想要进行管理决策的高层以数据服务支持，帮助其构建企业发展运转的"仪表盘""驾驶舱"，量化和展示与企业发展相关的运营监控信息，促进企业实现内部业务管理的智慧化、精益化，变革传统运营管理模式。

数据中心可以给予内部想要进行业务创新的员工以数据服务支持，帮助其纵观业务发展的历史轨迹，用数据分析、预测业务，带动企业实现内部业务运营的智能化、精细化，变革业务经营模式。

数据中心可以给予外部想要发展数字经济的组织机构以数据开放合作支持，推动企业以数据资产为纽带，和国家、政府、其他企业建立"连接"，共同实现数据跨行业融合和数据价值释放的探索实践。

由此可见，数据中心是企业提升管理经营水平的"加速器"，是企业在大数据时代融入外部数据生态圈的"连接头"，是企业持续发展数字经济的"工业基地"，支撑企业走上"用数据决策，用数据管理、用数据创新"的数字化发展之路，提升核心竞争力。

据赛迪智库的研究预测，数据中心已经成为全球企业发展业务不可或缺的重要组成部分，兴建数据中心支撑公司数字化转型和业务发展成为很多企业的必然选择，到2022年，数据中心IT投资规模将达到5256亿元，未来三年将保持12.4%的年均复合增长率。

数据中心的快速发展恰恰体现了时代前进的脉动，它是企业走上"用数据决策、用数据管理、用数据创新"的数字化发展之路的有力支撑和基础保障，也是提升行业竞争力的重要举措。

1.1.2 新基建的关键领域

1. 新基建的背景和意义

2020年，"新基建"（新型基础设施建设）这个词引发热议，从中央到地方，不论是专家学者还是市民百姓，无不在谈"新基建"。备受关注的"新基建"，却并非始于 2020 年，早在 2018 年中央经济工作会议上便提出了"新基建"这一概念。会议指出，要加快 5G 商用步伐，加强人工智能、工业互联网、物联网等新型基础设施建设。此后，国家对新基建日益重视，加强统筹规划、加大政策保障，不断促进新基建的发展。

为什么国家对新基建这么重视？事实上，基础设施是经济社会发展的重要支撑，因此，国家每年在铁路、公路、机场、水利等重大基础设施建设上投入大量资金，久而久之"基建狂魔"的称号闻名天下。身处数字化时代，传统基建已经无法助力产业结构调整和产业数字化升级，尤其是在新冠疫情影响下，世界经济发展脚步放缓甚至出现负增长，传统基础建设遭遇瓶颈。在当前这一关键时间节点上，国家发力新基建，是应对疫情冲击、促消费、稳增长的有效手段。

新基建借助"数字中国"建设的"东风"，将逐步成为支撑中国经济新一轮高速增长的新动能，同时，也将进一步促进传统产业的深化转型和结构调整，为传统产业注入更多的创新活力，实现业务模式和生产方式的升级改造，推动科技创新，加速数字化转型，全面推动经济高质量发展。

总而言之，新基建是符合时代背景要求的新兴产业，也是中国经济结构全面调整、产业动能全面释放的重要举措。

2. 新基建的范围和内容

2020 年 4 月 20 日，国家发展和改革委员会首次明确新基建的范围，它主要包含以下三个方面，如图 1-2 所示。

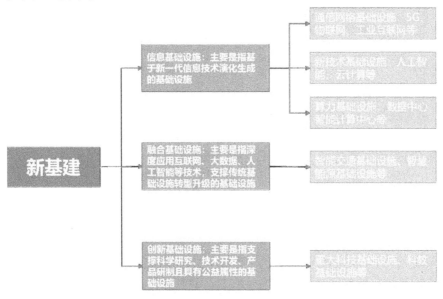

图 1-2 "新基建"范围

一是信息基础设施，主要是指基于新一代信息技术演化生成的基础设施，比如以5G、物联网、工业互联网、卫星互联网为代表的通信网络基础设施，以人工智能、云计算、区块链等为代表的新技术基础设施，以数据中心、智能计算中心为代表的算力基础设施等。信息基础设施能够让数据互联互通，满足数字化时代下数据的获取、传输、交换的需求。它既是新技术大展身手的舞台，也是融合基础设施和创新基础设施发挥价值的前提。因此，笔者认为，信息基础设施是新基建三大领域中的基础。

二是融合基础设施，主要是指深度应用互联网、大数据、人工智能等技术，支撑传统基础设施转型升级，进而形成的融合基础设施，比如，智能交通基础设施、智慧能源基础设施等。融合基础设施主要发挥的作用是深入应用人工智能等新兴技术升级改造传统基础设施，丰富传统基础设施的功能，侧重于新兴技术与传统基建的融合能力，是传统基础设施发展的更高阶段。

三是创新基础设施，主要是指支撑科学研究、技术开发、产品研制且具有公益属性的基础设施，比如，重大科技基础设施、科教基础设施、产业技术创新基础设施等。创新基础设施用于支撑科技创新、科技教育、产品研发等技术的变革，助力我国实现"科教兴国""人才强国"的战略。

3. 数据中心是新基建的核心支撑

数据中心是"新基建"的重要组成部分，也是5G、工业互联网、大数据、人工智能等其他"新基建"的基础设施和核心支撑。"新基建"提出的数据中心是对传统数据中心的丰富和升级。我们认为，数据中心既是所有信息基础设施背后数据汇集融合的仓库，也是人工智能、云计算、区块链等新技术大显身手的平台，是实现数据可用、好用、用好的基础。随着信息爆炸，各行各业对数据中心的依赖程度日益加深，推进数据中心的建设和应用的意义也越来越大，它将为企业和社会提供更加智能、便捷的数据服务，创造更大的价值。

加快大数据中心等新型基础设施建设，并尽早投入使用，对信息产业、制造业、能源和公共事业、金融服务、交通运输等各行业都将产生重大影响。新型基础设施建设主要表现在数字化、智能化上，内核是为数字经济的发展和产业数字化转型提供底层支撑。数据中心作为新基建的关键领域，是数据、内容和算力的承载平台，与5G、特高压、城际轨道交通、新能源、人工智能、工业互联网等新基建多个领域都有着紧密关系，它已经延展出新的内涵——数字经济时代的数字枢纽，肩负着数据流的接收、处理、存储与转发。成为其他新基建领域的运行基石。

首先，"数据中心＋其他新基建"可以发生"化学反应"。未来，各类经济和民生活动线上化的趋势、万物互联互通的趋势会更加明显，在其他新基建领域，包括充电桩、车联网、5G等应用场景会越来越多，特别是5G、云计算领域，将催生数据爆发式增长。在这个时候，数据中心的价值与作用将会进一步显现，这些爆发的数据会反馈到数据中心进行计算、传输以及存储。数据中心将作为底座，承载其他新基建应用场景中产生的数据，并且提供高效的算力、算法支撑，与其他新基建发生"化学碰撞"，让其他新基建的应用场景更加智能、智慧。

其次，数据中心可以为其他新基建的发展提供"基础原料"。数据是发展新时代数字经济的关键生产要素，而数字经济的飞速发展离不开海量数据支撑，离不开数据中心的同步配套。5G、云计算、大数据、移动互联网、人工智能等新技术、新模式的发展和应用无不以海量数据为支撑。数据中心作为海量数据的"图书馆"，是海量数据的承载实体，可以为其他新基建运行提供海量数据原料支持，成为整个经济社会数字化运行的基础。

再次，数据中心为其他新基建提供发挥作用的"舞台"。数据中心的服务器规模不断叠加翻倍，在持续的演进中不断集成云计算、区块链、人工智能等多种新基建技术，由数据的存储载体逐渐演化为数据加工应用分析的"母机"。数据中心的规模日趋庞大，承载起越来越广泛的数据业务需求，成为海量服务的"发射器"，类似智慧交通、新零售、自动驾驶、工业互联网等多项新基建融合应用的场景大量诞生，而此时，数据中心可以为5G、物联网、AI，以及各垂直行业提供强有力和广泛的基础设施保障，为各类新基建提供发挥作用的"舞台"。

最后，数据中心可以为其他新基建提供"后台支撑"。除了5G、人工智能等信息基础设施外，由传统基础设施深度应用互联网、大数据等技术转型升级，进而形成的融合基础设施，如智能交通基础设施、智慧能源基础设施等，也是新基建的重要组成部分之一。这些融合基础设施的数字化、智能化、自动化运转离不开数据中心的算力支持，数据中心作为这类新基建的"后台支撑"，可以为其运行提供数据计算处理服务，提供海量算力。

4. 新基建时代数据中心建设的注意点

众所周知，新基建的本质之一就是要求在基础设施层面上融入更多高科技的数字化技术，这就决定了过去低水平、重复建设的数据中心建设模式和方法在未来必然没有市场空间。因此，数据中心要想避免重蹈低水平、重复建设的覆辙，与之匹配的新产品、新技术、新生态将至关重要。

首先，数据中心软硬件基础能力将会继续高密度演进。比如在制冷方面，随着数据中心单机架功率密度越来越大，对制冷的要求也日趋严格，这就驱动了像间接蒸发制冷等相关技术的快速发展。此外，体积更小、效率更高的存储设备会不断更新换代，为实现更大范围和规模的数据集中存储和管理提供基础的技术保障。

其次，新兴技术的有效集成和应用至关重要。人工智能技术对数据中心未来发展也有着重要影响，尤其考虑到数据中心规模越来越庞大，如何实现运维的智能化、少人运维将是重要挑战，基于人工智能技术的 AIOps（人工智能运维系统）未来会成为数据中心运维的关键。

再次，数据中心作为长技术链、产品化的领域，需要构建更加集约化的生产运营机制。

数据中心将不再只是提供单一的数据查询和获取服务，而是围绕数据以及数据产品提供从咨询、规划、设计、交付到运维管理的全生命周期服务，以及全场景、全系列覆盖的数据中心解决方案和产品，这就需要借助全球化供应链以及各领域不同专业能力来共同促进整个数据中心生产运营机制的现代化。

最后，以数据中心为内核的数据生态会更加开放，联合创新会成为未来数据中心非常重要的合作模式。通过联合创新的方式加速数据中心新技术的落地与应用。与自然界的"水往低处流"不同，数据中心在数据和业务集中方面遵循"高地原则"，即某个企业的数据中心发展领先时，所在行业的数据会向其逐步汇聚，形成一种数据生态，并以开放的姿态集中行业内外的先进资源和技术，不断孵化前沿成果，为生态内的所有参与方带来更好的收益。

总体而言，中国数字经济的快速发展，正在推动数据中心产业开启它全新的阶段。尤其是像人工智能、区块链、联邦学习等数字化技术的进一步融入，专业化、智能化、联合创新式的数据中心将会得到用户越来越多的青睐。而数据中心作为数字经济时代的数字枢纽，在数字经济中所扮演的角色也将不可替代。

1.1.3　数字化转型的基础

1. 数字化转型的时代背景

数字经济已经成为 21 世纪全球经济增长的重要驱动力。根据中国信息通信研究院 2018 年发布的《G20 国家数字经济发展研究报告》，G20⊖国家数字经济持续保持快速发展态势，数字经济总量由 2016 年的 24.09 万亿增加到 2017 年的 26.17 万亿美元，增长率高达 8.64%；同时结构不断优化，G20 国家产业数字化占比由 2016 年的 84.18%，提高到 2017 年的 84.47%。

我国高度重视数字经济对社会发展贡献的巨大潜能。2017 年，"数字经济"首次写入《政府工作报告》，数字经济发展开启新篇章，推动数字经济成为国家经济增长的新引擎。2018 年 4 月 20～21 日，在全国网络安全和信息化工作会议上，习总书记指出，要发展数字经济，加快推动数字产业化，依靠信息技术创新驱动，不断催生新产业新业态新模式，用新动能推动新发展。要推动产业数字化，利用互联网新技术、新应用对传统产业进行全方位、全角度、全链条的改造，提高全要素生产率，释放数字对经济发展的放大、叠加、倍增作用。2020 年 4 月 9 日，中共中央、国务院发布了《关于构建更加完善的要素市场化配置体制机制的意见》，首次将数据作为生产要素，提出要加快培育数据要素市场。

在数字经济的大潮中，数字化转型成为各个行业的必经之路。互联网企业凭借其先天优势，在这一波数字化浪潮中独领风骚，成为时代宠儿，积累了大量社会财富。而传统企业虽

⊖ 二十国集团，以下简称 G20。

然在数字化转型方面身形笨拙，但也在尽力打破原有思维窠臼，积极引入数字化技术（例如云计算、人工智能、物联网等），适应不断加速的市场变化，更好地满足各层次、个性化的客户需求，对传统生产模式、经营模式和商业模式进行创新变革，力图跟上数字化时代的发展大潮。

不可否认的是，随着数字化转型的迅猛发展，数字化技术和应用推动了社会的进步，极大地改变了人们的生活方式。例如疫情期间的健康码、淘宝的智能推荐、支付宝的刷脸支付等。可以这么说，在数字化时代，数字技术已经成为工业4.0的核心，数字化转型成为企业和国家发展的关键战略。

2. 数据中心为企业数字化转型提供了认知基础

数据中心早于数字化转型出现，但是数据中心的基本理念和发展方向与数字化转型高度契合。人们对数据中心认知的核心基础是数据对于一个企业、一个行业乃至一个社会发展的驱动作用，而数字化转型的核心目标也正在于此。因此，在数据中心多年来的发展过程中，各行各业的管理者和从业人员对数据的作用已经开展了大量的持续性宣传工作。甚至可以这么说，在当前，几乎所有企业的管理人员都可以快速地接受数字化转型的基本理念和目标，因为这些内容都是长期以来在行业企业之间进行业务交流时和与自家技术部门主管沟通时频繁涉及的，理解上几乎是"无缝衔接"，没有"代沟"。可见，数据中心的发展为企业的数字化转型建立了良好的思维认知基础。

3. 数据中心为企业数字化转型提供了平台基础

数据中心的建设经历了一段不算短的过程，这个过程在本章的1.2节会详细介绍。在这个过程中，随着各种技术的发展，数据中心软硬件基础不断升级，当前具备根据企业的不同需求对硬件设备进行灵活组合和配置的能力，系统架构上也具有良好的开放性和兼容性，能够将多种应用平台和不同的硬件与软件系统集成，形成可供内外部人员查询数据、获取数据、加工数据、应用数据的统一生产平台。这个平台可以成为企业数字化转型的主要工作载体，相关的数据服务和数据应用都可以基于这个平台来生产和提供，相关的数据运营管理工作也都可以围绕这个平台来开展。所以说，数据中心为企业数字化转型提供了稳定、可靠、灵活的平台基础。

4. 数据中心为企业数字化转型提供了数据基础

目前，绝大多数企业都完成了信息化的建设，业务信息系统众多，数据相互独立，如何打破各个业务信息系统之间的鸿沟壁垒，统一融合企业数据？有的企业建立了数据仓库，有的建立了数据集市，还有些企业建立了数据湖，部分企业拥有的不止一种。不论是数据仓库、数据集市还是数据湖，它们发挥的作用都与数据中心类似，其目标都是将企业所拥有或控制的数据统一集中起来，同时做一些不同程度的治理准备，让企业数据能够存得下、存得全、质量好。而企业的数字化转型，毫无疑问，同样需要以企业的数据为基础"原料"，数据中心里的数据越全、数据质量越高、数据融合程度越深，数字化转型推进的速度就会越快，企业的业务模式和管理方式变革就会越有效，数字化带来的红利就会越丰厚。因此，数据中心为企业的数字化转型做了大量的数据准备工作，建立了坚实的数据基础。

5. 数据中心为企业数字化转型提供了专业人才

现阶段，很多企业还停留在业务人员提出数据需求，然后技术部门将数据供应给业务部门，只是单向的报表和取数服务，导致技术部门只懂数据，业务部门只懂业务，没能发挥出企业数据的真正价值。而数据中心汇聚了各个业务系统的业务数据，并从数据采集、供给和应用中获得持续性的监控和反馈，及时发现问题，引导技术部门和业务部门进行双向合作，将数据分析和业务知识相结合，在实践中培养出技术人员有业务知识、业务人员有分析思维的专业人才。在专业人才的引领下，构建出符合企业特性的数据产品，提供更加智能化的应用，改变企业数据服务模式，向精确营销、精益管理方向转变。

综上所述，数据中心作为数字经济建设重要的关键设施之一，是赋能云计算、人工智能、机器学习等新兴技术，促进企业数字化转型升级的重要载体，能够提供高效稳定的硬件资源，满足企业实时分析、数据挖掘等需求，增强业务响应速度，提高管理决策效率，快速创造和释放数据价值，如图1-3所示。

数据中心的存在为企业拥有良好的数据存储能力和应用能力奠定了基础，让传统企业能够以数据中心为基础实现数字化转型，为企业"提质增效"。我们要牢牢把握住数字化技术发展的契机，充分了解数据中心的发展趋势和历史机遇，做好前瞻性布局，助力业务创新变革，推动企业经济高质量发展。

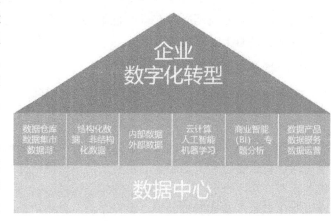

图1-3 数据中心是企业数字化转型的基础

1.1.4 大数据时代的核心竞争力

如今，数据已然成为企业关键的生产要素。企业如何积极利用和整合已有的数据资源，发挥自身优势，持续向外部提供优质的产品和服务，形成企业核心竞争力，实现企业价值的提升？这是一个值得深思的问题。

经过以上几个小节的介绍，我们可以发现，无论是在新基建领域还是在数字化转型中，数据中心都发挥着基础性、关键性的作用。可以这么说，数据中心建设的好坏直接关系到企业在大数据时代所处的位置，是企业数字化转型中的核心竞争力。因此，在数字化时代，以数据为"能源"，打造企业的核心产品或服务才是企业的终极目标，而数据中心便是实现这一终极目标的核心力量。

数据中心是企业在大数据时代的核心竞争力主要体现在以下三个方面。

第一，数据中心为企业提供核心算力，快速应对外部市场变化。随着移动互联技术的不断普及和发展，无论是技术变革、业务变化，还是生活节奏，都变得越来越快。如何在更短的时间内获取更高价值的数据便成为我们攻占数据高地、夺得先机的决定性因素。俗话说"天下武功，唯快不破"，在大数据时代，"快"成了企业的制胜法宝，成为应对快速更新迭代业务需求的利器。对业务响应速度的高要求倒逼企业追求拥有超强的计算能力。除此之外，无论是大数据、云计算、人工智能等新技术和业务的融合，还是新能源、智慧交通等诸多科技创新领域均需要算力作为基础，算力即是生产力，强大的计算能力是驱动数据运转的"发动机"，更是研发更新核心产品、核心服务的有力推手。

对于企业来说，这些算力都是由数据中心来提供的。当然，算力一般都不会以原始的形态提供，而是以更加准确、快速的决策依据数据的形式实现，最终帮助企业响应快速变化的市场需求，从而使企业在市场竞争中更具竞争力。

第二，数据中心促进企业资源有效组织与整合，提升内部生产效率。传统企业中，信息化建设已取得一定的成果，基本实现了业务数据的收集，但是各个信息系统之间经常是互相孤立的，各个业务部门"各自为政"，业务衔接不畅，数据和部门之间出现协同壁垒，甚至有些企业出现了业务争夺、信息化资源重复建设等问题。通过数据中心建设，横向打破各业务系统的独立性和局限性，纵向贯通数据链路的各个环节，改变企业信息建设数据标准不统一、数据存储分散、数据不能互动的局面，将"信息孤岛"整合成"信息大陆"。

例如，顺丰物流公司一直以快速优质的服务吸引了广大消费者，快递条码里记录了物流的全部信息，快递派送到哪里、由谁派送、被谁签收，对每一个包裹都进行了实时的监控和管理。在物流配送过程中，如此大量的数据能够实时采集、协同应用，数据中心功不可没。它的高效运转保障了顺丰物流、人流、现金流的无缝衔接，助力企业资源进行有效组织与整合。

数字化资源整合是企业发展的必然趋势，企业通过数据中心对数据资源进行整合，对企业数据进行集中管理，支持不同的企业级信息化应用，保障数据在企业内部的流通和应用，提升企业各部门之间的工作效率，提高各部门之间的协同合作能力，降低企业经营成本，使得企业在激烈的市场竞争中能够保持优势，创造更大的经济效益。

第三，数据中心助力企业业务变革和创新，发掘新的利润增长点。在数字经济时代，市场格局快速变化，企业需要把握时代发展趋势，持续推进业务变革和业务转型，既要稳固当前核心业务，还需要不断探索新的业务机会，才能不被时代所抛弃。

> **案例**："柯达"，一个胶卷的代名词。1880年，美国24岁的银行记账员兼摄影爱好者伊斯曼发明了干板涂布机，并于1888年制造出世界第一台"柯达"照相机。此后的一百多年间，"柯达"始终是摄影界当之无愧的霸主。然而，面对在数字技术大潮，柯达却故步自封，担心胶卷销量受到影响，一直未敢大力发展数码业务。直到2003年，柯达才开始从传统影像业务向数码业务转型。然而，姗姗来迟的战略转型已经无力回天，传统胶卷业务不断萎缩，数码业务市场被对手富士掠夺。2012年1月19日，柯达股票跌至0.36美元。2012年，柯达提出破产保护申请。

在市场竞争日益激烈的今天，传统企业受到资源、技术、劳动力等因素的制约，发展遭遇瓶颈。传统企业在数字经济中要想获得生存发展的空间，必须深刻认识所处的竞争环境，时刻关注市场环境的变化并及早做出积极有效的回应。而在数据中心支撑下的大数据、人工智能等新技术能够在企业生产和关键环节中发挥重要作用，将生产运营智能化，简化流程，降低成本，推进业务和技术的有机融合，利用新技术对商业模式进行创新，推动传统企业向智能化、高端化发展，构建由数据中心驱动的新产业、新生态，一方面提升原有业务的生产效率，赢取进一步的利润空间，另一方面基于数据形成新的利润增长点，如同开辟新的"战场"，为企业带来更高的经济效益。

综上所述，在企业数字化转型过程中，数据中心能够为企业创造业务变革的条件和创新空间，成为企业的核心竞争力之一。一方面，数据中心能够打破各部门之间的阻碍，整合企业各项数据资源，实现数据流通效率的提升和数据资源管理的升级，促进各部门的沟通协作，将资源和能力开放给企业生态链中的各个成员，进而实现服务能力和资源跨部门、跨区域的整合部署，为业务变革提供了良好的实现条件。另一方面，借助科技赋能手段，基于数据中心提供的平台环境和数据条件不断深挖数据价值，加强外部合作，进行数据交换和成果共享，寻求新的商业合作模式和更广阔的数据应用场景，打破企业固有业务收益"天花板"，为企业带来新的增长点和发展动能。

总之，历史的车轮滚滚向前，时代的脚步永不停歇。企业如果不进行业务变革和创新，最终会在历史的车轮下覆灭。企业只有打好"数据中心"这张王牌，不断推陈出新，在大数据时代中打造核心竞争力，才能在白热化的市场争夺中，"守住阵地，开疆拓土"。

1.2　数据中心演进历程

正如前文提到的，数据中心的概念可谓"源远流长"，最早可追溯到1945年美国生产的第一台全自动电子数字计算机"埃尼阿克"（英文缩写词是ENIAC，即Electronic Numerical Integrator and Calculator，中文意思是电子数字积分器和计算器）。它在革命性地开启了人类计算新时代的同时，也顺带开启了与之配套的数据管理和应用的演进历程。事实上，纵观计算机发明后的 20 余年，人类社会的数据计算存储方式经历了从集中主机到分散运算到再次集中的过程，这个过程当然不是简单往复的。

真正意义上的数据中心的概念，是随着互联网的兴起而产生的。数据中心通过实现统一的数据定义与命名规范、集中的数据环境，从而达到数据共享与利用的目标。数据中心按规模划分为部门级数据中心、企业级数据中心、互联网数据中心以及主机托管数据中心等。

从功能特征上来看，随着技术的发展和对大数据认识的深入，数据中心的内涵已经发生了巨大的变化。从功能内涵上来看，可以将数据中心的演进划分为四个大的阶段，即数据存储中心阶段、数据处理中心阶段、数据应用中心阶段、数据运营服务中心阶段。

1.2.1 数据存储中心阶段

1946 年，Jan A. Rajchman 团队发明了静电记忆管，这是世界上最早的随机存取数字存储器（RAM），在真空管内使用静电荷对数据进行存储。1947 年，出现了磁芯存储器。其原理是磁芯根据磁化时电流的方向可以产生两个相反方向的磁化，这就可以作为 0 和 1 的状态来记录数据。磁芯存储器在 20 世纪 70 年代被广泛用作计算机的主存储器。1951 年，人们开始在计算机上使用磁带，磁带具有寿命长、性价比高、容量大等优点。1973 年，硬盘诞生。这种硬盘有几个同轴的金属盘片，盘片上涂着磁性材料。它们与能够移动的磁头共同密封在一个盒子里面，磁头从旋转的盘片上读出磁信号的变化。这就是我们今天使用的硬盘的祖先——IBM 公司把它叫作温彻斯特（Winchester）硬盘，也称温盘。1980 年，第一款 GB 级容量硬盘由 IBM 公司推出，容量达 2.5GB。1987 年，磁盘阵列出现。磁盘阵列（Redundant Arrays of Independent Drives，RAID）是由很多块独立的磁盘组合成一个容量巨大的磁盘组，可以让很多磁盘驱动器同时传输数据，而这些磁盘驱动器在逻辑上又是一个磁盘驱动器，所以使用 RAID 可以达到单个磁盘驱动器几倍、几十倍甚至上百倍的速率。

数据存储设备的不断演进为数据中心的数据存储提供了基础，尽管在那时候甚至还没有出现真正意义上的数据中心的概念。真正意义上的数据中心的概念是在 20 世纪 90 年代提出的，目的是为了解决企业信息化系统大量建设后出现的数据孤岛效应，能够将企业内部的数据集中到一个地方进行存储，以便作为企业生产和发展的"历史记忆"进行统一管理。

因此，在数据存储中心阶段，数据中心主要承担的功能是数据存储和管理，在信息化建设早期，用来作为 OA 机房或电子文档的集中管理场所。此阶段的典型特征有以下四个方面：

第一，**数据中心仅仅是便于数据的集中存放和管理**。在这个阶段，数据中心存在的意义比较单一，就是作为一个"仓库"，将企业内部各种各样的数据集中起来存储，并进行统一的管理，不会对这些数据进行任何处理和加工，数据几乎都是以原始数据的形式存在。

第二，**数据的存储和使用都是单向的**。在这个阶段，数据中心的数据使用方式也很单一，就是提供给需要的用户进行查询。所以，这个阶段的数据中心的数据存储和使用都是单向的。就像一个仓库，里面的货物从采购渠道购买后存进来，哪个部门需要，再通过提货单领出去。

第三，**数据中心稳定运行主要依靠救火式的维护**。在这个阶段，数据中心本质上就是一种信息化系统。因此，对于数据中心日常运行的维护与其他业务系统的维护没有区别，基本上都是在出现问题的时候由运维人员进行处理。而且这些运维人员往往并不是专职的，而是与其他系统共用的。当然，这也跟数据中心在这个阶段的重要性并不突出有很大关系。

第四，**数据中心会关注新技术的应用**。这个阶段数据中心主要是存储数据，因此，数据中心主要会关注数据存储和访问方面的新技术。比如，更新的数据存储硬件，更大的数据存储容量，更快的数据读写性能等。总之，主要还是要解决数据更好存储的问题。

总体上来看，在数据存储中心阶段，由于数据中心的功能比较单一，对整体可用性的需求也比较低。可以这么说，这个阶段的数据中心在整个企业中的存在感并不强，仅仅在非常有限的场景中才会发挥极其有限的作用。

1.2.2 数据处理中心阶段

数据处理技术是随着存储介质的发展而逐渐发展的技术，其实早在电子计算机发明之前就有数据自动处理技术了。在进入电子计算机时代后，存储介质经历了三个时代，数据库管理系统模型也具有明显不同的特征。

20世纪五六十年代，使用磁带作为主要的存储介质，磁带是一维的存储系统，只支持向前和向后两个方向访问数据，所以访问效率很低。这个时候数据管理系统使用的数据模型是网状模型和层次模型，统称为引导模型，引导信息是从一个节点到另一个节点所经过的路径。

20世纪60年代末到70年代初，磁盘系统出现了，在磁盘上磁头可以在磁道上高速访问数据，也可以在磁道间移动，可以认为这是一个二维的存储系统，只要知道数据的访问坐标，便可以快速访问该数据，无须在一条路径上折返。在磁盘的访问特点下，引导模型显得不合时宜了，因为这类数据模型不能表示多对一和多对多的这类关系。

1970年E. F. Codd发表了一篇跨时代的论文，标志着关系模型的出现，关系模型简单易用，程序员不必关心数据存储的底层细节。一批商业系统如Oracle、DB2、Ingres的出现，推动了关系型数据库的成熟，关系型数据库在主流应用中逐渐取代了层次模型和网状模型，数据库技术正式进入关系时代。由于关系模型和主程序的阻抗失谐等问题，现在我们基本上把关系模型数据库和支持事务处理的数据库画了等号。

20世纪90年代以后，随着数据规模的增长，商业领域对分析类的需求增多，数据库领域的数据处理技术创新主要集中在OLAP方向上，例如充分利用多核的SMP技术、数据分区、降低I/O的列式存储技术、利用多台设备进行并行处理的MPP技术等。

第三个时代是进入 21 世纪，互联网技术的兴起、PC 的普及，使每个人都成为数据的主动生产者。尤其是紧接着到来的移动互联网时代，个人与移动设备合一，成为数据的被动生产者，每时每刻都会产生大量的数据，而且数据的形式多样。大数据时代到来了。在大数据时代，传统的商业系统由于封闭的原因，难以跟上大数据处理的需求。

被誉为 Google 三驾马车的三篇论文，奠定了大数据处理的基础。但 Google 的内部系统并不开源。不过，Yahoo 的开发者很快就根据 Google 的论文开发出了开源大数据处理平台 Hadoop，MapReduce 成为大数据处理的主要工具，基于 KV 存储的 HBase 受到了追捧。随之而来的是对关系型数据库的质疑、"NoSQL 运动"兴起等。

而关系型数据库领域的泰斗们并没有被大数据处理的狂热所动，Michael Stonebraker 就一直对 MapReduce 抱有怀疑态度，认为完全是用一种暴力计算的方式解决问题。没过多久，就由 UC Berkeley 的学生在 Hadoop 的基础上推出了 Spark。Spark 借鉴了传统关系数据库的一些技术，计算效率远超 MapReduce。很快，Spark 与 Hadoop 进行了融合，成为新的大数据处理平台。

近十几年间，Vertica、Greenplum、Vectorwise、VoltDB 等新兴的关系型数据库也逐步成熟，致力于解决大数据中高价值的关系数据分析领域的性能问题。这个趋势被称为 New SQL，并且几乎每个分析型关系数据库都会将自己的 SQL 引擎架设在 HDFS 之上，形成融合的解决方案。

在数据处理中心阶段，数据中心计算能力得到极大的提升，开始承担核心计算的功能，但仍主要面向 OLAP 领域。此阶段的典型特征有以下五个方面：

第一，数据中心主要面向核心计算。在数据处理中心阶段，数据中心最主要的职责从单纯的存储数据变成了计算数据。但此时由于处理能力的限制以及数据作用的单一，计算的目的主要是针对企业核心的经营管理指标进行统计，或者围绕企业重要的决策事项进行辅助。总之，这个阶段数据中心提供了一些数据处理结果，但这些结果用处单一、应用范围不广，主要为企业的核心事务和高层管理人员服务。

第二，数据中心可提供数据单项应用。正如上文所说，此阶段的数据中心因为具备了数据处理的能力，也被赋予了这样的职责。对于用户来说，数据中心已经可以为他们提供更多的服务了。这个时候，针对企业一些重要的工作事项，比如要对长期以来一成不变的产品进行大幅度调整，但不知道这种必要性和可行性强不强。这时就可以在数据中心上构建一个单项应用，基于对历史数据的分析，结合调整后一些参数的变化，来预测和评估这种调整的必要性和可行性。可见，数据中心已经开始从一个"仓库"逐步在向"智库"的方向演进了。

第三，企业开始组织专门的人员进行集中维护。这时的数据中心的重要性已经逐步显现，因为它的大规模数据处理能力是其他业务系统所不具备的，但又恰恰是企业管理者最需要的。在这种情况下，企业就会针对数据中心组建专门的运维团队，开展更加周密的维护工作，以确保数据中心不间断地稳定运行，从而满足管理者随时随地的统计和辅助决策需求。

第四，对计算效率及企业运营效率的提高开始关注。随着数据中心作用的逐步显现，对其数据处理计算性能的要求也变得越来越高。对于中层管理者和一线员工来说，谁都不希望老板要一个统计数据，数据中心得需要经过几天的计算才能得到。而且对于瞬息万变的市场来说，几天的时间足够让一个商机悄悄溜走了。因此，这时数据中心的计算效率从某种程度上与企业的经营管理效率有了更加紧密的关联，得到的关注也越来越多了。

第五，**数据中心整体上可用性仍旧较低**。尽管数据中心的关注度越来越高，也开始参与企业经营管理，发挥数据的作用，但不可否认的是，数据中心此时的可用性仍旧有限，也不具备大面积支持企业进行科学管理、高效运营的能力。当然，这种说法是基于与现在相对比的，实际上数据中心基本上已经可以满足当时处在萌芽阶段的数据分析应用需求了。

数据处理中心阶段是数据中心演进过程中重要的一个阶段。正是从这个阶段开始，数据中心开始从存储数据向使用数据转变，从而让企业的管理者开始认识到数据的重要性。这些都为后续数据中心的进一步发展奠定了基础，明确了方向。

1.2.3 数据应用中心阶段

数据中心最终的目的还是要使用数据。各种各样的数据应用才是发挥数据中心作用、释放数据价值的重要途径。随着基于机构广域网或互联网的大型应用开始普及，信息资源日益丰富，挖掘和利用信息资源日益受到关注。这一阶段，组件化技术及平台化技术得到广泛应用，数据中心具备了核心计算和核心业务运营支撑的功能，满足业务领域不断变化的数据使用需求成为其核心特征之一，而"信息中心"也成为该阶段数据中心典型的代名词。

对于数据中心来说，基于其构建的数据应用也经过了一定的发展过程。在数据应用早期，最主要的就是要让用户找到数据、访问数据。这个时期的数据应用主要是以搜索引擎的形式存在的。Google 作为全球最大的搜索引擎公司，也是我们公认的大数据鼻祖，它存储着全世界几乎所有可访问的网页，数目可能超过万亿规模，全部存储起来大约需要数万块磁盘。你可能会觉得，如果只是简单地将所有网页存储起来，好像也没什么了不起的。没错，但是 Google 需要构建搜索引擎才能得到这些网页文件，这需要对所有文件中的单词进行词频统计，然后根据 PageRank 算法计算网页排名。

随着数据中心在企业的逐步普及，数据应用也从搜索和访问数据为主，向提供数据挖掘、数据分析等复杂功能的方向演进，从而帮助企业在市场营销、生产增效、科学决策等方面做得更好。现代生活几乎离不开互联网，各种各样的应用无时无刻不在收集数据，这些数据在后台的大数据集群中一刻不停地被进行各种分析与挖掘，这个进程只会加速不会停止，你我只能投入其中。

当前，随着人工智能等技术的涌现和不断成熟，数据应用的自动化、智能化水平得到极大的提升。数据应用中心不仅是企业数据应用集中部署的平台，而且从某种程度上具备了一定的"思维"能力，尽管这种"思维"能力还是建立在海量的数据逻辑的基础上，但客观上确实比以往经验式管理决策提供了更多的科学依据。

可见，数据应用中心阶段，是基于数据处理技术的丰富和发展，进而促进各种类型数据应用爆发式增长的阶段。可以说，目前绝大部分企业数据中心均处在数据应用中心阶段。

数据应用中心阶段主要有以下五方面的特征。

第一，面向业务需求，数据中心提供可靠的业务支撑。 坦率地讲，在数据应用中心阶段，计算能力已经不再成为数据中心需要时刻关注的要素了。计算机、互联网等技术的快速发展使得绝大多数企业的数据中心在存储和计算能力方面几乎都是过剩的。在这种情况下，数据中心更多的是要考虑需要构建哪些数据应用，从而满足业务提出的层出不穷的支撑需求。由于有了成熟的技术保障，数据中心为业务提供的数据应用和服务支撑是比较稳定可靠的。

第二，数据中心提供单向的信息资源服务。 数据中心构建了越来越丰富的数据应用，可以支撑的业务场景也越来越多。但是，这个阶段的数据中心仍然是以技术部门、技术人员为主导的技术性平台，通过数据与技术的结合，以数据应用等形式单向地向业务提供信息化支撑。有的是开发完应用让业务人员自己使用，有的甚至要技术人员帮业务人员用，然后得出一个结果给业务部门。可见，即使到了这个阶段，数据中心的数据应用绝大部分是为业务服务的，但是数据中心本质上还是一个后台信息化系统，业务人员还是不会到数据中心来提供业务知识或直接自助生产。

第三，对系统维护上升到管理的高度，从事后处理到事前预防。 在这个阶段，数据中心的重要性就更加明显了，甚至某种程度上成为企业进行经营管理的核心系统之一。因此，这时对数据中心的维护要求就更高了，很多问题已经不仅仅是通过技术能力的加强就能解决的了，需要从整个管理机制体系的层面进行全面考虑。由于一旦发生问题，影响面很大，因此需要从处理问题向预防问题的方向转变，这样才能满足企业内部自上而下多个部门的使用要求。

第四，数据中心开始与技术人员的绩效挂钩。 一旦上升到管理高度，老板就更重视了，很多事情就必须与考核相关。一样的道理，以前的数据中心大家都不够关注，好一点差一点无所谓；现在不一样了，大老板关注了，所有围绕着数据中心开展工作的运维人员、开发人员、管理人员都会有明确的考核指标要求，这些指标都与这些人的直接经济利益挂钩，以督促和鞭策这些人做好本职工作，保障数据中心的稳定性，提升业务支撑能力。

第五，数据中心要求较高的可用性。 随着数据中心在企业中重要性的不断提升，对数据中心软硬件能力的要求越来越高。数据中心的业务人员（用户）无法忍受长时间的等待和间歇性宕机等问题，甚至有些挑剔的用户对数据应用的用户交互都会吹毛求疵。因此，虽然这个阶段的数据中心的稳定性和可靠性相较前一个阶段已经得到极大的提升，但用户的抱怨反而会比前面任何阶段都会多很多。

数据应用中心阶段的数据中心，数据存储和计算已经成为一种基础性、保障性的能力，前端的数据应用得到极大丰富，有的甚至呈现爆发式增长。数据中心由此方式逐步开始融入企业经营管理的各个领域，技术人员的重要性得到前所未有的提升。

1.2.4　数据运营服务中心阶段

从现在的技术发展趋势分析，基于互联网技术的、组件化的、平台化的技术将在各组织得到更加广泛的应用。同时，数据中心基础设施的智能化，使得组织运营借助 IT 技术实现高度自动化，组织对数据和自动化系统的依赖性加强。数据中心将承担组织的核心运营支撑、信息资源服务、核心计算、数据存储和备份等功能，并确保业务可持续性计划的实施。业务运营对数据中心的要求将不仅仅是支持，而是提供持续可靠的服务。在这个阶段，数据中心将演进成为机构的数据运营服务中心。

数据中心发展到数据运营服务中心阶段具有以下六个方面的典型特征。

第一，数据中心的运行可靠性得到极大提升。数据中心运营的好坏，最重要的是看连续正常运行时间，而永远不必担心基础设施利用率下降的问题。事实上，如果数据中心运营得很好，可能根本就不会听到员工的抱怨。因为他们正忙着努力维持正常运行时间的承诺，并让客户发展他们的业务。

当然，即使是发展到数据运营服务中心阶段，也并不意味着数据中心不会出一点问题。更重要的是在这个阶段，围绕数据中心建立的运营服务体系日趋完善，通过严格的流程和程序，几乎可以消除人为错误的威胁。同时，随着智能化程度的提升，可以及时检测和发现潜在的威胁，并在问题出现之前解决它，从而提升了运行稳定性。

第二，数据中心与业务融合度不断加深。此阶段的数据中心已经不仅仅是单向地向业务端提供信息和输出数据，而是成为数据和业务双向影响、相互碰撞、交错融合的平台。在这种模式下，技术人员更关注数据中心基础能力和数据整合能力的夯实，业务人员直接基于业务需求利用数据中心基础能力和整合好的数据进行业务生产。两者在某种程度上已经成为数据中心运营的一个完整的团队。

此外，数据中心基础能力和数据支撑的适应性变得更强，数据应用具备随机应变的快速构建能力，运营管理机制更加柔性，与业务运营融合在一起，甚至可以实现实时的互动。可以说，此时的数据中心已经很难将业务与技术独立分开了。

第三，服务质量超越服务效率成为关注重点。当数据中心的基础能力已经足够完善的时候，其本身的工作效率就不再成为一个需要关注的问题了。在数据运营服务中心阶段，服务效率这个词已经很少有人提起，取而代之的是服务质量。这里的服务质量主要包含两个方面的含义，一是整个基于数据中心构建的服务体系是否高效，响应是否快速；二是通过数据中心为用户提供的服务内容是否优质，数据是否准，应用界面是否友好等。

因此，这个阶段的数据中心应该围绕着流程、技术和人员提供一个服务等级协议（SLA）。但是 SLA 并不能证明数据中心是否履行了该协议。因此这些 SLA 应该有衡量和评价的标准，以确保其遵守。通常的做法是将 SLA 的指标与考核指标相关联，甚至有的企业就直接拿 SLA 指标作为数据中心运营服务团队的关键 KPI。

第四，数据中心最主要的目标是确保数据价值最大化。在数据运营服务中心阶段，数据中心不仅要管理和维护各种数据资源，更重要的职责是要运营数据资源，并通过各种各样的服务方式提供出去，甚至会通过数据产品的形式直接面对外部市场，为企业带来可见的经济效益。

数据以及数据的衍生品变成了能够换取"真金白银"的东西，数据中心的目标不仅仅是存好数据、做好内部支撑了。基于数据价值不会衰减、几乎可无限复用等特点，不断挖掘数据价值，并将数据价值最大化就成为数据中心在这个阶段最重要的目标。

第五，数据安全成为新的管理热点和红线。大数据促使数据生命周期由传统的单链条逐渐演变成为复杂多链条形态，增加了共享、交易等环节，且数据应用场景和参与角色愈加多样化，在复杂的应用环境下，保证国家重要数据、企业机密数据以及用户个人隐私数据等敏感数据不发生外泄，是数据安全的首要需求。海量多源数据在数据中心汇聚，一个数据资源池同时服务于多个数据提供者和数据使用者，强化数据隔离和访问控制，实现数据"可用不可见"，是大数据环境下数据安全的新需求。

数据安全的重要性越来越显著。尤其对于大型央企、国企来说，数据涉及国计民生，甚至国家安全。这时数据安全就显得格外重要。同时随着国家在数据安全领域立法的不断完善，数据安全已经成为整个大数据行业的"高压线"，所有企业应当高度重视。

第六，汇聚合作伙伴，构建产业生态。数据中心发展到数据运营服务中心阶段，还有一个更重要的特点，就是此时的数据中心可以作为数据合作的技术载体，它的使用者和用户已经不仅仅是企业内部的人员，而是可以吸引越来越多的外部的单位、人员来到数据中心进行合作开发和共同运营。

同时，数据中心也会"敞开怀抱"，以企业业务和产业链定位为基础，有效整合产业数据，构建产业服务新业态，逐步形成在行业、产业内有影响力的大数据生产力。

数据运营服务中心阶段的数据中心，数据已经成为一种与社会生产紧密结合的要素，而且其价值已经不仅仅局限在企业内部，而是更多地以各种形式走出去，与更广泛的数据进行融合，从而促进整个行业、产业和社会的不断发展和进步。

1.3 数据中心管理要求

我们谈数据中心的管理要求时，要从数据中心是做什么的、被谁运营和管理、管理时要做些什么、运营和管理的价值是什么等四点展开来谈，这四点对应的是数据中心的职能定位、运营主体、工作范围和服务价值。

1.3.1 职能定位

数据中心作为大数据时代的新型基础设施，融数据与计算为一体，是企业用来存储、计算、传递、加工、展示数据的重要载体，主要承担以下 6 个方面的基本职能。

1. 实现数据汇聚

将企业不同来源的数据采集汇聚一直是数据中心最基本、最原始的职能。但是随着技术的发展和人们使用数据需求的变化，数据中心的数据汇聚能力也在不断遇到新问题和新挑战。例如在工业 4.0 和数字化转型的大环境下，传统制造业企业如何更好地采集和汇聚生产制造设备的实时数据，从而为实现精密化的生产控制提供条件，就是数据中心面临的新挑战。但是无论如何变化，根据需要全面采集、汇聚和存储所有的数据是数据中心必须完成的基础职能。

2. 推进数据融合

对于数据中心来说，仅仅把企业的数据收集上来存好是远远不够的。为了进一步提升数据中心数据的可用性，需要对汇聚过来的各专业数据进行关联，并根据一定的数据主题进行整合，从而具备快速支撑数据分析和应用的基本能力。在数据整合的基础上，数据中心还需要根据数据的业务特性抽象出数据融合维度，通过数据指标、数据标签等形式实现数据的跨域融合，可以让业务人员理解和直接使用，提升数据中心的受众范围和对业务的支撑力度。

3. 促进数据流通

数据中心并不是一个封闭的系统，事实上在很长的一段时间内，企业建立数据中心的重要目标之一就是要把数据中心作为企业内数据的中转站，这除了要求数据中心能够汇聚数据以外，还要有提供数据交换和分发的能力，将一份数据分别提供给多个需求方。数据中心的这种能力逐步演变，现在已经成为数据共享开放的职能，也是大数据领域重要的课题之一。

4. 提供数据服务

数据中心除了要实现数据汇聚和融合，还要为公司内部的业务部门和外部的合作伙伴提供灵活、按需的数据服务。数据中心通过整合企业数据资产和相关系统资源，并通过接口、报告、订阅等多种形式的数据服务，为公司进行企业经营管理决策、生产制造、市场营销等工作提供完整、及时、准确、科学的信息支撑，为公司进行数据对外合作变现提供资源。

5. 构建数据应用

在大数据、云计算等技术不断发展的背景下，数据中心作为一种集约化生产平台，将这些技术与数据结合并应用，将产品、需求、互动、数据、感官、工具等融合起来，以用户为中心，聚合多方智慧，不断构建数据应用和产品，促进公司大数据应用产品的蓬勃发展，以便捷的方式解决用户问题，实现数据价值的有效释放或全面变现。

6. 构建数据生态

数据中心可以横向汇聚企业外部数据，通过产业链、价值链等维度实现数据的整合，以数据驱动的方式进行新商业模式的探索，提升企业的综合市场适应能力。通过数据与新商业模式的双重融合，影响企业所在产业链上下游，实现与产业链相关企业多赢的深入合作，并进一步带动产业链相关的外部行业，拓宽合作范围，逐步形成让企业发展"游刃有余"的数据生态环境。

1.3.2 运营主体

数据中心的工作并不是在数据中心落成以后就结束了的。相反，建设落成只是开始，在未来的时间里，只有通过持续的运营和管理，才能让数据中心真正发挥其作为新基建的基础支撑作用。

这个时候，承担了数据中心运营和管理职能的团队和组织，就是数据中心的运营主体。在数据中心的不同阶段，数据中心运营主体的组织形式也会存在一定的差异。

1. 数据存储中心阶段的运营主体

在这个阶段，数据中心刚刚建立，一般还没有正式组建专门的数据中心管理和运营团队，与数据中心有关的工作也是数据库运维方面的偏多一些，真正承担工作任务的可能就只有零星的几个运维人员，有的还是兼职，甚至无法称为一个真正的团队。

2. 数据处理中心阶段的运营主体

在这个阶段，数据中心的使用量逐渐增多，虽然需求的服务形式主要是指标、数据集、接口等基础服务形式，但需求量也达到需要配置专门团队进行管理的程度。这时在配备了专门的管理团队以后，数据中心才拥有了严格意义上的运营主体。但此时被配置用来管理数据中心的团队，一般还是从技术部门分派来的人，整个团队的组织架构也还是在技术部门编制下。

3. 数据应用中心阶段的运营主体

在这个阶段，数据中心开始承接越来越多的数据应用建设的需求，并且成立专门的机构，用来保障数据中心的运营和管理，这个机构终于可以从技术部门相对独立出来，并且以数据应用建设的工作为纽带，逐渐建立起与业务部门等内部其他部门或虚拟团队组织的常态化联系，数据价值与业务价值进一步结合，成效逐步显性化。

4. 数据运营服务中心阶段的运营主体

在这个阶段，参与运营和管理数据中心的运营主体将不再局限于技术部门的人，而是各个部门的业务人员也参与进来，共同组成紧密结合的数据中心运营团队。整个团队站在公司的全局视角，以数据为工具，以服务为目标，从后台走到中台和前台，引领整个公司的数字化转型和数字经济建设活动。

1.3.3 工作范围

与运营主体一样，在不同的阶段，数据中心的工作范围也会有所不同，其中，数据运营服务中心阶段的工作范围是最全面、最完备的，主要包括以下几项：

1. 采集和汇聚数据

数据中心对公司的数据进行统一采集、统一存储，将企业独立采购或独立建设的各种信息系统的数据，采集接入到数据中心，打破数据孤岛，同时对数据进行整合和汇总，为生产、运行、营销等业务的高效管理提供统一的数据支撑。

该工作范围存在阶段：数据存储中心、数据处理中心、数据应用中心、数据运营服务中心阶段。

2. 保障数据质量与安全

数据中心在大数据环境下，开展数据质量和安全的保障研究，通过技术手段、管理手段加强对数据操作的管控和防范，确保数据的质量和安全。通过常态化的管理，提升数据的质量和安全水平，让数据消费者在使用数据的时候，获取到的业务数据是完整的、一致的、准确的，并且保证数据不会轻易地被篡改、泄露或丢失。

该工作范围存在阶段：数据处理中心、数据应用中心、数据运营服务中心阶段。

3. 挖掘数据价值

数据中心持续推动数据的创新应用，推动数据与移动互联、物联网、云计算等先进技术深度融合，将深度融合的成果进行推广和使用，盘活沉睡的数据，让数据不断发挥作用，让真正有价值的数据资产可以转化为有价值的数据产品，提高数据的利用水平，给企业用户提供增值服务。

该工作范围存在阶段：数据处理中心、数据应用中心、数据运营服务中心阶段。区别在于不同阶段的价值挖掘程度不同。

4. 管控数据成本

数据中心的数据成本管控也是重要的工作之一。企业建设数据中心要耗费很多的资金成本，数据中心基础设备的安装和使用需要成本、数据的收集需要成本、数据的存储与计算等都需要成本，所以数据中心要管控好这些耗费的成本，避免成本和收益之间出现极度不平衡的现象。

该工作范围存在阶段：数据运营服务中心阶段。

5. 建设数据人才队伍

数据中心一方面不断培养创新人才，建立健全多层次、多类型的大数据人才培养体系，确保人才供给可以源源不断；另一方面结合数据应用创新需要，积极引进数字化行业高层次人才和领军人才，吸取外部的经验和知识，为数据中心的持续发展提供人员保障。

该工作范围存在阶段：数据应用中心、数据运营服务中心阶段。

6. 制定管理制度规范

数据中心通过持续制定和修订数据中心运营与管理相关的制度规范，建立完备的管理制度体系。围绕数据中心运营所开展的众多管理工作内容，系统性地提出管理的原则、管理的要求、管理的举措，并构建与管理要求和举措对应的管理流程，从而指导数据中心运营和管理工作规范、专业、持续、有序地开展。

该工作范围存在阶段：数据运营服务中心阶段。

1.3.4 服务价值

数据中心的服务价值是相对于数据中心的使用者来说的，使用者是数据中心服务的直接接收者，其对数据中心的使用需求会驱使数据中心提供相关服务；而数据中心主动规划自己的服务供给体系，可以反向促进使用者需求实现体验的提升和需求量的增长。

数据中心向使用者提供的服务越完备，数据中心产生的价值就越大，使用者从数据中心获取的利益和收益就越大，数据中心的服务效能也会随之提升。反之，服务越不完善，数据中心的价值也越难体现。

数据中心服务体系的完善，是随着数据中心历经数据存储中心、数据处理中心、数据应用中心再到数据运营服务中心四个阶段，一步步实现的。在这个过程中，实现的主要手段就是开展数据运营与管理活动。

所以说，数据运营与管理活动的目标就是，让数据中心作为服务提供的直接窗口，通过各种运营和管理的途径与方法做好服务工作，提升自身价值，进而有效地支撑企业业务的快速发展。

数据中心运营与管理的目标有以下几点：

1. 提升用户体验

数据中心管理和运营提升用户体验，就是要把握数据的准确性、多样性、价值性，扩展业务视角，为用户提供更加个性化和便捷的服务体验。

对于企业来说，其存在的社会基础就是他们提供的产品或服务能满足人们的社会需求，而数据中心是帮助企业更好地满足人们社会需求的"辅助器"。基于数据中心，企业可以运用大数据技术，深层次分析和发现目标客户人群的个性化服务需求，从而构建或者完善自身的产品和服务，更好地满足人们的需要。

企业外部的这些消费者、数据中心的使用者，在享受到了便捷的、智能的、优质的服务后，也会更主动、更深入、更持续地提供个人信息到企业数据中心，让企业在获得其数据后，为其提供更加智能化、个性化的服务。

这样数据中心就可以基于用户数据，利用对用户的了解，不断提升用户的体验和满意度，以及用户和数据中心之间的黏性。

2. 提高工作效率

数据中心应立足于数据中心管理运转现状，持续研究其管理和运营效率是否可以提高。

在数据中心建设前期，可能很多工作都是通过大量的人力投入而取得的，人工监控、操作、分析和问题处理的工作量相对较高。那么从管理和运营上，就要研究和思考，如何通过工具自动化的手段来实现本来是人工实现的众多工作目标，从而加大各类工具的研发、使用和推广，提升数据中心的运行维护效率。

例如在数据产品运营方面，当前用户满意度如何，界面是否方便阅读和使用，新功能是否有效，产品现有功能是否稳定，用户行为是怎样的，这些光靠人工和经验是远远判断不了的，要通过相关的工具和埋点，收集相关信息，刻画每类乃至每个用户的行为模式和反馈，洞察这些行为背后的规律。这样通过打造工具和监控数据，优化和提升相关的数据产品，从而提高数据产品运营的效率。

又如在研发、测试和运维方面，思考和研究数据中心所打造和维护的系统、客户端可用性是否有保障，出现故障的情况多不多，各个模块之间是否畅通，操作性能是否敏捷快速。数据中心可以通过合理的数据埋点，勾勒出全链路的产品服务质量，打造相关研发、测试和运维监控工具系统。

3. 为公司创造收益

数据中心管理和运营要帮助企业创造收益。创造收益可以包括两方面，一方面是更合理地优化配置企业资源，降低管理运营成本，另一方面是发现业务机会，创造新的商业价值，提升效益和增加收入。

数据中心掌握着全公司的业务运行数据，不但包括正常的业务数据，还包括待销毁和归档备份的数据，可从比业务视角更全面的角度挖掘和分析客户、交易、数据分布等信息，为业务决策和业务洞察提供数据参考。

对于企业内部的使用者而言，数据中心管理和运营的价值简单概括来说就是"降本增效"。数据中心可以帮助企业内部的使用者采集和汇聚内、外部的数据，供给高效的数据服务，最终帮助其提高决策水平甚至拓展新的业务机会。

4. 提高技术支持能力

一个公司的业务甚至一个行业的变革，有些时候是靠技术的变革驱动的。如今，很多先进的技术，如人工智能、云计算等，都是需要数据的滋养和哺育的，数据中心由于独特的"数据集中地"的优势，可以布控和掌握这些专业的、先进的技术。将技术优势与数据生产要素结合，转化为成果和生产力，从而提升全公司的营收水平、提高全公司的运行管理水平，让数据中心创造大量的服务价值。

5. 强化组织人才支撑

企业数字化转型战略的推进离不开科技力量的支持，将科技力量运用和落到实处离不开优秀的技术人才，强化组织人才支撑这一价值目标是行业的共识，也是数据中心管理过程中一直注重的内容。

数据中心管理和运营是为了提高数据中心的服务价值，服务体现在数据中心工作的方方面面，只有不断强化服务意识，才能促进服务能力的提升，进而创造数据中心更广泛的价值。

这样，在实现了数据中心的科学管理、良好运营后，可以更快速、准确地把公司的业务做好，帮助企业在数据的支持下，将整个数据产业做大，构建数据的生态圈，发展企业的数字经济。

第2章 数字化运营的概念及特征

2.1 数字化运营的概念

在第1章中，我们提到一个观点：数据中心建成并不是终点，而是要通过持续地运营管理才能充分发挥数据中心的作用，释放数据价值。当然，运营这个词早就出现了，大多数情况下是用在企业内部的经营管理方面。所谓数字化运营是随着数字经济的兴起和数字化转型而产生的。在这一章，我们主要围绕"数字化运营"这个概念来进行深入的分析和探讨。

1. 什么是数字化和运营

在谈论数字化运营这个概念之前，我们先来简单了解一下：什么是数字化？什么是运营？

维基百科中对数字化的解释是：数字化是将信息转换成数字格式的过程。将物体、图像、声音、文本等信息转换成一系列由数字表达的点或者样本的离散集合表现形式，其结果被称作数字文件，或者更具体一点，数字图像、数字声音等。在现代实践中，数字化的数据格式通常是二进制的，以便计算机处理。但严格来说，任何把模拟源转换为任何形式的数字格式的过程都可以叫作数字化；Gartner对数字化做出了另一种解释：数字化是通过使用技术手段改变商业模式，为企业提供新的收入和创造价值的机会，向数字化商业转型的过程。

通常认为，数字化是以海量数据为基础，通过数据挖掘、人工智能、云计算、区块链等一系列新兴技术对数据进行深度分析，带来企业经营管理和业务模式的全面变革，并对产业结构、社会生活等多个层面产生积极影响的过程。

运营是与产品生产和服务创造密切相关的各项工作的总称，贯穿产品的全生命周期。运营包括企业经营过程中的战略规划、组织架构建设、各项计划的执行和管控。首先，企业通过制定战略规划，明确战略目标和发展方向；其次，通过优化组织架构，明确各项职责和分工，来适应日常开展的运营工作；再次，企业制订各项工作计划，包括项目的周期、目标、配合团队、成本和预算等内容；最后，企业通过对各项任务开展定期的检查和汇报工作，来把控项目的进度和质量。以上就构成了一般企业的运营管理机制，这种机制有利于保持企业的核心竞争力，保证企业的生存和可持续发展。

2. 什么是数字化运营？

数字化运营是一种新的企业组织运营模式，通过构建数据与业务双向驱动机制，实现数据赋能业务、数据驱动业务，从而促进业务高速发展和模式变革，为企业带来新的生产经营方式和新的利润增长点。值得注意的是，与传统运营强调内部标准化管理不同，数字化运营更强调"以客户为中心"，并将"以客户为中心"的理念贯彻到企业的管理、战略规划和业务运营的整体流程中，是企业从粗放经营向精细化管理的必然要求。

数字化运营的过程，首先是将企业生产运营中的各个环节通过各类数据采集和传输设备进行数据化，这个过程一般称为"业务数据化"；然后通过各类算法模型，对数据进行深耕探索，进而驱动业务发展实现数据反哺业务，这个过程称为"数据业务化"，也就是"数据+算法"赋能业务的过程。由此循环往复，使企业在现有业务领域不断茁壮成长的同时，为企业开拓市场、跨领域发展提供技术和数据支持。

数字化运营的价值在于让管理和决策更科学、更理性、更高效、更敏捷、更符合逻辑，突破企业发展的瓶颈，挖掘和释放企业潜能，促使企业从粗放经营向精细化经营转变，真正做到降本增效，进一步拉升企业盈利能力，从而更好地适应数字化转型带来的新要求和新变革。

3. 数字化运营与传统运营的区别

经过前面对数字化运营的介绍，我们可以发现数字化运营与企业传统运营模式之间存在着明显的区别。可以这么说，数字化运营既是传统运营模式在数字经济环境下必然的演进结果，又是对企业传统经营管理方式的一种颠覆，其核心在于将数据作为一种"催化剂"，促进企业更进一步压缩成本，拉动新的业务增长，为企业带来质的提升。

具体来看，数字化运营与传统运营的区别主要体现在以下6个方面。

（1）从驱动力来看。

传统运营模式主要是依靠个人经验和主观判断来驱动的。在相同的条件基础下，运营的方式和结果因人而异，变数加大；数字化运营则是通过数据驱动的，所有的判断和决策过程都是依据客观的数据结果，其具体的度量都是可量化的，最大程度上屏蔽了人为经验的不可控。

（2）从出发点来看。

传统运营模式的出发点主要是内生动力，打通和优化企业生产和经营流程，提高生产效率，关注的重点主要在降低成本；数字化运营模式则是"内外兼修"，除了利用数据更精准地优化企业内部流程以外，更重要的是以市场为导向，以客户为中心来进一步细分市场、拓宽产品渠道，反向驱动产品的升级，扩大收益来源，关注的重点更多倾向于增效。

（3）从生产流程来看。

传统运营模式主要基于流水线，一般都是标准化的、固化的流程，所有人和所有环节都是按部就班的，是"以我为主"的一种生产经营方式；数字化运营模式更多的是要求在标准化流水线的基础上，要有定制化的能力，流程是柔性的，因为客户的需求是千差万别的，所以数字化运营模式提供的是灵活的、高效的、柔性的、精细化的生产流程。

（4）从范围来看。

传统运营模式下的企业生产经营是相对独立的、封闭的，主要是在企业自身范围内解决问题，提升效率，增加效益；数字化运营模式下的企业生产经营以数据为纽带，通过数据的流通和融合，将企业的生产经营活动延伸至企业以外，与行业内的其他企业实现共赢。因此，数字化运营模式是开放的、跨域的和生态化的。

（5）从运作方式来看。

传统运营模式是信息化时代的产物，主要通过业务线上承载的方式，解决人员之间、团队之间、部门之间生产协作的问题，实现生产管理；数字化运营模式是数字化时代的产物，它将传统的业务流程打散，依托数据技术的大存储、高运算、智能化来构建通用服务，以数据完成流程贯通，从而快速实现业务定制化，满足快速变化的客户需求。

（6）从运营周期来看。

传统运营模式是短链路的，产品售出后，则意味着产品的生命周期就结束了；数字化运营模式是长链路的，产品售出后，还需要通过产品继续对客户进行运营，不断叠加新的产品价值和增值服务，一方面提升客户满意度，另一方面积累运营数据，为下个阶段产品的进一步升级提供数据支持。可以说，数字化运营是没有终点的。

2.2　数字化运营的环境分析

理解了数字化运营的概念及其与传统运营的区别之后，我们来分析一下数字化运营的环境：数字化运营是在怎样的契机下出现的？有着怎样的发展格局？其发展动因和关注点又是什么？

2.2.1　数字化运营出现的契机

刚刚我们介绍了数字化运营的基本概念，以及它与传统运营模式的区别。那么到底是在什么样的条件和机会下，会出现数字化运营的需求并开始实践呢？

1. 时代变革推动数字化运营

2013年德国政府在汉诺威工业博览会上正式提出"工业4.0"，标志着人类进入第四次工业革命。随即，我国出台"互联网＋"行动计划和中国制造2025战略，组成了中国版的工业4.0，标志着中国正迈向智慧工业革命时代。第四次工业革命对中国来说是历史机遇，我们要抓住历史机遇，成为引领者，参与描绘未来的工业蓝图，指导和引领未来的工业模式，制定未来的工业标准。

宏伟蓝图已经绘就，如何让伟大的蓝图变成现实，避免成为空中楼阁？答案是"数字化转型"。数字化转型是迈向工业 4.0 的内生动力,在数字化浪潮中,只有通过数字化运营,运用数字化思维和数字化技术,才能实现柔性制造和智能制造,才能搭建出通往"工业 4.0"的道路。数字化运营是企业自上而下的彻底改造,要求企业从战略规划层面到产品服务的设计与营销,实现全面数字化。

2. 经济结构调整需要数字化运营

2016 年 G20 杭州峰会通过了《G20 数字经济发展与合作倡议》,倡议阐述的数字经济的概念,是指使用数字化知识和信息作为关键生产要素,以现代信息网络作为重要载体、以信息通信技术的有效使用作为效率提升和经济结构优化的重要推动力的一系列活动。

根据国际权威机构 IDC 预测,2019 年~2022 年的信息化、数字化相关支出约 7 万亿美元。数字经济将成为 21 世纪全球经济增长的重要驱动力,如图 2-1 所示。

2020 年 7 月 3 日,中国通信院正式发布《中国数字经济发展白皮书(2020)》,报告显示,2019 年,我国数字经济增加值规模达到 35.8 万亿元,占 GDP 比重达 36.2%,占比同比提升 1.4 个百分点,发展速度比 GDP 快一倍。

图 2-1 全球数字经济发展预测

同时,对比过去二十年间全球市值排名前十的企业,在 2008 年全球市值前 10 位的企业产品都是实体的;而到了 2018 年,全球市值前十的企业多半来自信息技术行业,他们利用数字技术向用户提供产品和服务。

国家高度重视数字经济对社会发展贡献的巨大潜力,数字经济以数字化转型为动力正在改变着企业和行业运行规律,无论是数字化原生企业,还是传统企业,都在积极探索企业的数字化转型之路。

3. 技术发展助力数字化运营

数字化运营的产生还有一个重要的条件,就是技术能力的发展成熟。进入新世纪以来,各种新技术呈现爆发式增长,很多十年前还属于科幻电影中的技术在十年后的今天已经成为现实。尤其是大数据、智能化、超级算力等方面的技术客观上为数字化运营提供了实现的可能性,让人们能够想到通过更加精细化、科学化的方式来实现生产运营。

在过去 10 年中,云计算、数据分析和数字体验技术早已深入应用,并持续迭代发展,不断颠覆商业、运营模式并重塑企业的核心能力。企业通过运用云计算技术,快速、大规模地存储和处理业务数据;通过向云端布局,实现降本增效,并通过数据挖掘技术,对数据进行分析、计算，使用计算结果进行预测分析和"对症下药"；通过数字体验技术，将数字化和场景相结合，使客户、员工、产品在数字化的环境中进行交易和沟通。

最近，5G、区块链、认知技术和数字现实（增强现实、虚拟现实、混合现实等）这几种新技术已经进入"颠覆者"的行列，它们正在蓄势待发，成为驱动数字化转型的独特力量。5G技术将以更快的传输速度、超低的延迟、更低的功耗及高可靠性连接来驱动新的应用场景，创造万物互联的新时代，其庞大的数字网络效应将产生巨大的经济价值；区块链技术借助密码学串接并保护内容的串联文字记录（又称区块），该设计使得区块内容难以篡改；认知技术可以帮助人们理解不断增长的数据，处理庞大的数据量以及人类思维和传统分析技术无法弄懂的复杂问题；数字现实重新定义人类与数据、技术以及彼此间的互动方式，提供一种更逼真、更亲密和更自然的体验。

技术高速发展的同时，又进行着相互之间的融合，从而加大了数字化技术的整体影响力，进一步推动数字化转型的高速前进。

2.2.2　数字化运营发展格局分析

数字化运营的出现为企业带来了完全不同的经营管理思维，也为企业、行业乃至整个社会经济的发展带来了全新的格局。

1. 大数据思维已渗入企业经营的方方面面

数字化时代要求我们拥有大数据思维，简单来说，就是用大数据的方法思考和解决问题，基于获取的大量数据，通过多维度分析，发现数据与数据之间、业务与业务之间的关联关系，从而运用这些关联关系为企业创造价值。我们先通过一个经典案例来理解一下大数据思维的含义，以及它所发挥的作用。

案例：全球零售行业巨头沃尔玛在对消费者购物清单进行梳理的过程中发现，每到星期五，男性顾客的购物篮中总会大量出现啤酒和尿布这两样商品。经过进一步分析，原来当地妇女通常会在星期五让其丈夫下班后去超市给孩子买些尿布，这些爸爸们在购买婴儿尿布时，常常会顺便搭配几瓶啤酒来犒劳自己。逐渐地，这样的消费行为已经成为常态。于是超市便推出了将啤酒和尿布摆放在一起的促销手段。没想到这样一个只需要移动一下商品货架就能完成的营销活动，竟大大提升了尿布和啤酒的销量，为公司带来了巨大的盈利。

在这个案例中，"啤酒"和"尿布"代表着两种看似毫无关系的商品或服务，"星期五"则代表着一个维度或是一种场景。看似没有关联的商品，在某个维度或某种场景的作用下，激发出了巨大的市场潜能。只有拥有大数据的思维格局，才能发现暗藏的商机，快速抢占市场。如今"啤酒＋尿布"的数据分析成果早已成了大数据技术应用的经典案例，通过对数据进行挖掘分析，那些看似没有关联的物品被慢慢联系在了一起，再通过投入较低的营销运营成本，将这些商品进行捆绑销售，为企业带来新的增长收益点。

从另一方面来看，沃尔玛是对顾客的购物篮数据进行分析，而不是对货架商品的销量进行分析的，这表明了数据融合的重要性。大数据分析的前提是全方位海量数据的收集和存储。用户的购物篮中不仅有商品列表，还包括了购物的时间场景及用户信息。将这些数据融合起来进行分析，能发现蕴藏在小小购物篮中的用户的消费需求、消费水平、消费习惯。对数据有越深入的理解，越多维度的分析，描绘出的用户画像就越完整。数字化运营强调"以客户为中心"，通过大数据思维和技术手段对用户进行全方位的画像，做到比用户更了解自己，发掘用户的潜在需求，并通过数字化技术，将商品最快速触达用户；通过各类营销手段，触发用户的消费欲望，从而让企业降本增效、提升盈利能力。

大数据为所有的企业带来了另外一种看市场、看客户的视角，由于能够为企业带来更大的收益，这种思维和视角正在一步一步地瓦解着人们原已固化的思维模式。

2. 个性化和差异化经营正在成为主流

正如世界上没有完全相同的叶子，世界上也没有完全相同的两个人。基因决定着人与人之间先天存在着差异，成长和生活环境则让人与人之间的差异不断加大或不断缩小，形成各式各样的人群。这种人与人之间，人群与人群之间的差异不仅仅是外在的差异，更多的是生理需求、生活习惯、消费习惯上的差异。

在大批量统一生产的年代，人们的差异化和个性化需求被掩盖，以 4P（产品 Product、价格 Price、促销 Promotion、渠道 Place）理论为核心的传统营销模式完全契合了那个时代市场发展的需求。企业在营销中遇到挑战时，只要使用熟知的营销方案，批量地向大众投放广告，基本就可以完成营销的目标。

在数字化时代，从企业到产品再到消费者，业务全流程的各个环节都被数据化、透明化。传统的粗放式营销模式已经不再适合。与此同时，以 4C（消费者 Customer、成本 Cost、便利 Convenience、沟通 Communication）理论为依据的精准营销则完全契合了数字化时代的发展要求。4C 理论追求客户满意度，尊重客户的差异化需求，其基本原则是以客户为中心进行企业运营活动，这个观点与"以客户为中心"的数字化运营不谋而合。

4P 理论与 4C 理论的对比如图 2-2 所示。

2005 年，菲利普·科特勒正式提出了"精准营销"的概念：精准营销就是在精确定位的基础上，依托现代信息技术手段建立个性化顾客沟通服务体系，实现企业可度量的低成本扩张之路。随着数字化转型的深入发展，企业对数字技术的不断探索和创新，为精准营销赋予了更大的动能。企业通过将产品在合适的时间和地点，以合适的价格和渠道方式销售给合适的顾客，以满足客户个性化、多样化的需求，从而实现企业占领目标市场、节省营销成本、提升市场竞争力的目标。

图 2-2　4P 理论与 4C 理论的对比图

案例： 在国内，淘宝最早提出"千人千面"，并将与之匹配的智能推荐应用在其网上商城上。每个用户在打开淘宝网站或淘宝 App 的时候，都会发现自己页面上的商品和其他人的大相径庭，甚至每一次打开软件的时候，展现出来的产品和内容信息都不一样。消费者在初次使用软件的时候，其实大部分的人看到的页面几乎都是一样的，因为此时用户并没有留下任何行为轨迹，此时，淘宝会将市场上热卖的、最受欢迎的商品展示给用户。但随着用户开始浏览商品，与软件发生互动，软件背后的智能推荐系统也开始高效地运转起来。通过你点击浏览的商品、在商品上停留的时间长度等信息，虽然此时系统还不知道你是谁，但它已经开始对你进行着画像，并开始向你进行个性化的推荐了。当你开始填写信息注册账号，并与平台有了更多的互动，如关注、收藏、加入购物车等，你的画像正在被一点一滴地完善着。对系统来说每个用户都是独特的，所以每个人被推荐的商品都是有差异的。同时，消费者的基本信息和搜索记录会被淘宝用来与各种标签（如"爱宠人士""90 后""白领人群"）匹配，进而提供更加有针对性的产品推荐。这样的千人千面剔除了繁杂的信息，帮助消费者快速找到感兴趣的内容。

如今，"千人千面"式的数字化运营模式已经在各大电商平台广泛使用，不仅如此，像银行等金融行业、娱乐餐饮行业都在使用这种运营模式。可以说大部分的 App 都已经或正在采取这种运营模式。

移动互联网时代，用户的选择非常多，可选择的多样性及时间的碎片化，导致用户如果没能快速找到感兴趣的内容，很快就会离开。毕竟查找感兴趣内容的成本很高，使用户体验很差。因此，适时地为用户精准推荐他感兴趣的内容或产品，实现个性化产品与用户需求的快速适配，已经成为企业生存的重要技能。

3. 按需生产的逆向管理成为企业的生存之道

传统商品时代，制造商生产什么，企业就卖什么，先有产品后有客户，是一种"以我为主"的生产运营方式。我们称这种方式为"正向管理"。通过这种正向管理模式进行决策和运营，在物资和商品不算丰富、人们物质需求不够旺盛的情况下是完全合理的。如果产品卖不出去，老板会认为是管理有问题、团队有问题、营销有问题，然后开始投广告、做促销，试图扭转形式。然而企业没有发现问题的根源是用户根本不需要该产品。

产品过剩的当下，用户的需求越来越挑剔，如果企业依旧秉持着过去的"卖方市场"思维进行生产和运营，很容易在激烈的竞争市场中走向灭亡。因此，在这种情况下，有的企业开始转变思维，利用数字化技术来对原本固化的生产流程或工艺进行优化，形成柔性生产、模块化生产等更加灵活的生产模式，具备根据不同客户的需求对产品进行个性化、定制化生产的能力，以终为始，满足客户的需求，提升客户满意度，拉动效益增长。这种方式称为按需生产的"逆向管理"模式。

> **案例**：大部分手机厂商先把手机设计和生产出来，然后通过各种营销手段、各类渠道将手机销售给客户。与这些厂商不同，雷军在研发小米手机之前，是先让团队去研究客户的需求：客户想要怎样的手机、外形是怎样的、需要哪些配置、喜欢哪些功能、用户觉得哪些功能很鸡肋等。然后通过论坛、预售等宣传试验，测试产品的市场效应。最后才是生产产品。从对客户的研究，与粉丝的互动，产品的预售，到产品真正投向市场，客户几乎都参与其中，提出自己的需求和想法，帮助小米进行产品的改进。因此，用户在等待产品推出的过程中，内心是充满期待的。此时，产品不是生产出来等着用户挑选，而更像是在做一件手工艺品。可以想象用户在看到产品时的心情。这样的商品还怕缺少客户吗？

按需生产的"逆向管理"模式本质上是一种"以客户为中心"的经营管理理念，在个性化、人性化大行其道的当下，各类互联网企业已经在这方面取得了很大的成果，但仍有很多传统企业需要在这方面加速蜕变，否则只会被淹没在数字化大潮之中。

4. 跨域融合成为企业发展壮大的关键举措

我们说，数字化运营的基础是数据，而没有边界是数据的重要特征之一。这就意味着通过数据可以很方便地与外界进行交流沟通，也就很容易打破传统观念下行业的边界。对于企业来说，利用数据就可以实现业务的跨域融合，从而为企业带来新的发展可能性。

在这方面，阿里巴巴同样是起步较早，也取得了一定的成果。下面我们先来看一个"超市＋餐饮"的跨域融合案例。

案例：盒马鲜生是阿里巴巴旗下品牌之一，它组合了餐饮和零售两种需求，在超市购物的同时提供餐饮场所，巧妙地结合了消费者的两种消费需求。一方面，烹饪材料源自超市的盒马鲜生，把初级生鲜产品进行烹饪加工，为消费者试吃尝鲜提供了平台。同时也是对自家生鲜产品的变相宣传，消除了购物过程中关于"味道"的信息不对称，为消费者做出正确的决策提供了重要依据。另一方面，消费者在超市进行购物，时间一久，会产生疲惫感和饥饿感，进而想要休息或就餐，而餐饮场所恰好满足了这个需求。反过来，前来就餐的顾客很可能会顺便在超市购物，这是个双向促进，互利共赢的正向反馈过程。

在这个案例中，我们可以发现，零售业和餐饮业打破边界开始融合，形成"超市 + 餐饮"的新零售模式。原有的零售商依托自身供应链与渠道优势，从生鲜品的购买、展示、加工出发，衍生出的集购买、烹饪、餐饮为一体的零售模式，通过零售品牌叠加餐饮和多业态经营带来效益提升。

跨界融合是根据不同行业、不同产品、不同偏好的消费者之间所拥有的共性和联系，把一些原本毫不相干的元素进行融合、互相渗透，赢得目标消费者的好感，使得跨界合作的品牌能够实现 $1+1 \geq 2$ 的双赢。良好的跨界合作，能够充分整合双方的资源，包括渠道、用户、知名度、形象、价值观等，品牌效应的相互叠加，引爆市场热点，形成整体的品牌印象，产生更具张力的品牌联想。

2.2.3 数字化运营发展的动因和关注点

1. 数字化运营发展的动因

从企业视角来看，数字化运营发展的动因大体上可以分成收益和成本两大类。当然，这两大类动因在数字经济的环境下有着与传统经济不同的新特征和新要求。

（1）收益。

获得更多的利润，这永远是一个企业最重要的目标。因此，无论在什么时空环境下，为企业带来更多的收益都是重要的动因之一。在数字经济环境下，企业在收益层面发展数字化运营的动因主要有需求不确定性增加、市场竞争加剧和信息不对称性减弱三个方面。

1）**需求不确定性增加**。在经济学中，不确定是指对于未来的收益和损失等经济状况的分布范围和状态的不确定。这种不确定给企业带来的影响可大可小。小而言之，可能是一次营销运营活动的成与败；大而言之，则可能是企业战略决策的判断失误，导致企业遭受灭顶之灾，甚至公司破产。

由于不确定性，企业在做长远规划和投入时，往往举步维艰。对大型制造业来说，产品的原材料、商品的库存、商品数量是否能满足订单需求；是否会存在滞销等都是不确定的变量；对零售商来说，市场对商品的热度、消费者的购买力水平，消费意向、营销预算等都是不确定的变量。

除了企业内部经营过程的不确定性外，行业结构、外部环境的变化也存在不确定性。这类不确定性对企业来说是极具冲击力的，如国家未来的发展规划、行业的相关政策、客户需求的快速变化等。在数字经济下，这种不确定性颠覆着原有的市场环境和行业格局，使原有市场空间和行业规模急剧缩小，如果不能及时察觉并做好提前布局，等到变化真的发生时，原有业务很难有新的出路。这就要求企业能够运用数字化的手段，更好地平衡和消除这种不确定性，才能在新的市场环境下获得更多的收益。

2）市场竞争加剧。现代经济学理论认为，企业本质上是"一种资源配置的机制"。企业竞争的本质是在不确定的市场环境下，企业资源效率配置的竞争。谁能够用更少的资源、更高的生产效率做出更好的产品，谁就能在市场中获胜。

数字化时代的到来，以数据驱动为核心，通过数据+算法进行预测建模，帮助企业将不确定变为更多的确定，帮助企业在不确定的环境中进行决策，优化企业资源配置效率，构建企业新的竞争优势。

其实已经有越来越多的企业意识到数字化所带来的企业红利，正在谋求和规划自身的数字化转型，希望通过数字化运营获得更多的收益。在这样的背景之下，如果企业故步自封，不积极拥抱数字化革命、做数字化转型、制定数字化运营策略，则会被那些正在学习，或者对数字化运营已经很熟练的竞争对手所超越。据华为公司2019年对其自身客户关于数字化转型的一项调查报告指出：26%的企业已经大规模推进数字化，数字化转型已经进入深水期；36%的企业已经开始数字化的先期试点；31%的企业在为数字化转型做规划准备；只有5%的企业仍然处于观望状态。见微知著，这意味着95%的企业已经开始了数字化的转型之路。

案例：如今茶饮行业正蓬勃发展，出现了越来越多的品牌。各式各样的水果茶、奶茶层出不穷，市场竞争可谓异常激烈。我们每天都可以听到不少品牌诞生，同时又有很多品牌陨落。但这似乎并没有对喜茶造成影响。喜茶在激烈的竞争中，依然占据着不可动摇的地位。作为新派零售茶饮的代表，喜茶也是首家成立单独科技公司的茶饮公司。2018年，喜茶正式上线了喜茶GO小程序，打通了门店收银、供应链、员工即时沟通、运营等系统，成为一体化的数字运营平台，成功将用户引流到线上，通过收集用户数据、与用户进行互动，使用户与喜茶形成紧密的关系。仅用半年时间，喜茶GO就获得了百万注册用户。

喜茶的数字化运营模式如图2-3所示。

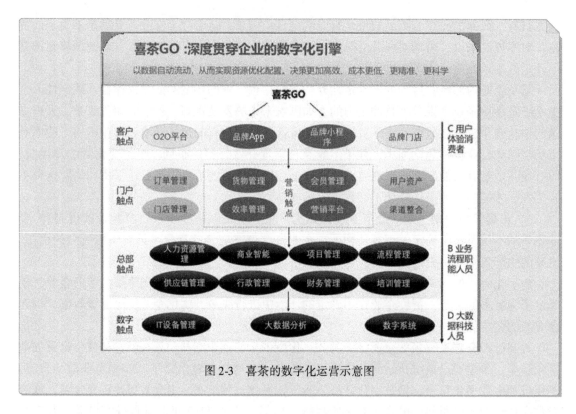

图 2-3　喜茶的数字化运营示意图

3）信息不对称性减弱。信息不对称性是指在商业活动中的交易双方对于他们面临选择的关键经济变量所拥有的信息不完全相同，即一些参与方比另一些参与方知道的信息更多。因为市场中的信息是有价值的，获取信息需要一定的成本，一般来说，信息的价值越高，获取信息的成本就越大。

市场信息的不对称性会带来多方面的危害。首先，导致信息拥有方为谋求自身更大的利益使另一方利益受到损害。其次，假冒伪劣产品猖獗。市场信息的不对称性导致机会主义的出现。投机商会利用市场信息的不对称肆意夸大、虚假宣传，压榨诚信企业的市场和生存空间。最后，市场的不对称性会扰乱经济秩序，降低市场效率。

在传统经济"卖方市场"的环境下，企业往往比客户掌握更多的信息，因此也就更容易获取收益。但是在数字经济的新环境下，信息以数据为载体，在开放的环境中快速流通，客户可以在第一时间快速掌握市场和商品的相关信息，从而做出对自身最有利的选择。可见，原有的这种买方与卖方之间的信息不对称性正在以一种意想不到的速度减弱，这也迫使企业必须改变经营管理方式，从另外的角度和层面来利用信息拉动收益增长。这时，数字化运营就给了企业再次领先一步的可能性。

（2）成本。

在保障足够利润的前提下，尽可能地削减经营成本，这也是企业发展延续过程中不可忽视的另一大目标，这个目标也是企业进行数字化运营的重要动因。企业基于削减成本考虑而发展数字化运营，主要是受到成本管控风险增大、投入产出追踪难度加大和长线成本投入精细化管控要求增加三个方面因素的影响。

1）成本管控风险增大。成本一直都是企业关注的重点，企业各项指标的计算都离不开成本，如营业额、收益率等。但在数字经济的环境下，随着规模的不断发展壮大、业务内容的不断变化变革、业务模式的不断线上化和数字化，企业在各方面支出的成本，与原先传统的成本支出情况相比，会出现大幅的变化。

最大的变化主要来自成本支出类型，除了线下的成本投入以外，为了实现线上化、数字化，打通公司产品的线上渠道，会衍生出更多有别于之前的成本支出类型和款项。例如，硬件（云基础设施、企业硬件、个人设备和其他硬件）的成本、软件（应用程序开发和部署、移动应用程序、系统基础设施软件和其他软件）的成本和服务（业务服务、IT服务以及其他连通性服务）的成本。无论是硬件、软件还是服务，这些都是成本的巨大投入。

在这样的变化下，企业的成本管控风险不可避免地会随之增加，所以企业的数字化运营势在必行，要管控成本的前提是能够整体地了解成本都在哪里、都有哪些，才能根据了解到的成本信息，管控成本的风险。这些目标通过数字化运营完全可以达到，业务的线上化和数字化以后，可以天然地提供所有成本的支出数据，企业可以基于数据中心，体系化地全面统计并追踪所有成本风险相关指标，让企业的成本风险管控部门可以清楚地了解所有成本的情况，并做出风险管理决策。

2）投入产出追踪难度加大。企业的成果和价值实现，是通过顾客产生的，企业付出的成本和努力，必须通过顾客购买其产品或服务，才能转变为收入和利润。所以企业不仅要追踪所有成本的风险情况，还要能够清晰地看到投入和实际的产出情况。

企业为了提高销售额，会通过一系列的手段，拓展产品的销售渠道，扩大市场。在数字经济发展的环境中，在日渐激烈的竞争中，企业拓展市场的手段同样也会发生变化，无论是规划和执行数字化运营的具体策略，还是与其他企业合作开展线上联动营销，这些都会增加企业的成本支出。然而努力和付出不一定会带来相应的回报，对于这些投入的成本，具体能有哪些产品、产出的情况如何，如果不做数字化运营，很难说得清。

企业必须通过数字化运营，关注和追踪各项能体现投入产出关联的指标数据，实时监控通过各种手段获取的产品、服务流量，具体的订单转换率情况，帮助员工不断追踪和分析投入产出比数据，发现更加高效、有效的运营策略，节省企业的经营成本，为企业带来利润价值。

3）长线成本投入精细化管控要求增加。这一点与前文提到收益时的"需求不确定性增加"是对应的，正是由于市场需求不确定性的不断增加，企业要想在激烈的市场竞争中存活下去，实现自身发展的跃迁，就得不断地发展多元化的业务。

除了企业自身经营的主业之外的业务，一般是归在企业的长线成本投入之中的，在前期抢占市场份额的初期，对是否盈利的要求甚至都不会太高。但是对于这样的长线成本而言，或者说对于大部分的长线成本投入而言，投入的最终目的还是盈利，这会对企业的成本管控提出更高的挑战，要更加精细化地管控长线成本的每一份投入，每一份投入也应该是要谨慎、精准的。同时在这个过程中，也要对未来可见的收益有一定的预测。

这同样也需要通过数字化运营，对投入成本的信息、客户消费的信息、产品受欢迎程度的信息、市场的信息进行精细化的量化，在量化和不断运营的过程中，支持企业不断完善长线成本投入的收益转化策略。

2. 数字化运营的关注点

企业的数字化运营要顺利实现，也有一些重要的点需要关注，主要包括用户需求、生产模式、团队人才和潜在风险四个方面。

（1）用户需求。

美国心理学家亚伯拉罕·马斯洛于1943年在《人类激励理论》一文中提出人的需求层次理论，将人类需求分成了五个层次，从低到高分别是：生理需求、安全需求、社交需求、尊重需求和自我实现需求，如图2-4所示。

哪里有需求哪里就有商机，数字化时代如何满足人类各个层次的需求？

1）生理需求。生理需求其实就是人们衣食住行的基本需求，数字化时代到来，企业通过运用各种信息技术、数字化技术在满足人们现有基本需求的同时，也在改变着人们的生活方式，人类生理需求进入了数字化时代。

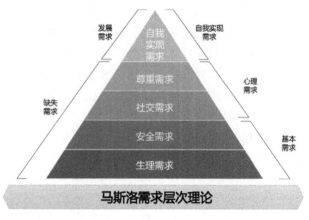

图2-4　马斯洛需求层次示意图

在穿衣搭配上，淘宝运用智能推荐技术，挖掘客户的潜在需求，激发用户的消费欲望；在口腹之欲上，饿了么、大众点评等软件，通过线上线下相结合的方式，打破时间和地理的限制，使顾客能随时随地享受美食；在居住条件上，链家、安居客等房屋租售软件的3D看房、模拟看房等功能的推出，为用户提供了身临其境的感觉；在交通出行上，百度公交指南、嘀嘀打车等对用户的出行方式和行程安排带来了巨大的便利。

数字化不但为企业带来了巨大的商机，更让人类的生理需求得到了巨大的满足，生活水平得到跨越式提升。

2）安全需求。马斯洛认为，整个有机体是一个追求安全的机制，人的感受器官、效应器官、智能和其他能量主要是寻求安全的工具，甚至可以把科学和人生观都看成是满足安全需求的一部分。

在安全需求方面，数字化可以贡献很多。如为了消除用户对食品安全的担心，商家在食品包装上打上二维码，用户可以通过扫描二维码查看食品从生产到加工再到上架的全过程；人们因对贫困的恐惧而产生理财的需求，希望快速以钱生钱达到富足的目的，针对此需求的各类投资理财软件层出不穷。

3）社会需求。社会需求也叫作归属与爱的需求，体现在个人渴望得到家庭、团体、朋友、同事的关怀爱护理解，融入大团体，和大家建立起良好的社交关系，得到团体的喜欢，也是对友情、信任、爱情的需求。

从横向来看，如 QQ、微信、微博、陌陌、抖音、婚恋交友等面向不同类型需求的社交软件推陈出新。从纵向来看，随着技术的不断发展，数字化技术的广泛应用，从过去纯文字的交流到静态照片分享，再到动态视频的交流，数字化让我们的社交更智能、更便捷，大大满足了人类的社交需求。

4）尊重需求。尊重需求分为内部尊重和外部尊重。内部尊重也就是自尊，希望自己有能力，在各个方面都可以做好，有自己的成就，实现自己的理想；外部尊重即是追求外界的权利、地位，渴望得到他人对自己的认可。

在数字化运营中，这意味着提供给用户"参与感"，例如点赞、关注、收藏、评论都能让用户获得尊重感和参与感。

5）自我实现需求。自我实现需求是最高级的需求，是指个体实现自己的理想抱负，实现自己的追求。这种需求并不容易满足，因为不同角色、不同性格的人对自我实现的理解和目标也不一样。这就要求在数字化运营中，能够以人文情怀去关注每一个人的自我实现目标，让所有人在数字化运营的大环境中充分发挥和找到自己的价值。

有句俗话说"有人的地方就有江湖"，我们套用一下，改为"有人的地方就有需求"，只不过不同时期、不同发展阶段人们的需求也不一样，但总体上是朝着越来越难满足的方向发展。

20 世纪八九十年代，产品很容易卖出去，因为处于改革开发的初级阶段，物资短缺。产品只要满足达到的标准，就会有客户购买。这个阶段，生产经营者专注于产品制造的成本和效率，在最短的时间，以最低的成本制造出产品，并通过代理商将产品投放到市场，如此循环往复，便能赚得盆满钵满。大规模标准化生产的产品满足了大部分人的基本需求，然而却牺牲了个性化的差异。

随着经济的不断发展，产品供应极为丰富，甚至出现了产品过剩的情况。在这种产品富足年代中成长起来的 90、00 后，统一的、标准化的产品越来越得不到他们的青睐。一件产品、一项服务是否会被购买和消费，价格不再占据主导地位，年轻人更加关注的是要看商品是否能表达出个人品位，是否能让自己与众不同。同时伴随着如"微信""微博"等移动社交媒体变成当代人生活的一部分，商品甚至代表着一种社交货币，通过将商品分享在社交媒体上，并通过点赞、转发等社交功能，用户甚至能找到自己的"群体"，获得认同感。

例如喜茶为了让消费者找到认同感和归属感，在 2018 年做了十几场跨界营销活动，每次推出的新品都让消费者觉得有趣和好玩，并对下一次的活动充满期待，如图 2-5 所示。你是否也有这样的经历：看到朋友圈里小伙伴发的阿华田啵啵冰，也会忍不住下单买一杯；看到微博中喜茶与百雀羚联手推出的喜雀礼盒，也会忍不住关注微博并转发，期望自己也能抽到这款礼盒；逛到喜茶的快闪点，是否也会忍不住拍照，并分享在各类社交媒体中。

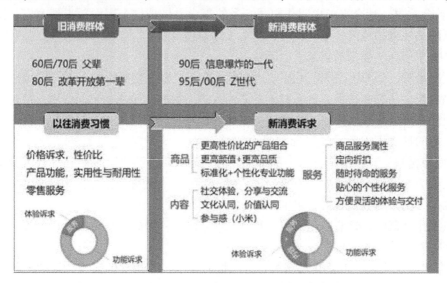

图 2-5　喜茶消费者群体及需求的变化

（2）生产模式。

制造环节和制造流程是企业综合能力的体现，能否敏锐地察觉市场的变化，并快速调整生产作业模式，重新配置生产要素，都极大地考验着一个企业的综合能力。过去流水线的标准化生产加工模式，通过经验判断市场喜好，生产出大量的商品，一旦决策有误，不能抓住市场和主流产品需求，就会导致大量商品滞销。美国标准与技术研究院对制造业的智能程度有一个解释是：如何实现差异性更大的定制化服务、更小的生产批量、不可预知的供应链变更。

案例：在传统的西服定制中，定制西服往往就意味着手动设计西服版型，包括手工量体，手工打版，即全流程手工制作……国外西服定制时间通常需要三到六个月，周期长的可能会将近一年。定制西服的关键是手工量体和手动打版，一个专业的打版师傅要想保证西服每一个部件的尺寸和形状都精准无误，需要十几年甚至几十年的经验积累。优秀的打版师傅即使是在定制西服产业最为发达的欧美也是稀缺资源。制作周期长、人工成本高，也成为定制西服价格居高不下的原因。

为了使定制西服更高效、价格更亲民，过去的十多年，青岛红领集团投入了数亿元资金，建立了目前全球独一无二的个性化定制平台——C2M。青岛红领集团实现定制化生产的关键是用大数据系统替代手工打版。红领根据过去的制作数据，即每年大约四十万套西服，建立一个西服版式形状、尺寸与人体各项尺寸之间的数据库，根据这些数据，红领可以实现用制作建筑图纸的方式，在计算机上基于数据库的运算模型，根据顾客的身体数据进行计算机3D打版。在C2M平台，消费者可以输入自己的体型数据和个性化需求，支持全球客户DIY自主设计；由客户自主决定工艺、款式、价格、交期、服务方式，自己设计蓝图，可满足99.9%的消费者个性化需求，7个工作日即可交付成品西服。

红领的C2M平台包含20多个子系统，如供应链系统、自主研发系统、客户交互系统、智能配套及物流系统、全程计算机网络控制系统等。这20多个子系统全部以数据来驱动运营，每天系统会自动排单，自动裁剪，自动计算、整合版型，一组客户量体数据完成定制、服务全过程，无须人工转换、纸质传递，数据完全打通，实时共享传输。在红领的车间里，所有的员工都能面对互联网终端进行工作。该平台完全将人质解放出来，并将个性化工艺、专用设备产能、线号、线色、交货周期等编程组合，以流水线生产模式制造个性化产品，如图2-6所示。

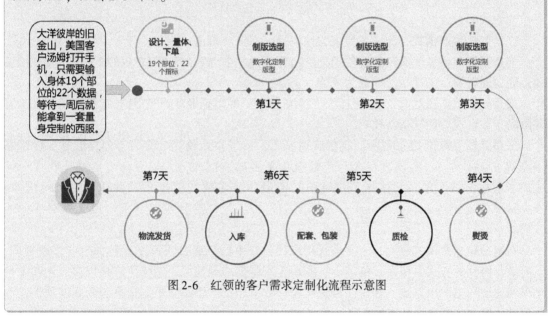

图2-6　红领的客户需求定制化流程示意图

红领在制造中所能体现的最大价值，就是用数据驱动颠覆了原有的渠道驱动的商业模式，用工业化手段实现个性化定制，满足了大批量定制的需求，有效解决定制产品生产周期长、产量和质量难以有序控制等问题。

通过红领的这个例子，我们可以尝试着做一下总结提炼：数字化运营下，企业更关注的是一种**定制化和敏捷化的生产模式**，可以有效应对需求多样化且不可预测的客户市场，如图2-7所示。

图 2-7　不同生产模式的企业分布示意图

在**定制化生产模式**方面，主要应关注以下三点核心价值：

一是把客户需求变成产品数据模型，将跨国界、多语言的订单变成数据并进入互联网流动，使协同研发、柔性生产等成为可能。

二是创新数据驱动的"智能工厂"解决方案，再造企业生产控制与流程管理，并与互联网对接，形成智能制造新模式。

三是打造互联网信息平台，将供应商、工厂、客户、物流、售后等连接起来，使产品供需双方直接对话，实现客户参与产品全价值链的协同模式，一方面可以快速收集个性化需求数据；另一方面又消除了传统中间流通环节导致的信息不对称和种种代理成本，极大地降低了交易成本。其本质是在探索一种将生产供给和顾客需求快速无缝对接的运营模式。

在**敏捷化生产模式**方面，主要是采用现代科技手段，通过快速配置各种生产要素资源，以有效、协调的方式响应用户的需求，实现生产制造的敏捷性。敏捷生产是以多元化和个性化市场发展需求为出发点，通过各种信息化、数字化技术手段实现制造系统的高度柔性化和快速响应能力，帮助企业在激烈的市场环境中打造核心竞争力。

（3）团队人才。

根据华为 2019 年发布的《中国数字化转型人才培养顶层设计》可以看出，随着数字化转型的不断深入，对数字化人才的需求量急速增长。如图 2-8 所示，预计到 2025 年全球数字化人才的需求量将达到 10.66 亿，仅中国就高达到 3.57 亿。

不仅如此，在国内，数字化人才需求量不断增长的同时，人才结构性不平衡的特点也越发凸显，制约着数字化的发展。数字化转型不仅仅是 IT 和技术的转型，更是企业的整体转型。培养一支专业化、自主性强且高度协作的人才团队是企业数字化转型的基石。

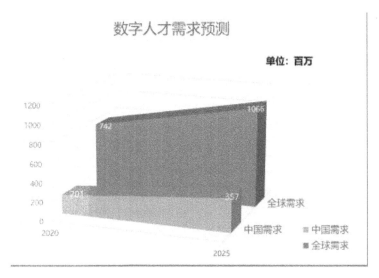

图 2-8　全球数字化人才需求预测图

可见，数字化人才和团队已经成为绝大多数企业推进数字化转型的关注点。那么所谓的数字化人才团队到底应该具备哪些能力呢？我们认为主要有以下 6 种。

1）**专业能力**。数字化转型需要员工具备专业且全面的技能。如业务分析师，这一角色不仅要精通某一专业或行业的业务知识，还要掌握人工智能、大数据等新技术，帮助组织构建基于大数据的业务分析能力。而项目经理这一角色不仅需要擅长传统的项目管理方式，还需掌握敏捷开发、用户体验等知识。

2）**认知能力**。认知能力要求员工通过不同方式和多维度的思考，把握企业、市场、产品、客户的发展方向，洞察事物的内在联系，并把握事物的本质规律。要求员工拥有发散和创新思维，不能故步自封。

3）**学习能力**。生命不息，学习不止。数字化技术、工作实践和商业模式的变化不断提高人们对终身持续学习的需求。终身学习、主动学习、随时学习的行为成为主流，多元的、个性化的知识定制服务成为大势所趋。

4）**协作能力**。数字领域的"无边界"本质意味着，数字化人才必须拥有跨越业务内外的传统界限进行协作的能力，只有打破业务边界，才能提供无缝的客户体验。

5）**资源整合能力**。数字化人才需要拥有根据企业的发展战略和市场需求对有关的资源进行重新配置，从而增强企业的竞争优势并提高客户服务水平的能力。

6）**创新能力**。在现有的技术和业务基础之上，不断提供具有经济价值、社会价值、生态价值的新思想、新理论、新方法和新发明。这些创新不仅仅是技术上的创新、产品和设计的创新，还包括管理模式和商业模式的创新。

案例：2015 年，"创客"这个词随着海尔集团在数字化转型道路上的异军突起，再次成为大众茶余饭后津津乐道的词语。"创客"过去是指有想法有创意的社会精英把自身想法变成现实的人。随着技术的普适化、科技产品的平民化和数据应用的可视化，让每个人都能成为创客，都有把自己的想法变成现实的机会。可以说"创客"仿佛是为这个数字化时代量身定做的企业运营模式。

"创客"是具备天然活力的。如果你做的工作是自己感兴趣的，且通过这项工作能得到相应的报酬，你是否也会变得积极、工作是否就会成为一件很愉快的事情？同时，在自己感兴趣的工作上，是否愿意花费更多的时间去学习相关的专业技能知识？当你和同事们或其他创客团队进行经验交流分享的过程中，是否也会更加自信且充满自豪感？"创客"的企业运营模式不仅能提供员工的能动性，同时能带动更多的同事加入到创客团队中，激发大家的潜能。这是一个循环迭代递进的过程，也是一个指数级发展的过程。

海尔集团向大众亲授了如何从一个大型的传统制造企业练就成互联网智能创业平台，并向大众展示了这个创客孵化器的无限可能和蕴藏着的无限价值。目前海尔创业平台已经吸引了企业内外 98 个孵化园区，成功推出雷神游戏笔记本、天樽空调、免清洗洗衣机等 1000 多个创新产出和创业项目。海尔创客孵化平台实现了需求方和资源方的充分交互，不断激发项目创意，推动产品生态化、社区化，同时将项目风险市场化，让市场评判项目的好坏，形成自然的优胜劣汰。

海尔集团由制造产品到制造创客的转变不是一个特例，而是一种必然趋势。"创客"的企业都是小微企业，适应了个性化定制的市场需求，实现多对多的供应，成为智慧工业时代企业成长的必然趋势。

（4）潜在风险。

俗话说，风险越大，收益越大。可见，收益与风险总是相伴相生的。同样的道理，数字化转型过程中，风险与价值也是对立统一的，数字化能给企业带来多大的价值，也就可能潜藏着多大的风险。因此，在数字化运营过程中的潜在风险需要时刻关注并妥善应对。

在企业数字化运营中主要存在着法律合规风险、成本风险、网络安全风险和数据安全风险四个方面。

法律合规风险。2016 年 11 月 7 日《中华人民共和国网络安全法》（下称"网络安全法"）颁布，对我国网络安全与数据合规进行了综合性立法。网络安全和数据合规被以法律的形式进行约束和保护。很多企业在数字化转型和发展过程中，只预见了广阔的市场前景，却忽视了网络安全与数据合规的风险。据 2018 年 11 月第五届世界互联网大会"大数据时代的个人信息保护"分论坛上，中华人民共和国首席大检察官、最高人民检察院检察长张军的发言，从 2016 年 1 月到 2018 年 9 月，中国检察机关以侵犯个人信息罪共起诉 8719 人。因此，企业在数字化转型和发展的过程中必须对网络安全和数据合规有清晰的认识，以免因小失大。

成本风险。大部分的企业将数字化转型看作是成本，而非投入。不难理解，光是资金的投入，数字化转型就是千万级别的，更别提是时间成本的投入，有的公司需要5年、10年，甚至是更长时间的投入。数字化转型的效果不是立竿见影的，没耐心、意志不够坚定、急于求成的企业会半途而废，导致前期的投入白白浪费。

网络安全风险。竞争对手，或与企业存在私人恩怨的个人，发布大量虚假信息，导致风险发生。某企业的一名IT人员小王由于个人原因，被企业开除了。小王在该企业工作了很长一段时间，对企业的数据模型算法有一定的了解和认知。由于对企业存在着不满，在离开公司后，通过雇佣第三方小李，在企业定期爬取的网站中进行了长期的、批量的虚假信息的发布，导致企业模型算法计算出来的结果与实际有偏差，让企业在运营过程中对市场做出了错误的判断，为企业带来了巨大的经济损失。试想一下，仅仅是一名基层的IT人员就能对企业造成如此严重的损害，如果对企业存在不满的员工再多几个，那么对企业造成的损害则是成指数级的增长；如果是竞争者通过更恶劣的手段进行虚假信息供给，轻则导致企业几次营销活动或产品设计的失败，重则可能导致企业走向破产。

数据安全风险。数据安全就是要确保数据在整个生命周期内的保密性、完整性、可用性、真实性、需授权、可认证和不可抵赖。首先，大数据体量大，很容易成为被发现的目标。其次，大数据中包含着复杂敏感的数据（如业务订单，企业的成本收益等），这些有价值的数据吸引着潜在攻击者。最后，数据的大量聚集，使得一次成功的攻击就能获取大量的数据，增加了攻击的收益率。由于集中存储的数据汇集着企业大量的运营数据、客户信息、个人行为细节数据，以及数据的所有权和使用权没有明确的界定，还有在大数据分析过程中使用的数据未充分考虑到个人隐私问题，因此这些数字化技术的应用过程中都存在着数据泄露的风险，需要重点关注和防范。

2.3 数字化运营的发展特征

数字化运营不断深入发展，其与传统的经验式运营相比，有着显著区别。数字化运营的主要发展特征包括循数管理、价值导向、敏捷迭代与动态平衡。

2.3.1 循数管理

数字化时代，万物皆为数，组织经营者、客户本身、客户行为等均已数字化。2014年3月，阿里巴巴创始人马云在北京举行的大数据产业推介会上提出，人类已经由IT时代进入了DT时代，数据正成为最核心的资源。目前，这一观点已得到广泛的认可。众所周知，企业的管理、战略规划和业务运营等相关活动的开展离不开资金、人力与技术，而在数字时代，企业运营也必然离不开数据这个重要的生产要素。

1. 什么是循数管理？

循数管理，指的是企业通过对所控制的数据进行数据分析，挖掘数据价值，支撑公司决策，引导业务变革的管理模式。它与传统的依靠经验做管理决策相区别，既是数字化运营的本质特征，也是企业精细化科学发展的必然要求。

以餐饮开店选址为例，传统有经验的老板开店选址会从周围住户数量和消费水平、竞争对手分布、意向店址人流量、租金等多维度进行评估，信息来源可能是人工调研、现场走访、蹲点计数等方式，这种综合评估在过去已经是很全面了，但在数字化的今天已经落伍。如今，开店前借助美团、饿了么的数据分析，可精准获取意向选址的客户量、人均消费、同类别店铺订单数、订单均价等精准的数据，依靠这些数据辅助决策，能大大提升开店的成功率，比如目标区域的广州菜店铺数量已经很多，导致店均订单量远低于平均水平，获取这些数据后，你就可决策不在该区域投资。开店后，也可以通过日均订单、客单价、访客量、订单量与订单增长量等各类数据精准了解运营状况。没有各类数据支撑，店铺选址、店铺运营将如盲人摸象，问题无法准确识别，应对措施无法及时建立，那么选址、运营的成功率肯定难以保证。这个开店前及开店后通过数据分析挖掘数据价值辅助决策的过程，就是循数管理。

2. 循数管理需要注意什么？

循数管理的优势是显而易见的，但要真的做到循数管理可不简单。

首先，企业应建立循数管理机制，每个问题的发现、分析、决策都必须依托数据为参考，做到"无数不决策"。这种机制需要从企业的机构设置、制度建设、流程管理，以及技术支撑等方面进行构建，让循数管理制度化、常态化。

其次，应确保采集和整合足够的数据，并确保数据的质量是有保障的。我们都很清楚，数据量不足或者数据维度不够时，要想挖掘、分析出数据的价值是很难的。但就算数据量足够多，如果里面有很多"脏数据"，得出的信息是没有可信度的。从数据中挖掘信息辅助决策正如我们提供建筑材料搭建房屋。材料不够，无法搭起我们预期的房子；而材料有缺陷，搭建的房子则岌岌可危。

最后，应依托技术能力作为支撑。勘探到了石油，没有开采石油、存储石油、加工石油的技术和设备只能望"油"兴叹。同样的道理，有了科学的机制和可靠的数据，但是没有技术能力将数据运营起来，只能临渊羡"数"。我们要充分利用技术能力来管理好数据，并利用数据整合、数据分析、数据挖掘等技术将数据价值发挥出来，让数据彰显出其应有的价值。

需要注意的是，循数管理不是唯数据论。数据本身只是数据，脱离了业务的数据是没有价值的。因此，循数管理要做到从数据中挖掘出隐含的信息后，依托人的判断来做决策，数据只是起到辅助作用。

2.3.2 价值导向

从传统运营转向数字化运营不是一蹴而就的，从技术驾驭到业务创新，从组织建设到氛围营造，从数字化能力建设到人才培养，涉及企业的方方面面，可以说是一项长期且艰巨的系统工程。这个系统工程不仅需要投入大量的时间，也需要投入大量的资金。因此，在漫长的转型建设中如果没有价值的呈现，数字化运营将很难坚持。

1. 什么是价值导向？

价值导向是指以价值为核心，把握方向、聚焦重点，围绕企业数字化转型目标确定运营价值点，通过价值成效给数字化运营正向反馈，让数字化运营成果显性化并不断扩大的运营理念。 如果不以价值为导向，大部分企业是没有战略定力坚持到数字化运营走上正轨的。

价值导向不仅是内部管理的呼声，也是外部环境因素的一种倒逼。当前，国内外政治经济环境日益严峻，全球经济持续下行压力不断增大。2020年7月30日，美国劳工统计局公布2020年第二季度美国国内生产总值（GDP）折合成年率下降了32.9%，跌幅创下历史纪录。聚焦国内，党的十九大提出，我国经济已由高速增长阶段转向高质量发展阶段。在此大环境下，各行业竞争不断加剧，企业如果无法通过数字化运营挖掘价值，很可能就在激烈的市场中消失了。

价值导向不能追求短期利益，那样往往得不偿失。《IT经理世界》杂志2018年第7期有篇文章《老牌公司数字转型的奇幻漂流》在网上广为流传，文章分析了通用电气数字化转型失败的若干原因，其中一条就是其数字化部门急于追求短期利益，"当合作伙伴对（通用电气的）工业互联网系统平台表示兴趣的时候，其数字化部门将重点放在如何敲定一笔短期收入，而不是长期合作。"过于追求短期利益，让通用电气失去了一次又一次数字化转型成功的机会。

2. 价值导向需要注意什么？

价值导向可以让数字化运营走上正途，但是也需要警惕其可能带来的负面影响。

首先，要摆正观念，价值导向不能牺牲长期的利益而只顾眼前的价值。 价值导向是一种策略，是数字化运营的一个特征，但不是数字化运营的最终目的。所以当短期的价值与企业发展不一致时，一定要抵制诱惑，着眼未来。

其次，价值导向需要在企业内部形成统一共识，要形成战略定力。 价值导向的价值不是某个核心部门价值，也不是某几个部门的价值妥协，它是全体公司的价值统一。一旦明确了企业数字化运营的价值目标，一定要寻求企业各部门价值的"最大公约数"，从而形成坚定的战略定力，保障数字化运营有效推进。

最后，需要加强宣传，时刻关注和警惕舆论氛围。 人们大多有从众心理，当价值长时间没有呈现时，大众很容易有急躁的氛围。此时企业一定要对舆论氛围进行积极引导，避免众口铄金，在舆论谴责中迷失方向。当数字化运营的价值点出现时，一定要把握机会，加大正面宣传，积极营造出良好的数字化运营氛围。

2.3.3　敏捷迭代

我们都知道，数据积累是一个循序渐进的过程。如果数据积累不具备一定的规模，管理机制没有建立，数据应用也未形成，那么数字化运营也无从谈起。但凡事也不可走向极端。数字化运营不能等待足够多的数据采集完成、管理机制足够完善、数据应用百花齐放才能启动，这往往会错失很多机会，而敏捷迭代则可以避免这样的现象发生。

1. 什么是敏捷迭代？

敏捷迭代是指围绕目标进行阶段性分解，采用迭代、循序渐进的方法实现一个个阶段性目标，在调整中、优化中达成最终目标的管理模式。通过敏捷迭代可快速发现并解决问题，有效防范未知的系统性风险，确保整个过程既有序又可控，运营工作既有速度又有质量。

以某游戏企业要提升营收金额100%为例，先把目标分解为若干个目标，比如分解为30%、50%、100%三个目标，然后围绕用户运营过程进行拆解设定细化的目标，针对用户数、注册率、付费率、人均消费等每个指标的提升，制定实施方案。在完成第一个目标后，总结分析哪些指标较为容易达成，哪些未满足目标值，然后根据分析结果，在第二个阶段性目标中调整各指标数据，最后实现营收金额提升目标。

2. 敏捷迭代需要注意什么？

敏捷迭代可以帮助企业在数字化运营中不断"建功立业"，但也需要注意以下三点：

首先，敏捷迭代要避免低效的组织管理。敏捷迭代要求快速验证、快速修正、快速调整，如果组织架构设置不合理或者核心组织成员效率低下，将导致敏捷迭代徒有虚名，既浪费大量的人力物力，更浪费宝贵的时间成本。

其次，敏捷迭代要避免无目标的迭代。敏捷迭代不是随意迭代，不是失控的迭代，它需要有科学的需求管理和明确的迭代规划，从而实现围绕目标分解阶段性工作下的快速迭代。如果需求管理失控，目标管理不明确，那么敏捷迭代不可能成功。

最后，目标拆解要合理可行。敏捷迭代并不是越多越好，目标拆解要基于总体目标和项目本身的特点以及团队的构成等因素设定。目标拆解过大，难以通过阶段性目标的实现，来分析、总结、发现和调整细化指标的不合理设置，敏捷迭代达不到预期效果；目标拆卸过小，容易因细化指标异常出现噪声影响判断，无法科学指导下一阶段的细化指标设置。

2.3.4　动态平衡

数字化运营是基于数据服务业务，让业务更好地发展。为了更好地利用数据，数据采集、数据传输、数据存储、数据处理、数据交换等各过程都离不开技术作为支撑。但数字化运营的立足点是业务，不是为了数字化而数字化，所以不能一味地脱离业务需求过度追求技术，这就要求实现业务和技术的动态平衡。

1. 什么是动态平衡？

动态平衡指的是技术与业务的一种持续动态的平衡关系，在这个关系中技术能满足业务连续性需求，并且大部分时候稍稍领先于业务，但又不能走得太远。个别时候技术还稍稍滞后于业务，但很快就能调整到可保障业务快速发展的水平。

技术如果不能保障业务连续性，远远滞后于业务，那么技术就是不合格的，是阻碍业务发展的。而业务是持续增长的，所以技术需要进行适度预判，不能被业务牵着鼻子走。基于此，企业要规划长期的技术发展路线，让技术能有效保障业务发展；但技术又不可走得太快，因为这意味着公司在技术上投入过多资金和人员，业务跟不上，是公司资源的极大浪费，对公司经营来说是不划算的。

正是这种技术和业务的动态平衡，让技术服务业务，发挥数据应有的价值，让数字化运营可持续健康发展。

2. 动态平衡需要注意什么？

首先，动态平衡是相对的平衡。从企业自身发展的角度，当业务出现调整时，技术也要随之优化；当技术有突破时，业务也要根据技术而调整。从不同企业的视角看，技术与业务平衡点是有差异的，比如业务变化快速的电商企业，其技术储备可以充足些，而电网等传统行业，技术发展可以稳扎稳打些。

其次，动态平衡是积极向上的。不是当技术跟不上业务时，消极地让业务发展速度降低，这种不是平衡，而是停滞，会严重影响到企业的正常发展。技术和业务的动态平衡，是技术和业务相互促进而螺旋上升、彼增此长的过程。

最后，动态平衡应配套相应的机制。动态平衡不是自发形成的，而是在业务、技术的长期规划下，有序可控的一种平衡。这个过程在公司的战略目标下，既要跟踪技术动向，也要研究行业发展趋势；既要吸收新技术，也要创新业务，所以也是需要投入大量的资金、人力和物力的过程。

2.4 数字化运营的模式分类

早期的数字化运营主要聚焦在流量运营上，随着市场环境、理论研究和技术支撑等不断发展，数字化运营模式有了更加细致的分类。以不同的视角出发，数字化运营的模式有很多分类。从用途角度划分，数字化运营通常分为用户运营、内容运营、流量运营和策略运营四大类。

2.4.1 用户运营

美团点评上市不到两年，用户从3.1亿增长到4.6亿，市值也随之也大幅上升。360董事长周鸿祎对用户价值也有过直接的点评："脱离用户谈商业模式，不是耍VC（风险投资），就是耍自己。"可见，用户的重要性已毋庸赘述，那么什么是用户运营呢？

1. 什么是用户运营？

用户运营是以用户需求为中心，以延长用户生命周期、增加用户使用频次、提升用户输出价值为目的，制定运营战略与目标、设置运营活动与规则、严格控制实施过程与结果，以达到预期所设置的运营目标与任务。用户运营一般包括获取用户、留存用户、用户变现、用户再推荐四大环节。

商家开店的时候往往以各类噱头吸引用户。"开店大酬宾"——商品免费赠送、买一送一、开店5折优惠等，是为了获取用户，用户来了你的商品才能卖出商品，才能有营收。淘宝省钱卡、星巴克会员卡、海底捞生日礼品，各种活动均是增加用户留存的方式。各种饥饿营销、排队营造、拼单、好友助力购买火车票等活动不胜枚举。

以上列出的都是传统方式的用户运营，相信很多的读者在生活中也会经常遇到。那么当时间来到如今的大数据时代，用户运营又会出现怎样的新变化和新发展呢？

在用户运营中附加上数字化的思维，目标是实现对用户的进一步细分，从而精准提供用户想要的产品或服务。因此，有的人也把这种通过数据来开展的用户运营称为"用户精细化运营"，指的是以海量用户相关数据为基础，以统计分析、数据挖掘为主要手段，通过分析结果来精准指导用户运营，实现成效提升。

现在我们来看下面的一个例子，体会一下数字化用户运营与非数字化用户运营的区别。

案例： 假设线下商店A与网上商城B为同一品牌的线下和线上店，在同一天举办5折购物活动，所有商品5折销售。A店与B店营业额均上涨200%。看似同样的过程得到同样的结果，但是深入挖掘可不简单。A店只能根据线下数据分析哪类商品售卖最多，哪个商品最受欢迎，哪款商品利润贡献率最高。而B店可以通过购物平台获取客户年龄段、购物习惯、地区分布、熟客新客、性别等更多的数据，并能够基于对客户的特点、喜好、购买力等信息的分析，为下一次营销活动定制个性化方案，还可以在商品受欢迎地区增设线下商店等，带来精准营销。

2. 如何实现数字化用户运营？

要实现用户运营的数字化，首先需要了解与用户运营关系最密切的数据有哪些。一般来说，主要包括用户基本信息数据和用户行为数据两大类。用户基本信息如性别、年龄、籍贯、职业、婚姻状况等；用户行为数据如浏览网页轨迹、购物行为、搜索记录、消费记录等，这些数据会在用户网上购物、网页浏览、游戏娱乐、日常消费等活动过程中进行采集获取。

现在我们假定有一款游戏 App，需要在用户获取环节进行数字化用户运营，以分析华为应用商城、小米应用商城的转化率，为用户运营后续精准营销提供数据支撑。通常数字化用户运营一般包含以下步骤：

第一步，明确数字化用户运营的目标。本次数字化用户运营侧重于获取用户环节，目标是分析两个应用商城的用户转化率。

第二步，向华为和小米两个应用商城投放 App。假定在两个市场均获得 1 万的下载量，但是来自华为应用商城的用户注册量为 1000，来自小米应用商城的注册量为 700，注册转化率分别为 10%、7%，这个差别是很大的了。

第三步，根据转化率的差别发现问题。对比历史数据，如果小米的注册率从 10% 下降到 7%，那么可能游戏 App 在部分小米手机上运行出现异常或者是本次小米投放存在刷量等行为。

第四步，根据上一步的假设去测试验证，调取后台闪退数据或者下载时间段等数据辅助决策。

同样，在变现环节，如果同时随机推出两个测试付费活动，活动 A 的付费率为 60%，活动 B 的付费率为 10%，那么肯定需要分析为什么活动 B 不受欢迎。正是由于每个重要节点、每个活动都可以用数据支撑，可以很直观量化地看到各种活动的效果。只有将效果量化并迅速准确发现问题，用户运营才能切切实实依靠数字化支撑得到质的飞跃，这正是数字化用户运营的价值所在。

 延伸：用户运营的 RFM 模型

长期以来，有很多的学者和从业人员对用户运营进行过非常深入的研究，也得到了一些理论成果。这些成果在数字化时代同样有效，只不过支撑这些理论的数据更加详尽，得到的决策结果更加准确了。下面对 RFM 模型进行简要介绍，各位读者可以自行了解其他模型。

RFM 模型其实是由三个单词 Recency、Frequency 和 Monetary 组成的，它可以帮助企业对用户进行细分，从而制定具有针对性的用户维系或发展策略，如图 2-9 所示。

R（Recency）——最近一次消费的时间距离现在多久了？最近一次消费时间越近的顾客是越有可能产生二次消费的群体。

F（Frequency）——最近一段时间内的购买次数。可以理解购买次数越多的客户是对产品越满意的客户，表示客户的忠诚度越高。

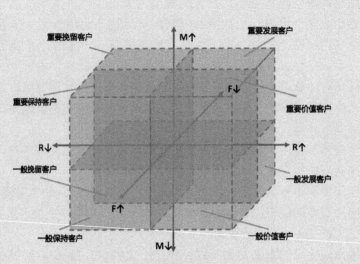

图 2-9　RFM 模型示意图

M（Monetary）——最近一段时间内的消费金额。消费金额是分析一个客户必不可少的数据，不仅是在 RFM 模型里面，比如在考虑 ROI 以及客户终身价值等分析的时候都是必需的。

如图 2-10 所示，通过 RFM 模型，可将客户细分为 8 种类型。

客户细分	用户行为	典型业务决策
重要价值客户	最近买了，经常买，花费最多	倾斜更多资源，VIP服务、个性化服务、附加销售
重要唤回客户	金额高、次数多、最近无交易，需要把他们带回来	DM营销，提供有用的资源，通过续订或更新的产品赢回他们
重要深耕客户	金额高、最近有交易，频率相对较低，需要重点识别	交叉销售，提供会员/忠诚计划，推荐其他产品
重要挽留客户	购买金额最大，但是很久没有回来了，可能流失，需要挽留	重点联系或拜访，提高留存率
潜力客户	次数多、最近有交易，金额小，需要挖掘	向上销售价值更高的产品，要求评论，吸引他们
新客户	最近有交易，交易频率不高，金额小，容易丢失，有推广价值	社区活动，提供免费试用，提高客户兴趣，创建品牌知名度
一般维持客户	次数多，金额小，最近无交易，一般维持	积分制，分享宝贵的资源，以折扣推荐热门产品/续订，与他们重新联系
流失客户	最后一次购买的时间很长，金额小，订单数量少，冬眠客户	恢复客户兴趣，否则暂时放弃无价值用户

图 2-10　RFM 模型客户细分图

RFM 为运营者提供了数据驱动精细化运营的一个方法论。通过客户细化分类，能有效识别出哪些用户比较容易转化/复购，哪些用户处于流失边缘，需要采取特定手段拉回来，哪些用户可以放弃，还可以针对不同的用户设计不同的激励体系，并在实践中进行验证。比如双十一活动中，满减券的满减面值如何设计比较合理呢？不同面值的代金券推送的人群是否合理。

3. 数字化用户运营适用场景

对于已有一定的用户数据积累的企业，数字化用户运营的适用场景包括：通过数据分析精准确定潜在用户，快速发现用户获取、激活等环节的异常，延长用户生命周期，增加用户使用频次，提升用户输出价值，提高用户的再推荐等。

数字化用户运营比较适合面向消费者端的企业，这种企业若要在激烈的竞争中赢得一席之地，往往需要更加重视用户、不断满足用户的个性化需求。

2.4.2 内容运营

前面我们讲到用户运营，提到如何获取客户、提高用户活跃度和用户留存，进而获取收入以及自传播，这些环节也和内容运营是息息相关的。这里主要讲的是内容运营的定义、作用，以及数字化运营是如何依靠数据助力内容运营的。

1. 什么是内容运营？

内容运营指的是以满足用户的内容消费需求为前提，以传递品牌价值观念为目的，对各类产品的内容从构思策划到效果呈现的一系列运营管理过程。

我们都知道一本书肯定有内容。一个产品，不管是互联网产品还是简单的一个页面、一页传单都有不同的内容，如知乎问答平台的各类问题与回答、今日头条的每条资讯、沃尔玛的宣传海报等，如图 2-11 所示。一个好的内容，不是平白无故出现的，也不是随意而为之的，它是由一个个团队针对产品特点和阶段性目标策划实现的。

图 2-11　购物 App 内容运营界面图

内容运营的数字化是从产品提供的内容出发，以内容质量指标设计和量化评估为手段，通过数据分析快速发现消费者所需的内容，精准反馈内容运营的效果，促进内容不断优化的过程。

在没有互联网传媒前，以报纸为代表的传统媒体提供的内容越精彩，就越容易受到用户的喜爱，报纸的阅读量就越大，发行量也会增加，广告商也会接踵而来。但在当时的条件下，读者的反馈不是实时的，也不是全量的，往往只能通过抽样调查的方式来了解读者对内容的意见或建议。

在互联网时代下情况大不相同了，今日头条可以针对每条内容都实时统计阅读量、阅读时长、跳出率、转发/分享率，哪条资讯的内容能满足哪种群体的需求都是可以量化的。

不仅是资讯内容，一个产品下载后多少用户用了一次就删除，用户在一个页面停留的时间、收藏数，一个网站的访问量，都可以通过各类数据来量化评价内容的好与差。差的内容，你可能很快就将内容甚至是背后的产品打入冷宫；好的内容，你可以加大宣传与推广，以获取更大的收益。所以内容运营的首要目的是满足不同用户对不同内容消费的需求。但是仅仅满足内容消费需求还是不够的，内容运营还应将品牌内在的价值导向传递给用户，使用户认可你的产品。

2. 如何实现数字化内容运营？

在讲清楚如何实现内容运营的数字化之前，我们需要先对用户的内容需求进行简要的理解和分析。

用户的内容需求大致分为获取资讯、娱乐消遣、深度阅读、消费决策、工具支撑等。拿数字内容需求来说，获取资讯可从今日头条、娱乐消遣可通过抖音、深度阅读可通过知乎、工具支撑可通过支付宝等内容平台，获得需求的满足。

现在大家对内容消费需求划分有了大概的了解，为了实现数字化内容运营，大概可以分为三大步骤。首先是确定产品的定位与目标人群，然后根据目标人群的数据支撑确定内容定位，最后通过不断迭代动态调整产品内容。

1）确定产品的定位与目标人群。通常一个产品在研发前期就要确定其定位和目标人群。比如小米成立之初，雷军就决定把小米定位为互联网公司，"公司终极盈利点是通过服务赚钱，不是通过硬件"。基于这个定位确定目标人群，进而围绕目标人群开展内容运营。在数字化内容运营中，我们用数据作为基础，确定定位和目标群体，从市场规模、行业发展前景、行业集中度、竞争情况等方面调研、收集数据来确定产品的发展空间，而目标人群的规模、特征、喜好、消费能力等各个维度也需要足够的数据来支撑。

2）根据目标人群的数据支撑确定内容定位。杜蕾斯是官方微博运营中的标杆，其凭借各类热点话题结合杜蕾斯产品特性制造了一个个现象级的话题，包括 iPhone 7 发布，杜蕾斯以"This is 7？"为话题配合产品特性点爆传播热点。之所以杜蕾斯的话题能有如此大的传播力，是因为其掌握了目标人群的相关数据。据统计，关注并参与杜蕾斯话题讨论的活跃粉丝中，男性占比67%，粉丝中大学毕业的比例超过75%，80后、90后占比超过90%，沿海大省粉丝占比近50%，一线城市人数较多。正是通过各类数据获取精准的客户画像，了解客户群体的喜好，进而确定内容定位，杜蕾斯才能不断生成出深受用户喜爱的内容。

仅仅通过历史数据做支撑确定内容定位还不够，还需要在实践中根据用户的反馈数据反复调整，不断迭代，动态调整产品内容，这个过程也是数字化内容运营的重要一环。以百度搜索为例，每一次百度搜索得到的信息就是一次内容运营结果的呈现，用户所看的内容是由关键词匹配、用户过往点击喜好、网页权重排名等因素决定。如果根据以往数据将某网页放在靠前位置但是点击量低、跳出率高，那么百度就会下沉该网页的排序，这个过程就是需要根据用户的数据反馈持续调整的过程。

3. 数字化内容运营适用场景

数字化内容运营可用于量化分析内容的受欢迎程度，准确发现各个内容出现的问题，为内容优化指引方向。

数字化内容运营比较适合需要以内容取胜的企业，这种企业面向的客户主要是内容消费者，他们对内容质量有着较高要求。

2.4.3 流量运营

估计很多读者都听说过"流量为王"，没有流量带来用户，就不存在用户运营和内容运营，所以从这个角度上看，"流量为王"是非常有道理的。假设有两个内部布置和商品是一模一样的线下店铺，一个开设在闹市的入口，一个布置在无人经过的角落，可以预见的是在闹市入口的店铺更容易获取用户进而达成交易。

不仅仅是线下，如果你的网页在百度搜索首页的第一条，如果你的商品在淘宝搜索结果展示的第一行第一列，如果你的文章在今日头条的首页，必然会给你带来更多的点击量，更多的浏览量和更大的成交量，这就是流量带来的直接反映。因为流量能给产品运营带来巨大的利益，所以流量运营显得更加重要。

1. 什么是流量运营？

流量运营是指以提升产品展示、曝光为导向，以增加成交量为目的，利用各种流量渠道开展推广、扩散、营销等活动的统称。

仅仅有电没有电灯、电冰箱、计算机等电的具体应用是体现不出电的价值的。流量与电类似，其价值需要通过内容来体现，通过流量运营带来关注，由关注转化为用户，依靠内容留住用户，让用户消费。有了后面的一系列环节，流量才能产生价值。

正是如此，流量运营往往与内容运营和用户运营是紧密结合在一起的，很多时候，流量是一种前提。如果将流量运营独立于产品本身，脱离产品内容，这样的流量除了浪费成本外，没有任何意义。正如将奔驰广告贴在脏乱差的厕所门口，虽然广告给奔驰带来曝光，但对汽车销量和品牌建设不会带来任何正向的作用。

流量运营的数字化是指围绕流量的获取、转化为核心，通过各类流量指标分析手段，量化流量获取和转化的效果，为流量运营提供数据参考，进而提升流量运营水平。 例如在日常生活中，通过网页 SEO 提高产品流量或网页浏览量，通过付费增加曝光量等获取流量，通过提升产品传播力获取流量。

2. 如何实现数字化流量运营？

流量运营的基础是获取流量的渠道。那么数字化流量运营的基础就是互联网流量的获取渠道。我们通常将互联网流量渠道来源分为搜索类渠道、信息流渠道、应用市场渠道三大类。搜索类渠道如百度搜索、搜狗搜索、360 搜索、淘宝搜索、头条搜索等；信息流渠道如腾讯、今日头条、百度信息流、网易信息流等；应用市场渠道如各大手机生产商的应用市场、Google Play 等。

假设某电网公司现在策划一项数字化流量运营活动，以提升公司数据应用知名度，获取更多关注和用户转化，其数字化流量运营一般包含以下步骤：

第一步，确认本次数字化流量运营活动的目的，是提高公司数据应用的外部关注和增加用户。

第二步，调研数据应用的用户是谁，他们有什么互联网行为习惯，分布在哪里等。这里用到了用户运营的知识，要掌握用户相关数据，熟悉用户画像。本次活动的目标用户是对脱敏电力数据感兴趣的用户，企业端可以是科研机构、金融或征信行业企业等。以高校科研机构为例，用户可触达渠道是学校论坛、技术论坛、关键词搜索引擎、期刊数据库网站等；用户标签有高智商、好奇心强等。

第三步，在目标投放区域开展小范围流量转换测试。针对科研机构用户的可触达渠道，在学校论坛、技术论坛投放测试性开屏广告 A1、A2，在"电力数据开放"等不同关键词搜索投放竞价广告 B1、B2，在不同期刊数据库投放"电力数据开放"关键词搜索广告 C1、C2。

第四步，对 A1、A2 等 6 种方案的转化率进行数据收集处理，分析不同方案结果的差异性，并再进行多次测试，找出合适的渠道和合适的投放画面等进行大范围投放。

第五步，针对大范围投放的数据进行持续收集分析，针对异常情况持续跟踪处理，并持续优化投放方案。

当然，流量为表，内容为里。流量带来用户，内容留住用户，用户的评价和口碑带来更多流量，才能形成正向循环。

3. 数字化流量运营适用场景

数字化流量运营可用于量化分析各渠道的转化率，准确发现各渠道出现的问题，识别出合适的渠道和合适的投放内容，为产品的使用增加曝光和用户转化。

数字化流量运营适合面向消费者端的企业，包括产品起步的用户积累阶段或者需要大幅提升用户数量、产品关注量阶段的企业。

2.4.4 策略运营

上面提到数字化运营对用户运营、内容运营和流量运营的支撑。但当用户量级较大、具有相当规模，且用户群体属性明显时，就需要掌握每个用户群体的特征，根据不同用户人群的需求制定不同的运营方案了。因为此时如果仅仅通过单一的用户运营、内容运营或流量运营，是无法实现预期效果的。比如当面向一百万的用户，有上千个用户群体，你需要针对这上千个群体的特征去分析各自的需求，这个工作量仅通过人工是无法实现的，而且还需要在运营中动态调整运营模式，更是难上加难。在这个背景下，策略运营应运而生了。

1. 什么是策略运营？

策略运营是数字化运营阶段才出现的，针对海量用户，通过细分不同用户群的特征，采取差异化运营手段的智能化运营管理方式。

以今日头条资讯分发为例，当你注册账号时，就必须选择感兴趣的领域，然后头条资讯会根据你感兴趣的领域形成初步的用户画像并推送推荐信息，并根据你的阅读时长，你的阅读喜好等用户习惯优化用户画像和推荐信息。此外也可通过与你有相似行为和兴趣的人的阅读历史，推送给你类似的资讯，并不断持续优化策略，形成个性化的推荐。

通过策略运营，能有效精准地满足海量用户的个性化内容需求，让客户快速看到感兴趣的资讯或清晰查看感兴趣的商品，节省客户大量的时间，辅助客户决策。再者，通过智能化的策略调整，大大提高了运营的效率并降低了运营人员投入成本，解放劳动力。此外，通过设置不同的策略，让更多产品获得更多的机会，能一定程度上规避马太效应的出现。

2. 如何实现策略运营？

首先策略运营必须由海量的数据作为支撑，从用户信息、行为轨迹、地理位置、购物偏好等所有用户人群相关信息汇聚划分为一个个人群标签，这是策略运营得以施展拳脚的基础。

还是以淘宝"千人千面"的个性化推荐系统为例，淘宝内部对亿级用户进行人群细分，通过收件信息、职业、性别、购物时间、单价等划分了一个又一个的人群标签，针对不同的标签推送不同的产品，并通过监控推送产品的转化，对推送进行动态调整，优化组合推荐。比如前几天笔者在淘宝搜索过 AHC 护肤用品，再次打开淘宝，其首页就在显著位置给笔者推送 AHC 的店铺，如图 2-12 所示。

图 2-12　淘宝的"千人千面"

　　然后在策略运营策划、测试过程中，通常利用灰度测试、A/B 测试等方式小范围验证，并通过对小范围验证后所收集的数据进行分析，不断迭代直到满足大范围实施的要求。还是以头条资讯的推送为例，它是内容运营叠加用户运营，然后加上智能化策略的典型代表。当创作者创作一个文章时，后台会根据文章的类别向小部分关注此领域的用户推送，这个就涉及用户运营了。如果接收推送的用户对文章的点击量高、中途跳出率低、分享率评论量高，后台通过策略判定该文章是高质量文章，会向更大范围的用户推送；反之，则不再向目标用户继续推送。这就已经涉及内容运营和策略运营的范畴。

　　当然，策略运营并不是一成不变的，其策略也是需要持续优化调整的。

3. 策略运营适用场景

　　策略运营适用于面向海量用户提供海量产品服务的情况。如果存在上千个用户群体或产品类别，需针对这上千个群体或产品类别，分析其需求或功能。比如当数据中心面向几百万的用户、满足几千个需求时，需要通过策略给目标用户推送目标产品，并根据用户反馈智能调整推送策略。

　　策略运营比较适合用户量大且需求差异大的企业，此时企业已无法通过单一的运营模式达到较好的运营成效。

第3章 数据中心数字化转型思路

前面花了整整一章的篇幅提到了数字化运营的概念与特征，本章将继续回归到数据中心本身。

在第1章中提到，数据中心的演进存在数据存储中心、数据处理中心、数据应用中心和数据运营服务中心4个阶段，也介绍了4个阶段之间的差异。目前国内大多数数据中心都是处在第三个阶段，一个把存储的数据用起来，但还不能高效用起来的阶段。

相信读者心中一直存在着一个疑问：从数据应用中心阶段到数据运营服务中心的这道鸿沟该如何跨过？

答案就是：**实现数据中心的数字化转型，也就是利用数字化来推动数据中心转变业务模式、组织架构、管理流程、技术体系，让数据中心从一个提供数据应用的角色转型成为提供运营服务的角色。**

3.1 数据中心面临转型挑战

当然，企业的数据中心要想真正完成数字化转型并不是一件简单的事情，很多企业的数据中心可能连最基本的环境条件都还没有完全具备。即使对于那些已经基本发展到数据应用中心阶段的数据中心来说，能顺利实现数字化转型也要面临很多的困难和挑战。

数字化技术在不断发展创新，国家对数据的宏观调控上升到生产要素的高度，传统的数据中心组织功能结构渐显冗余低效，公司内部业务数据分析应用的需求持续升级、外部数据跨行业流通共享的需要急剧攀升……这些来自客观环境中的挑战使数据中心管理者们变得越来越焦虑和不安，毕竟数据中心的职能定位就摆在那里，作为一项寄托着企业在大数据时代保持核心竞争力期望的新基建，没有哪个数据中心想背下由于能力不足，使企业在时代的搏浪中落于人后的骂名。

可以确定的是，传统数据中心在面对令人焦虑的客观环境时，是无能为力的，所以客观环境中的众多挑战，与数据中心转型的需求是并存和呼应的。

3.1.1 驾驭技术创新动能

数字化技术一直在不断发展创新，数据中心需要适应技术的创新，保持技术先进性。

近年来，目光所及之处，数字化技术这棵创新之树上已生长出了无数的新枝，覆盖了数据采集、数据传输、数据存储、数据整合、数据应用等方方面面。更不用说在数字化技术的土壤里，一同孕育生长的人工智能技术、物联网技术、云技术、移动互联网技术、区块链技术……

这些琳琅满目的技术在各个分支上的品种类型繁多，且更新迭代得飞快。每一个新技术出来以后，数据中心的管理者都要琢磨一下自己能不能用到，挑也挑得眼花缭乱。这么多新技术摆在眼前，数据中心的管理者应该怎么办呢？

肯定不能一个创新技术都不用，一个都不用的话，转型无从谈起，不应用创新技术的结果就会导致自身数据创新能力上的落后。在与同类型竞争公司进行数据赛跑的过程中，自身跑步的速度、体能会天然地逊色于对方。很可能一步慢、步步慢，最后导致公司被市场淘汰。

但也不能全都一股脑地都用上，公司的财务肯定第一个就不答应。创新技术的引入，跟人买东西是一个道理，买东西肯定要量入为出。

这就要求数据中心要很好地驾驭这些新技术，在众多创新的技术中，精挑细选，找到适合企业自身发展的技术，并且有效地组合这些技术、驾驭这些技术，搭建最适合公司自己的技术架构，驾驭这些技术让数据中心的能力变得更强，成为公司业务发展、服务优化、管理提效的创新动能，使得公司数据中心成为一台驱动公司转型发展的发动机。

3.1.2 释放数据资产价值

现在数据变得越来越重要，数据中心要把数据的重要价值充分释放出来。

除了"数据成为新型生产要素"以外，"数据是新时代的石油""数据是21世纪的钻石矿""数据已成为企业一项重要的战略性资产"等众多对数据的比喻，代表了对数据价值的广泛认可。

在大数据时代发展过程中，数据应用正广泛而深入地融入现代经济活动中。普罗大众也都实实在在地感受到了数据带来的便利和实惠，每个人手机里丰富多样的App就是实证。

数字经济正成为中国乃至全球经济发展的推动力，在这样的情况下，来自企业内部的业务部门、来自企业外部的潜在合作伙伴，都想要在数据这座石油地、钻石矿中挖掘数据的价值，发挥数据对自身的正向作用。于是这些人将自己的目光齐刷刷地投向了数据中心。

既然数据是资产、是石油、是钻石、是生产要素，肯定不能就让它纯粹地作为一串0和1的代码，砌在数据中心里，成为一堆无用的闲置物品。他们期望数据中心可以实现对海量数据的采集存储和管理，帮助他们管理和控制企业的数据资产，同时还希望数据中心承载起企业对数据资产进行分析和挖掘的功能，让他们可以像开采石油一样，开采数据资产这座庞大的宝库。

企业发展数字经济的需求，对数据中心提出了新的要求：数据中心要能够将数据真正用起来，与内部和外部的数据需求方一起努力，发挥越来越多的对数据应用的想象，落地越来越多的数据应用场景，使企业的数据资产价值可以被充分地释放。企业不断拓展的数字经济应用场景，将驱使着企业数据资产的价值从企业本身的基点出发，涌向其所在的整个行业，以数据融合贯穿整条行业产业链，进而以产业链为基础轴线，连接整个国家，甚至整个世界的数据价值网络。

3.1.3 激发组织转型活力

组织的转型是数据中心数字化转型的关键点，也是难点和痛点。

行业的变革以及用户认知的转变是不会给笨拙的组织留出足够时间的，无论是技术的创新，还是数字化经济的发展，这些新产生的事物必然会带来整体技术环境和经济环境的变化。这个变化发生的时候，数据中心作为承载技术和数据创新职能的平台，其配套的组织机制必须要快速响应环境的变化，敏捷地做出应对。

但是处于第一阶段和第二阶段的数据中心，其组织内部的协同效率是做不到这一点的，因为在这两个阶段下，数据中心要么还没有建立专门的团队，要么还处于一种机制僵化的组织状态。因此，对于数据中心而言，就必须对自己现有的组织模式做出改变。

在企业内部，承担数据中心运营工作的人员一般都是有限的，为了适应数据中心数字化转型的需要，就要将现有的人力资源最大限度地调动起来。这就要求从组织管理模式上进行创新和优化，激活组织转型活力。

在进行组织模式改变的过程中，数据中心团队要积极去冗余，增效率，同时也要从过去被动响应的运维后台，转型走向中台、前台，把握足够的话语权。

去冗余、增效率就是要转变消解数据需求的组织协作模式。与以往作为运维后台时的模式不同，转型后的数据中心团队要能够将数据业务不断细化拆分，将数据业务标准化，同时借助与业务团队紧密合作的契机，形成高效的协作机制，减少沟通成本、降低流程冗余，逐渐形成灵活、强大的管理执行体系。

数据中心团队走向中台、前台的过程，其实就是一个数据与业务联系愈加紧密的过程，双方逐渐组成既懂数据又懂业务的数字化团队，不断输出数据创新方案和案例，充分发挥数据和业务双方各自的天然优势，实现双赢。

3.1.4 赋能业务健康发展

企业所面临的业务环境其实一直都在变化，只是变化幅度大小的问题，而数字经济给很多企业带来的冲击，无疑是巨大的。其对业务的影响来自两个方面，一方面是旧业务，一方面是新业务。

在数字经济驱动下，企业旧有的业务需要变革，要借助数字化力量，将整体的业务模式尽可能地往短平快方向发展；与此同时，要应对业务环境变化的冲击，企业也要尽量拓展自己可以经营的业务内容，不断孵化新业务，特别是数字化业务，这样才能让自己更好地生存下去。

这些冲击和影响，要求企业基于数据中心，用数据做缓冲和应对，一方面利用数据驱动旧有业务变革，另一方面利用数据发掘更多新的业务场景，促进新业务的形成。以数据中心为数据基础，通过不断吸收先进技术手段，以适应业务环境的不断变化，赋能业务健康发展。

以数字化赋能业务健康发展，是国内外众多大型公司普遍的发展方向。在这个不可抗拒的发展进程中，数据将渗透到业务管理和生产运营的各个环节，从而深刻地影响、变革着社会的商业模式和企业的业务结构。

如何在资金投入有限的情况下，用数据去驱动业务，为业务提供有效率、有质量的服务，是数据中心转型过程中必须要思考的问题。作为一个需要投入大量人力、物力打造的，持续增加公司成本的机构，数据中心只有通过不断赋能业务健康发展，方能体现其存在的价值和意义，也才能给组织转型、数据释放价值、技术创新等前面的三点提供原动力。

尽管数据赋能业务是趋势，但并不是所有往这个趋势发展的企业都恰如其分地实现了自身发展期望的。说白了，就是数据一定要与业务紧密结合，才能够一方面支撑旧业务的改造重塑，另一方面帮助业务衍生出更多的新场景和新方向，从而赋能新旧业务健康发展。

数据赋能旧业务健康发展的方向和场景有很多，最常见的就是面向用户不断提高服务水平和用户满意度的做法。围绕这一点，企业有很多可以施展的空间。以大型医院为例，通过分析和挖掘病人的数据，如生活方式、既往病史、体检数据、购药数据等，医院可以获取到病人有什么病、什么时候诊断的、过往病况怎么处理的（包括吃药、手术、长期观察）、处理后的现状等信息，从而帮助医院提升对病人具体病况的了解，并提供对病人来说更有帮助的服务。在这个过程中，数据中心可以将职能的范围延伸到靠近用户的一端，赋能业务的同时，也不再拘泥于作为后台的传统定位了。

数据赋能新业务发展则是一个更加具有挑战的事情，企业的经营范围是要获取许可证的，所以一个企业的业务不可能会在短期内一下子完全变化掉，但是市场环境的变化和业务环境的变化都是十分不稳定的因素。这时候，数据中心采集足够多的数据，监控和发现市场的变化情况，探索企业有可能实现的新业务方向，让企业可以采取及时的应对措施，稳固公司收入。特别是当企业有发展数字经济业务的潜在机会时，有些企业会将数据中心脱胎出来，成立一家具备数据交易和数据创新应用等经营许可的全新子公司，对于这样的以数据赋能新业务的方向和场景，对于数据中心而言，绝对是一大利好，可以说是数据中心的管理者们值得努力的一个方向。

3.1.5　融入行业合作生态

数据中心的职能定位除了对内，还有对外的。怎么充分响应外部的需求，与外部企业单位合作并融入产业生态，也是数据中心数字化转型中面临的重大挑战之一。

在上面医院的例子中，我们可以看到，医院分析挖掘的数据中，有的数据可以在医院的电子病例、医院信息系统中采集到，但有的数据其实要从医保部门、体检机构获取。在这个时候，就不可避免地要面向整个行业，积极寻求数据上的共享和合作，建立和打通外部数据的获取查询通道。

想要深入发展大数据，闭门造车是不可取的，共享与开放是数据工作的主流趋势。在数字经济的驱动下，企业并不是仅仅专注于本公司的业务就够了的，还要融入生态环境，成为环境的一环。目前致力于以数据为串联，培育合作生态的行业主要有：制造业、能源、交通、电信、金融及政府等。这些行业中的生态主导方，都期望能够通过生态合作，让主业的服务产出更好，并发展出更多新型业务，从而增加公司的效益收入。

生态的构成是数字经济下的必然趋势，不仅是这些主导方要融入和培育生态，其他有能力的企业，也应该充分发挥自身数据中心的优势，努力融入。即使电信、金融等行业中已经有了一些培育生态的实践，但在数字生态培养这一方面，并没有成功和成熟的案例参考，每个企业都是在自己摸索，寻找适合自己融入数字生态的道路。

无论企业所考虑的融入生态的路线是怎样的，数据中心在其中必定要发挥重要的作用。数据中心中存储的企业所拥有和控制的数据资产，就是企业对外拓展行业合作、融入数字生态的立身之本。数据中心要作为企业对外的展示窗口，充分提升和发挥自身的影响力，可以做的事情很多。例如积极参加包括国家标准制定、产业合作联盟、区域组织创新等相关合作，展示企业数据中心的风采。例如大力整合资源，加大自身数据创新力度，作为参与方配合国家推动新基建、数据生产要素流通等工作。这样就可以促进数据中心对外不断拓展合作交流触点，促进数据中心成为公司在对外扩展数据生态的优质名片，促进公司在数字化方面形成优质的品牌影响力。

3.2 传统运营模式举步维艰

数据中心在面对技术、经济、组织、业务、行业生态等客观环境提出的五类转型需求，传统的运营模式是否可以达到这些要求？如果达不到，又是因为哪些原因呢？

可以肯定地说，传统的运营模式，是无法帮助数据中心完成数字化转型的。传统的运营模式存在众多局限性。这些局限性让数据中心的很多工作举步维艰，让数据中心的管理者连连呼痛。

3.2.1 作坊模式无法支撑海量需求

传统运营模式的局限性首先是"作坊式"的数据加工和团队协作模式，如图3-1所示。

这样的模式满足不了日益增长的数据需求。

很多未转型的传统数据中心尚未意识到数据加工的重要性，对于业务提出的数据需求，常以"作坊式"的手段对数据进行采集和处理。每一次响应需求时，都是一次基于原始数据不断加工处理，直到生成成品的过程。这样"作坊"式的数据加工模式，数据生产效率和数据质量都过度依赖于人工，且耗时很长。

但业务人员对数据的需求却经常是急迫、求快的，他们总会希望数据运营人员在尽可能短的时间内将他们想要的成果做出来。很多时候这样的需求是受客观的业务需求所迫，也是合情合理的。但以"作坊模式"加工数据，每个需求从分析到实现差不多都要花上一周、两周或者更长的时间，这样的做法显然是满足不了业务人员的预期的。但如果为了满足及时性需求一味求快，又会陷入数据生产成果的正确性无法保证的处境。

"作坊式"除了体现在数据加工工作本身上，还体现在数据中心团队的组合上。"作坊式"的团队组合形式，就是将团队成员简单地分成几个小组，架构小组、产品小组、运营小组、治理小组等，但实际工作中都是以一波三五个人的小分队的形式处理业务的数据需求，分工界面并不清晰，也不能形成一套分工明确、体系化、流水线式的作业方式。

图 3-1　中国传统手工作坊

"作坊式"的数据加工模式和数据团队组合模式，在数据中心需求较少、较简单的时期，可能看不出来问题，但是随着需求越来越多、越来越复杂、要求越来越高时，作坊模式的弊端就会暴露无遗，数据中心团队焦头烂额，疲于应付需求的时候，业务部门可能还觉得提个需求半天都得不到响应。

这反映出传统的作坊式的运营模式，在涌入数据中心的需求越来越多，整个企业都面临数字化转型的时候，根本无法支撑海量的需求。

3.2.2　架构规划跟不上技术升级

数据中心传统运营模式的第二个局限性体现在架构规划上面。换句话说，就是传统的先规划后建设的架构规划模式跟不上技术的升级更新。

建一个数据中心，首先是要做顶层设计的。数据中心的演进如同一个城市的发展，如果城市没有初期的合理规划，无序发展，工业区与生活区放在一起，生活污水乱排乱放，可想而知，这样的城市是居民待不下去的，发展也无从谈起。

今天我们老生常谈的数据集市、数据仓库、实时数仓、数据湖、数据中台这些，都是一些五花八门的架构理念，本质上都是对数据的底层和整合层的架构应该如何组织的基本理念。架构规划做得不好，要么推倒重来，要么一蹶不振。所以合理的架构是一个有效的约束及对远景的规划，对数据中心的发展和规划有指导性作用。但是大数据行业一直处在技术变革的最前端，受到行业发展浪潮的洗礼，数据中心的架构规划也在不停歇地追赶着技术革新的脚步。

过去的技术比较单一，现在分布式、微服务、容器调度、云计算等各种新技术在不断产生。也正是这些技术的产生，哺育了数据湖、实时数仓、数据中台等一系列创新成果。数据中心的技术架构也一路从集中式架构到分布式架构，再到云原生架构，不断地在升级和演进。有的企业变着变着就变得混乱不堪，失去了架构的设计目标和演进方向。

如果将架构规划的范围仅聚焦到运营本身的话，这些年有一个运营架构的理念一直很火，叫作 DevOps。DevOps 虽然是 2009 年的时候出现的概念，但放在现在也仍然没有过时。

DevOps 是什么意思呢？就是 Development + Operations，开发运维一体化。我们可以把 DevOps 看作开发（软件工程）、技术运营和质量保障（QA）三者的交集，如图 3-2 所示。

传统的软件组织将开发、IT 运营和质量保障设为各自分离的部门。但 DevOps 提倡从需求到设计、开发、测试、运维、运营的整个全生命周期，都应该通过一个平台打通实现，并通过一套针对这几个部门间沟通与协作问题的流程和方法，实现多个部门更紧密的协调、协作。

DevOps 涉及开发部门以及软件研发的整个生命周期，这意味着在整个开发生命周期中，涉及一大批新旧工具，包含了一系列工具链。一个数据中心要形成面向多种用户、具备多样功能的 DevOps 运营架构，必须要有持续规划、持续交付、持续部署的能力。

但是在传统的架构规划模式下，架构师在开展架构规划时，并不能预见未来的技术会发

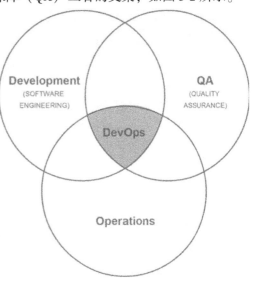

图 3-2　DevOps 模式内容构成示意图

展到什么程度，因为工具链上的各种工具和其所依赖的技术在不断地迭代升级，不断革新。可能在两三年前设计的一个架构规划当时很先进，但不一定在三年后依旧先进，甚至还会落后。所以这个时候架构规划是跟不上技术升级的，会存在与整个技术发展脱节的过程，即使规划部署完了，也很快就被推翻了。

在这样的背景下，我们不禁要思考，这样的传统架构规划模式是否仍旧适应要进行数字化转型的数据中心。

3.2.3　专家治理保证不了面面俱到

数据中心传统运营模式的第三个局限性体现在数据治理模式上。简单来说，长期以来很

多企业采用的专家治理模式保证不了数据问题的发现和解决面面俱到。

传统的数据治理方式主要是靠人、靠专家，这一点无可厚非。正如在现实生活中，我们每个人碰到问题、难题了，也习惯找更了解和精通对应领域的人进行解惑帮助。

同样一个数据梳理分析的工作过程中，专家能问出 100 个问题，稍微懂点行的人可能也能问 10 个问题，根本不懂的人可能一个问题都问不出来。一般能称为专家的，必定是对数据工作具备多年经验，并且擅长发现企业数据治理问题的人。数据中心在专家的帮助下，通过对专家多年经验和理论的验证，的确可以又快又准地发现很多数据治理问题。

笔者曾经亲眼见证过"专家治理"大发神威：在某数据集市建设项目上，一名在数据行业耕耘数十年的专家，一上来就发起了一轮某业务条线的数据梳理，以数据梳理为切入点，对这些关键业务数据的数据质量进行了关联分析和质量探查。在该专家的慧眼下，一下子就发现了好几类典型的数据问题，总共有 1400 多个，让与数据相关的工作人员惊呼，原来我们数据中心里的数据存在这么多的质量问题！而且这些问题还是发生在使用频率最高、业务价值最大的这些数据身上！

在这个场景里，专家凭借自身的经验，精准地找到了很多数据问题。大家可能以为笔者描述这个场景，让大家看到了专家大放异彩，接下来就要大肆渲染专家治理的重要性了。但是，我们必须往更深层次想明白一件事：专家的治理其实并不是面面俱到的。

在上面的例子中，我们对这 1400 多个问题进行分析以后发现，其中很多问题的成因都是匪夷所思的。随便举个例子，某个业务系统里面有一年半的数据不见了！最后找到的原因竟然是在某个系统升级的项目里面没有做数据迁移，这一年半的数据就丢失了，而且几年来竟然都没有人发现！

这个时候，企业的数据中心管理者不免要后怕，像这样的数据问题，数据中心里还有多少呢？这个时候其实会意识过来，造成这种数据问题出现的根源，不是在于之前缺乏一个数据治理专家，而是数据中心的管理上缺乏全面的问题预防和管控机制。即使专家本身再厉害，也不可能看出数据中心所有的数据问题。

所以在我们想明白了专家的治理其实并不是面面俱到的这个道理以后，回过头来就能发现，要实现数据中心的数据长效、高效的治理，还是需要建立起一个全面的数据管控机制，并且构建尽可能多的自动化的手段，围绕数据的全生命周期建立起一个在"事前预防、事中监控、事后提升"的数据治理体系。这个机制体系的建立过程中可以听取专家的意见，但最后一定是更多地依靠企业不断总结自身实践经验，进而形成标准化、制度化的数据常态治理机制，这样才有可能实现数据治理的"长治久安"。

3.2.4　冰山模式导致价值无法有效呈现

数据中心传统运营模式的第四个局限之处在于冰山模式的价值衡量体系。能被看到价值的数据工作往往只有浮在表面的那些，大部分基础性的工作价值无法被看到，从而被重视。

冰山模式是什么意思呢？在我们从海面上看向冰山时，往往只能看到其浮出水面的那小小一部分，然而潜藏在冰山底下的部分，用肉眼却无法看到，如图3-3所示。同样的情况，衍生到数据中心来说，亦是如此。能被人们看到的往往是直接体现出价值的那小小一部分工作，但与这一小部分工作自成一体，同样至关重要的基础性工作却很难被看到。

具体到数据中心的工作日常里就是，数据应用或者数据挖掘这样能看到分析结果、业务效益的工作常常更被重视。但底层的一些支撑性的工作，比如数据治理、数据整合、数据运维，常常启动难、见效慢且很难持续，因为这样的工作无法直接看到价值，或者要过很久才能看到价值。

数据中心的团队花了很多时间做了数据治理、数据整合、数据运维以后，其积累的工作成果并不能直接被领导看到，甚至可能是给建数据应用或做数据挖掘分析的人做了"嫁衣"，领导会觉得这些人根本都没干什么事情。

这就说明，即使数据中心管理者在数据治理管控上做得很好了，其价值可能也体现不出来。价值体现

图3-3　海洋冰山图

不出来，就不会被重视，那么在这方面投入的就会相对较少，可能基础就打得不好。像前面说的丢了一年半数据这样的事情，一旦在数据应用、数据挖掘那些工作中需要用到这些丢失的数据，数据中心团队又得背下管理不当的锅。

所以不能因为价值体现不出来，不被重视，这些基础性的工作就不重视、不做了，数据中心的管理者要想办法打破这种冰山模式的价值呈现方式，让在冰山下面的这些工作价值能够呈现出来，量化出来，让所有的人能穿越水面，看到整个冰山的全貌。

3.3　以数字化运营驱动数据中心转型

以上众多传统数据运营模式的局限性，众多痛点、众多举步维艰的场景，解决的方法就是怎样让数据中心转型，让数据中心从后台走到中台。

关于数据中心的转型思路，**我们可以借鉴数字化运营的概念和理念，将数据中心的众多工作也看成一项业务工作，来进行优化和运营，从而克服传统运营模式的弊端，实现让数据中心转型成为数据运营服务中心。**

1. 如何理解"数据中心业务"

我们可以用类比的方式，辩证性地看待数据中心的业务。以销售业务为例，销售业务一

一般是企业最重视的业务，因为其涉及企业的生存与否、增收与否。几乎每个企业，每年都会制定自己清晰的全年销售目标。然后基于目标制定销售计划，之后通过追踪产品的销售额、商品的库存、各销售渠道的具体销售额情况等数据，不断滚动制定针对一定时间段里面的最新销售计划，并参照计划不断调整销售策略。

上述我们所说的销售业务的开展过程，就是一次次业务的量化运营过程。企业通过对自身销售运营数据进行透彻分析，对企业市场拓展和销售计划的制定执行情况进行跟踪、调整和有效控制，使企业降低运营风险和有效开拓市场。

同样引申到数据中心的业务上时，也是一个道理。销售业务的目标是为企业增收，数据中心的业务是不断提高数据工作的响应效率和质量，提升数据中心用户和管理者的体验。

2. 如何理解"数据中心业务提升"

这个数据中心业务的提升过程，也像销售一样，需要靠对各种相关业务数据的量化和追踪，才好实现。这个过程肯定不能靠人力，而是要尽量减少人为的操作，尽可能通过数字化的手段，量化数据工作的响应效率和质量，从而不断提升数据中心内部的协同效率、优化数据中心的资源分配，为数据中心的用户提供理想的、满意的服务，为数据中心管理者提供智能化的数据中心管理体验。

这时候数据中心的管理和转型，就是一个用数据描述数据业务、用数据管数据、用数据决策数据运营策略的路径，从而以数据重构数据中心运营模式，让数据中心成为提供数据运营和服务的机构，实现数据中心的转型。

3.3.1　数字化基础是转型动力和保障

要实现数据中心的数字化运营，从而推动数字化转型，首先要及时打好数据中心的数字化基础。

1. 什么是"数字化基础"

此处所说的数字化基础，是指为了实现数据中心业务的优化和运营，从运营的角度积累足够的、有价值的数据，从而为数据中心的数字化转型工作提供依据。数字化基础有三个基本满足条件：

（1）数字化基础需要积累足够的数据。

一方面，要积累数据中心业务量化的相关数据，能体现数据中心业务的具体过程、具体成效的数据。例如数据需求响应周期、用户访问数据中心频度等；另一方面，其实还要积累另外维度的数据，这个数据是业务上的数据，业务数据和数据中心的数据之间，是相辅相成的关系。

在数据中心积累了足够多的业务数据后，业务人员为了分析自身业务的规律，就会自觉地成为数据中心的用户，提出数据应用及数据服务建设和开发需求、开展数据分析，支撑业务决策工作。而在业务人员使用数据中心的过程中，又会源源不断地产生数据中心运营所需的数据，进一步丰富数据中心的数字化基础。

（2）数字化基础需要积累有价值的数据。

如图 3-4 所示，DIKW 体系将数据资产的价值划分为四层，四个层级之间也存在自底向上的转换关系，数据中心可以运用 DIKW 体系，对自身积累的数据进行价值层级分类：

图 3-4　DIKW 体系示意图

- 通过原始的观察、度量和记录可以获得数据（Data）。
- 分析数据间的关系可以获得信息（Information）。这些信息可以回答简单问题，譬如：谁？什么？哪里？什么时候？为什么？信息本身是针对潜在听众的，有具体目的的。
- 在行动上应用信息可以产生知识（Knowledge）。知识可以回答"如何？"的问题。知识是一些可行的关系及习惯的工作方式，是对现有经验的沉淀。
- 透过智者间的沟通及自我反省而利用知识可以产生智慧（Wisdom）。我们可以利用智慧解答关于行动的"为什么"及"什么时候"的问题。智慧是立足于现在的规律，从而预测未来。

借鉴 DIKW 体系，数据中心可以将数据资产的层级分成四层，对应四类不同的价值等级，分别为原始资产、信息资产、知识资产与智慧资产。

原始资产：对应少量生产系统和企业外部非结构化的数据，一般存在于数据中心的贴源层，原始资产是原始的观察和度量记录资料，仅作为记录用，对业务资讯的反应力很弱。

信息资产：对应多数生产系统中结构化或半结构化的数据，一般存在于数据中心的明细层和整合层。信息资产反映了业务行动的具体情况，是与业务处理流程挂钩的、加工处理后的有逻辑的数据。

知识资产：对应经过数据中心初步整合、关联、加工和萃取的数据，一般存在于数据中心的服务层，知识资产提炼了信息之间的联系，赋予业务行动判断的依据，助益业务人员更好地完成当下任务。

智慧资产：对应经过数据中心深度挖掘建模且具有前瞻价值的数据，一般存在于数据中心的应用层，智慧资产关心未来，具有预测的能力。

数据中心通过将积累的数据划分为原始资产、信息资产、知识资产、智慧资产，从而识别高价值的数据，对有价值的数据进行针对性积累。

（3）数字化基础要有过硬的技术条件。

数字化基础还包括与数据积累基础匹配的数字技术体系，技术体系要符合国内外数字技术的发展方向和趋势，具备先进性、前瞻性、可操作性和可拓展性。企业通过过硬的数字化技术条件，可以实现数据的积累，也可以为数据处理提供技术支持，让数据可以不断地从低价值层级转化到高价值层级。

数据积累技术条件包括数据采集、数据传输、数据存储等。在采集方面要注重采集技术的实时性，同时采集方面要能实现多源异构数据融合汇聚；在传输方面，要构建数据迁移、订阅及实时同步于一体的数据传输服务；在存储方面，要充分平衡分布式文件存储和对象存储等技术，结合冷热分离、分级存储策略，打造可靠、稳定、高效的数据存储架构。

积累数据价值层级转化技术条件包括数据计算、数据开发、数据算法等；在计算方面要采用先进的流批融合计算框架，实现海量数据实时融合计算。在开发方面，要实现低代码的开发技术支持，降低 BI 工具、研发工具的使用门槛；在算法方面，要实现原始数据资产向智慧数据资产转化，离不开人工智能技术的支持，通过采用深度学习等机器学习算法和业界主流算法框架，形成多源异构样本汇集和管理、多类型模型训练环境集成、模型自动推送等能力，支持深度学习框架的运用，并支持语音识别、图像识别、语义分析、决策支持等模型训练。

2. 如何打好"数字化基础"

打好数字化基础，可以沉淀足量的数据中心业务数据，而这些数据是数据中心服务能力提升的可靠"阶梯"。那么企业应该怎么做才能打好数字化基础呢？笔者认为主要有以下三点：

（1）变革思维，加大资源投入。

数字化需要数据中心以及整个企业体制的改变。数据中心作为服务部门要学习像互联网企业如何获取用户数据一样获取员工的信任和满意度，并根据数据进行内部运营的决策。这就要求数据中心团队从管理思维向服务业务的思维进行转变。

同时整个企业也要认同数字化的观念和价值。体现在具体的行动上就是为其投注资源、经费，并在全公司范围内宣传贯彻这一工作的重要性和必要性。

一是投入足够多的资源。需要投入专业的队伍和足够多的资金打造相关的数据平台，毕竟数据是物理世界在数字化世界的投影，是一切的基础。而系统平台则是积累、产生、分析数据的必要性工具。不投资源，一味地喊口号和提概念的做法，是不符合数字化运营新理念的，也无法打好数字化基础。

二是企业的管理者要注重在企业内部培养员工的互联网思维、平台思维。在消费互联网运营中，业务的敏捷度和用户的黏性共性很强，已经形成了固定的套路、体系、方法，其核心是以用户为导向，依靠技术手段、基于数据进行分析和决策。对应到数据中心就是数据中心对外部客户、对业务部门的敏捷响应。在这样的宣传贯彻下，即使像数据业务数字化这样的工作，虽然没有显性价值，但公司上下都在思维和认知上觉得这是一个必须要做的事情，这样企业也理所当然地拿出对应投资来支持数据中心。只有这样，数据中心的资源才会最大化地释放给整个公司，实现自己的价值。

在获得足够多的支持以后，企业才可能把自身业务中尽量多的数据采集、积累起来，并把它当成企业重要的资产予以管理和使用。

（2）做好"业务数字化"与"数据业务化"。

业务数字化是指企业通过各种技术手段，将实际开展的生产经营等业务转化成数据记录下来，并统一汇聚到公司数据中心，为通过数据分析指导业务优化建立数据基础。这一点几乎是大多数企业构建数据中心的初心，随着信息技术快速发展和深入应用，很多大型的企业数据开始呈现出海量增长，数据中心就是要将"信息孤岛"的困局打破，所以数据中心在打好业务数字化基础的时候，要尽可能地实现业务数据应汇尽汇。

数据业务化是指基于数据中心汇聚的海量数据，开展各个维度的数据分析和挖掘，发现业务问题或指导业务发展，同时数据本身也成为一种新型业务，可以直接或间接地为企业提升效益。例如，将业务在数据中心使用数据的情况记录下来，就是前面提到的日志数据、作业数据、埋点数据等众多关键的数据中心服务数据，做针对数据中心运营效益的很多分析和预测，从而指导数据中心服务的不断优化，提升服务质量。

（3）价值分类，重要的数据重点管理。

打好数字化基础，也并不意味着数据采集和积累得越多就越好，要知道并不是所有的数据都是高价值的资产。大数据有一个特征就是数据价值密度低，挖掘数据的价值过程就像沙里淘金，看似海量的数据，其实真正稀缺珍贵的就只有很少一部分信息。

所以在我们获得了足够的资源，积累了大量的数据以后，还需要借鉴DIKW体系，将数据中心的数据资产分成四类，每一类对应其所具备的不同价值等级。对于原始资产、信息资产、知识资产与智慧资产这些不同价值的数据资产，后续要制定的管理策略会有所差异。在这个过程中，也可以发现那些真正有用的、可以体现数据中心服务的数据资产，为后续量化评估提供依据。

3.3.2　量化评估是数字化运营的前提

数字化运营最基本的一个逻辑就是能够量化。有一句俗话说，"你管理不了你无法测量的东西"。提出这种思想的有两个人，一个是哈佛大学教授罗伯特·卡普兰（Robert Kaplan），另一个是咨询顾问戴维·诺顿（David Norton）。两人1996年合著有《平衡计分卡》（The Balanced Scorecard）一书。书中提到，"你管理不了你无法测量的东西，你测量不了你无法描述的东西。"

如果一个业务的目标设定成为定性的而非定量的。比如目标是"做了什么事情"，没有一个定量的考核标准，这种目标会存在很大的问题。因为这样的目标是可以随意被模糊和糊弄的，目标没设定清晰，团队即使有力量也不一定使对了方向，那些不能被量化的工作永远只能停留在口号上，不能直接被管理。只有能够通过量化，规定目标，朝着目标努力，才能真正看到付出，看到成效。

可见，能够通过量化的方式对工作效果和目标进行检视和评估，是数据中心实现数字化运营的重要前提。

1. 什么是量化评估

回过头来，我们再来看什么是量化评估。量化评估是指从数据中心用户的服务需求入手，结合数据中心的自身管理要求，将运营工作的各种目标和要求转化成可准确衡量和评价的指标，从而直观地反映数据中心为用户创造的价值、创造的体验感、获得感。

量化评估在一定程度上可以突破"冰山模式"的价值呈现困境，所有数据业务工作，都能以数据的形式得以量化，在量化的过程中，实现了数据中心众多基础性业务工作从"不可见"到"可见"，从"不可管"到"可管"，从"不可看见价值"到"价值可量化"。

2. 如何进行量化评估

那么围绕数据中心数字化运营工作的量化评估机制应当如何才能建立起来呢？一般可以分成三个大的步骤：

首先，建立量化评估体系。从数据中心数字化运营工作的目标出发，把为用户创造价值作为衡量数据中心工作的基本原则和标准，从业务成效、服务质量、管理水平等多个维度来设计和建立科学、量化的评估指标，建立标准的评分模型，同时完善配套运作机制，从而形成完整的量化评估体系，让数据中心的管理者可以对具体数据业务工作进行量化管理。量化评估体系最好能跟数据中心团队成员的绩效挂钩，确保各目标达成的动力。

其次，制定量化提升目标。明确数据中心数字化运营的目标看起来似乎是个很简单的事情，但其实很多数据中心设定年度的数据运营目标都是不够量化的，根本就不清晰。

我们所谓的目标清晰有两层含义，一是数据中心在业务价值实现方面的目标要非常清晰；二是给员工设定的绩效目标要非常清晰。什么叫清晰？能量化才叫清晰。

在很多人的认知里面，数据工作似乎是根本没法量化的。比如说数据安全，为了保障数据中心的数据安全，数据中心团队会做很多事情，但是什么时候会发生攻击是难以捉摸的。这是一个很难解的问题，无法量化也导致数据中心的数据安全防护工作看不到效果。但是其实数据安全工作还是可以量化的，数据安全是典型的唯结果论的管理事项，核心指标可以设置为事故次数，还有些其他指标可以参考网络安评的方式形成可量化的指标体系，并通过评估成绩的提升来反映工作的成效。

其他数据工作的道理也是这样，就是从用户的体验、用户的视角出发，量化目标。所有的数据工作一定有最关键的地方，一定也有用户的服务需求，一定也是可以量化的。如果量化不了，说明没有从用户本身出发，不够关键，没抓住要害，没想清楚。

最后，制定目标实施评价标准。制定评价标准，就是以统计逻辑和计算逻辑，细化数据中心业务目标的量化手段，将数字化基础打好后充分沉淀下来的数据中心服务数据运用好，将数据中心运营成效的各项目标统计计算出来。只有在一个精心设计的量化评价标准的驱使下，数据中心团队的成员们才能作为一个整体，深刻领会自身工作的内容价值，积极朝着设定的目标努力前进。而数据中心的管理者才能根据这个评价标准来衡量数据中心每一部分的工作业绩。

这里需要说明的是，量化并不意味着不能有主观的评价。有些指标，比如用户满意度，所谓的量化就是把它设置成 1 到 10 分这 10 个档次，在评价时通过让数据中心所有用户给出分数，我们再根据一定的规则计算得到最终的得分。这个过程也是量化评价的过程，但其数据来源是每个用户主观给出的。

所以说，好的量化评价体系一般会以客观指标为主，但有些指标必须要通过主观的方式得到，这是合理的，并不会影响量化评估的作用和意义。

3.3.3 中台体系撑起数据中心转型脊梁

数据的融合、共享、开放是大势所趋，其目的是以服务业务为导向，提前做好数据的"预处理"，形成具有业务价值的数据服务能力，从而快速响应和满足业务部门相关的市场化数据需求。

1. 什么是中台体系

数据中台是指通过数据技术，对海量数据进行采集、计算、存储、加工，同时统一标准和口径，把数据统一之后，会形成标准数据，再进行存储，进而为客户提供高效服务。这些服务跟企业的业务有较强的关联性，是这个企业独有的且能复用的，它是企业业务和数据的沉淀，其不仅能降低重复建设、减少烟囱式协作的成本，也是差异化竞争优势所在。

需要澄清的是，数据中台并不是一个单纯的技术概念。换句话说，不是数据中心在技术层面达到数据中台的技术要求就形成了完整的中台体系。打个比方，数据中台体系就像中央厨房体系，不仅仅有厨具和食材，更重要的是还有一个专业过硬的厨师团队，以及一套高效运转的生产和管理机制。同样的道理，数据中台体系的形成还需要有专业的团队和配套的机制，这往往比技术建设更加难以达到，而且很容易被大多数人所忽视。

 案例：阿里的数据中台体系

2015 年，马云拜访了名为 Supercell 的芬兰游戏公司，虽然这家公司仅有 180 人，但是他们开发新游戏的速度特别快，公司旗下游戏 DAU（日活跃用户数量）已经突破 1 亿人。因为他们把游戏需要的通用数据、素材都放在一起供大家使用，实现了业务互通，大大提高了每个团队的效率。不久之后，阿里就成立了数据中台的团队，本质上是适应当时公司业务多样化发展的需要。

经过多年实战，阿里数据中台逐步形成了"产品＋技术＋方法论"的内核能力框架体系，从业务视角而非纯技术视角出发，智能化构建数据、管理数据资产，并提供数据调用、数据监控、数据分析与数据展现等多种服务，如图3-5所示。

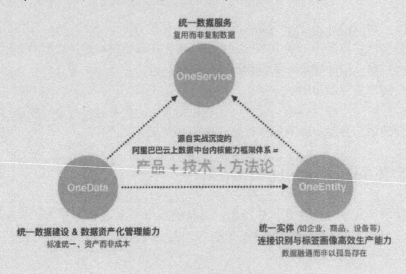

图3-5　阿里数据中台三大体系

承技术、启业务，阿里数据中台是阿里集团建设智能数据和催生数据智能的引擎，逐步形成了包含 OneData、OneEntity、OneService 的三大体系。OneData 致力于统一数据标准，让数据成为资产而非成本；OneEntity 致力于统一实体，让数据融通而非以孤岛存在；OneService 致力于统一数据服务，让数据复用而非复制。

这三大体系不仅有方法论，还有深刻的技术沉淀和不断优化的产品沉淀，从而形成了阿里数据中台内核能力框架体系，如图3-6所示。

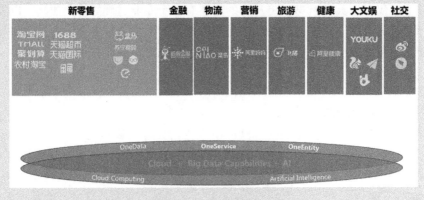

图3-6　阿里数据中台及赋能业务模式支撑

阿里数据中台经历了所有阿里生态内业务的考验，包括新零售、金融、物流、营销、旅游、健康、大文娱、社交等领域。除了建立起自己的内核能力之外，阿里数据中台向上赋能业务前台，向下与统一计算后台连接，融为一体。

今天，如图3-7所示，阿里数据中台处理的数据量已达EB级，相当于10亿部高清电影的存储量。在2016年双十一当天，实时计算处理的数据量达到9400万条/s。而从用户产生数据源头采集、整合并构数据、提供数据服务，到前台展现完成仅需2.5s。

图3-7　数据中台技术的数字成果

"友盟+"是阿里把收购的几家数据公司整合升级后，组成的一家数据公司。这里仅以2017年"友盟+"对外公开的部分指标为例，其中的数据覆盖14亿部活跃设备、685万家网站、135万个应用程序，日均处理约280亿条数据，这一切都建立在阿里强大的数据处理技术基础之上。

2. 为何要建立中台体系

通过构建数据中台体系的方式，可以对现有的人员、数据、技术等能力进行全面重构，形成集中化、标准化、服务化的数据支撑能力，满足快速变化的业务需求。

数据中台是实现数据中心转型的脊梁，是培育业务创新的土壤，是数据创新效率的保障。没有标准化、高质量的数据，数据准备的过程将会变得极其冗长；没有融合模型和数据服务的支持，数据开发者必须从原始数据开始，一层层汇总及关联，生产周期可想而知。数据中台的能力往往最终决定数据生产的效率，生产效率高，意味着试错成本很低，意味着可以有更多的尝试，去探索更多的可能性，也就意味着有更多的创新。

如果企业的数据中台体系建设得足够好，它就会像作战部队的航空母舰一样，为数据中心的数字化转型提供强大的支撑。航空母舰上面具有战机维修、加油、供给等很多职能，战机是打仗用的，这就对应公司内部业务线的数据运维、供给、加工、服务等需求，而数据应用是公司开展业务分析，用来与其他企业竞争的；等打完仗后，战机可以回到航空母舰上进行维修、加油，再起飞，再回来加油，数据中台体系也将担负起同样的角色责任，帮助企业在大数据时代的竞争中不落后于人。

3. 如何构建中台体系

企业构建数据中台体系是大势所趋。其实前面在提到传统的数据中心运营模式时，讲到了很多举步维艰的困境，造成这种局面很重要的原因之一就在于数据中心的效率。因此，构建数据中台体系就是通过提高数据中心效率的方式来帮助企业走出这些困境的。那么如何构建中台体系，实现提效呢？大概需要做到以下几点：

（1）构建高效协作且不断成长的组织团队。

中台组织正在重新定义企业的组织概念。在中台组织架构面前，以管理为核心职能的传统组织面临着巨大的挑战。

中台组织是协同性组织网络，其特点是扁平化、组织成员相互信任、沟通透明、简单高效。前端业务部门可以调动相应的资源为其服务。组织成员采用自驱动的工作方式，依据事务的优先级协同上下游和内外部资源，在利他与利己思维间找到平衡，工作进度实时同步，强调联通透明。

中台组织是学习型组织，通过不断创新来驱动个人成长、团队成长，实现个人经验与团队大数据结合、个人知识融合组织智慧、隐性知识显性化、显性知识标准化、知识标准系统化、个人知识组织化。通过组织成员内部分享，教学相长，快速提升每一个人的个人能力，不断丰富个人知识体系，共同成长。

（2）建立高质量、高整合度的数据基础。

数据中台不仅仅是一个汇聚数据、提供数据的平台，它不同于传统的数据门户或者数据总线，不能以展示和提供基础数据为目标。之所以称为数据中台，更主要的是体现在数据已经经过了深度加工，根据技术、业务等维度进行了高度的整合。这种整合不是漫无目的的，而是以业务需求为导向，尽可能将底层的数据加工计算提前做完，业务只需要做简单的计算就能得到想要的结果。数据整合的过程与传统数据仓库主题模型的构建类似，但更多要从业务维度来进行整合，这样才能让业务能看得懂，知道怎样去用这些整合好的数据。

此外，数据的质量始终是最重要的条件要求。不得不说，数据质量的好坏并不是数据中心能够完全决定的，但可以建立一些数据质量检查的手段，通过数据的清洗、转换等方式，尽可能地提升数据质量，不必追求完美，只要能满足数据使用需求即可。

（3）实现以服务形式的数据快速复用。

数据中台的核心是数据复用，只有最大化的数据复用才能尽可能提升数据供给的效率。要实现数据复用，可以通过构建基础模型作为所有数据服务开发的基础，在构建这些基础模型的过程中，做到数据的"书同文，车同轨"，从而奠定了数据核对和认知的基础，最大程度避免重复数据抽取和维护带来的成本浪费。

通常情况下，数据中心可以将所有可以复用的模型和统计数据封装成数据服务接口，并详细说明接口提供的数据内容，鼓励数据需求、数据应用等通过调用服务接口的方式实现，实现数据与应用的解耦，从而帮助数据中心实现更好的数据复用，成为中台的核心能力。

（4）建立全过程监测和管控机制。

中台体系就好比是企业数字化转型的"生产基地"，将企业数据转变为业务价值和实际收益。既然是企业生产活动的有机组成部分，就需要通过一定的方式和手段对整个生产过程进行监测和管控。不同于传统制造业的生产流水线，基于数据中台的数据生产过程本身就是在数字化环境下实现的，这就为实现全过程监测和管控提供了天然的基础条件。

数据通过采集进入数据中心，会经过传输、存储、交换、加工、计算、应用、销毁等一系列过程，这就需要首先明确在这些环节中有哪些指标要进行监测，然后利用技术手段将这些指标监测要求"埋点"到具体的技术环境中，并且在实际的生产活动中实现即时监测，发现问题及时采取必要管控措施，目的是保证数据中台的规范性和高可用性。

数据中台体系必须是贴合企业自身特点的，建设过程并没有统一的标准和方法。最好的数据中台是深度融合了企业业务、产品、系统、组织各个模块，能够有力支撑企业数字化转型深入发展。根据企业的规模和业务的不同，数据中台可大可小，规模、复杂度都各不相同，但它对业务产生的价值是一样的，因此，企业应根据自身需求，灵活部署数据中台。

3.3.4 柔性流程满足业务需求的灵活调整

除了数据中台体系以外，在提效增速这一点上，还可以往流程的优化上面使劲儿。这里要提到一个新概念，柔性流程。

1. 什么是柔性流程

（1）**柔性流程 VS 刚性流程**。

柔性流程是相对刚性流程而言的。

刚性流程是指通过流程管理的浮现、描述和固化工作，从而对企业各项运营和管理业务进行清晰地描述和界定，帮助企业实现运营方式的稳定，通常采用制定流程管理制度、通过信息系统固化业务流程、以绩效考核规范业务操作等做法，保障流程的刚性执行。

柔性流程是相对刚性流程而言的一种流程设计理念，其核心理念是不依赖于一个固有流程，流程可以根据实际情况进行适时调整，不做刚性的限制，怎样能更好地满足业务需求就怎么执行。

（2）**柔性流程 VS 业务流程重构**。

另外，柔性流程的说法跟我们经常提到的企业业务流程重构并不是一回事。业务流程重构的核心逻辑是每个企业都有被优化和提速的空间，而实现企业被优化和提速的手段就是业务流程重构，不断发现流程里的不足，然后优化去除冗杂的流程。最典型的案例就是福特汽车，福特汽车靠业务流程重构，构建了汽车生产的流水线，靠流水线把这个汽车生产的效率提升了300多倍，实现了汽车的批量生产。

业务流程重构本质上还是刚性流程，只是将刚性流程中可以优化的部分做了优化而已，其重构和优化有一个很重要的前提，那就是这个业务的总体工作是不变的，在不变的工作里面找到最优的流程。

案例：在传统的服装加工工厂模式里，一般都是有很多条流水线。原来的一条流水线里，以前只能做一个批量的产品，一件式样的衣服开一个模块，一个模块批量生产一批该式样的衣服。开模块要花费很多精力、成本，但开了模之后，很可能批量生产的这一大批衣服都收不回成本。因为服装企业不能保证有多少人喜欢这个式样的衣服，特别是西服。

红领西服通过柔性流程，实现了西服的柔性定制。它在前端的洗衣店放置测量顾客腰围尺寸的量体工具，同时把做西服的工序分解了200多个小环节，每个环节之间都可以打散重构，根据每个顾客不同的量体数据，个性化制作西服并配置给客户，真正实现了量体裁衣。靠这样的柔性流程，红领实现了以客户为中心、以服务为导向的端到端业务流程和数据驱动生产的柔性生产模式。

2. 为何要构建柔性流程

随着企业业务的发展，刚性流程的设置很容易带来流程的僵化，而且刚性流程是建立在业务相对稳定的前提下的。但是在高度市场化、信息技术飞速发展的大数据时代，客户需求和企业运营的方式随时都在发生变化。为了保障企业持续盈利，适应市场需求变化，企业的业务流程需要不断改变，在这样的情况下，就需要以柔性流程满足业务需求的灵活调整。

柔性流程这一理念，也可以运用到数据中心的架构规划工作上，一定程度上解决架构规划跟不上技术升级的困局，通过"小步快走""柔性迭代"的方式，不再将架构规划到实施建设、运行使用的过程看作刚性的且一次性的不能改变的流程，而是在柔性流程的支持下，打造数据中心持续迭代、持续规划、持续交付、持续部署的能力。

3. 如何实现柔性流程

流程的柔性，主要体现在流程在应对业务变更和调整的便利性上，可以根据流程管理者和执行者的需求，对流程内容进行快速调整。

对于数据中心来说，同样可以通过设置柔性流程的方式，让自身的服务流程可以适应业务需求的快速变更。保持开放的心态，不断在数据中心服务流程执行中反思和获取新的认知，从而不断增加流程环节中的柔性设置，形成一个"快速迭代"的柔性执行与优化循环。

例如，数据中心业务的相关流程设计可以减少刚性的管控节点，增加更多的柔性知识型活动。如对于数据运营工作，只需要做到对预算总额的刚性管控，对于具体的工作方案的设计和执行，鼓励数据中心团队的成员更多的创新，给予更灵活的授权，让一线的人员来适度决策。

3.3.5 双闭环管控解决数据资产治理难题

如果说前面中台体系和柔性流程提升了数据中心的工作效率，接下来要讲的双闭环管控则是要解决数据问题处理的效率。

1. 什么是双闭环管控

双闭环管控分别是指问题闭环和知识闭环。其运行理念如图3-8所示。

图 3-8　数据双闭环管控体系

问题闭环是指问题从发现，到诊断分析、处理，再到最后经验总结的循环过程。现在很多数据中心都不一定能做到这一点。很多数据中心的数据问题处理流程里，在解决了数据问题以后就结束了。但数据问题处理并没有结束，还要在这个过程中总结问题，积累数据问题知识，所以问题的闭环和知识的闭环，两个闭环是紧密结合在一起的。

知识闭环的形成是建立在问题闭环的基础上的。数据中心基于问题闭环，可以不断积累问题定位、分析、处理经验，形成监控、分析决策规则，这些规则积累到知识闭环中，总结并形成问题处理相关的知识。问题处理人员通过查询、分享和交流这些从实践中总结提炼出来的知识，可以帮助他们应对当前问题的诊断处理，并不断形成知识积累与实践的闭环。两个闭环相互促进，驱动数据问题监控运营。

2. 为何要进行双闭环管控

在数据中心的众多业务中，数据问题处理是不可或缺的一部分，特别是数据应用的数据问题，严重影响到数据使用者对数据中心的满意度和信任感。但是传统的数据中心故障和问题处理的模式一般都是事后的，在问题发生并已经影响到数据使用者的使用以后，由数据使用者向数据中心反馈自身遇到的数据故障问题，再由数据中心的运维人员，逐步排查数据问题产生的原因并解决问题。

这样事后的问题处理模式带来的弊端就是，每一次问题的排查都是要耗费很多时间的，处理问题的效率低，并且每次问题的发现都是在数据使用端，对数据使用者的体验很不好。

而双闭环管控，可以从事前、事中、事后全方位管控数据问题，提前检查并发现数据问题，提前预防数据问题。在双闭环模式下，可以大幅缩短数据中心故障问题的发现、分析、处理周期，大大提升数据运维工作的执行效率与客户体验满意度。

另外，双闭环管控可以实现问题处理经验的可复制、可查询、可传承。这一点其实也可以解决专家治理不能面面俱到的难题。很多工作到最后，决定其成败的还是人。而很多数据中心的管理者也都有类似的苦恼，当一个有经验的专家级的员工离职或咨询顾问合作终止后，很多数据运维的经验和资料也被其带走了。原本运转有序的运维工作，在这名有经验的数据运维专家离开后，又得一夜回到解放前，后续人员又重新开始，不仅造成团队成员的重复劳作，最为关键的是过去累积的经验白白流失了，不能很好地在公司沉淀下来。

构建问题与知识的管控闭环，将有益于数据运维知识的积累，通过汇聚数据中心数据运维的点滴知识，减少由于专家离开造成的各类损失；其他员工可以便利地从知识库中获得所需要的各种参考经验，减少公司的培训投入，进一步节约大量时间及人力资源。

3. 如何构建双闭环管控

双闭环管控围绕的核心是数据问题，其实现的过程是：发现问题、解决问题、积累知识，从而智能化解决问题。

（1）发现问题。

通过定期、常态化地对所管理的对象进行仔细检查，发现问题和故障。运维人员将发现的问题进行清晰地记录，并将异常反馈给相关处理人员知晓。该处理人员必须是对事件最清楚的当事人，具有问题解决的能力。同时，运维人员在问题发现和记录的过程中，要把与问题相关的检查规则和问题的基本信息做好备案。

（2）解决问题。

问题处理人员分析问题产生的原因，不能就事论事，要跟踪追溯，明确具体是哪个环节出了问题，以便从根本上解决。找到真正原因后，编制切实可行的整改计划，明确整改责任部门、责任人及整改期限。

落实整改措施，并进行整改完成后的效果检查，防止问题重复发生。同时制定预防措施，预防同类问题再次产生，如果不能深入分析原因，问题将持续发生。

（3）积累知识，智能化解决问题。

建设和运用知识库，记录下所有问题处理的闭环过程，将这些过程和经验作为知识进行有效管理及合理利用。除了知识库以外，巧妙利用人工智能算法，实现数据问题解决方案智能推荐。

以上众多思路的实现肯定是要建立在一个具体的系统平台上。在数据中心出现问题时，系统中积累的问题发现规则会自动报警，实现问题的事中监控，并且定位诊断问题和故障产生的具体环节和原因，并通知数据中心相关运维人员，提供智能化的问题解决方案，帮助运维人员快速解决问题。在出现一些处理难度较小的故障时，甚至能做到分钟级的故障处理，在此期间，数据应用的用户根本感受不到数据应用曾经出现过不稳定的情况，从而实现问题的事前管控。

3.3.6 小微团队提供定点爆破的攻坚能力

小微团队是一种创新的提法，在小微团队的协作模式下，可以帮助数据中心出色地完成工作。

1. 什么是小微团队

在谈小微团队是什么之前，我们先来谈谈什么是小微。小微就是用来强调一个主体的"规模"，即被描述的主体"规模微小"，是一个比"小"还要更"微小"的规模状态。

从小微的概念中，我们可以很直观地理解到"小微团队"的内涵，即规模很小的团队。引申到数据中心的数字化运营来说，就是可以敏捷响应数据中心需求的小团队。这种小微团队在数据中心中主要承担的是对接和服务业务部门或直接面对市场的角色。

小微团队流程简单，应变迅速，能够在很短的时间内快速实现数据中心的运营需求，小微团队的协作模式是与作坊模式截然不同的。作坊模式的做法就是像作坊一样，按需求组织团队执行数据开发处理任务，呈现出来的状态是一帮人似乎都在努力，但产出效率、组织效能较低。而小微团队的核心理念跟中台是一脉相承的，它可以背靠中台，对一项细小而重要的工作任务灵活作战，团队中的人要具备很高的专业素质，要能实现数据需求的迅速应变，能够在短时间内将数据需求方的数据应用想法实现，使用户获得全流程的最佳体验，直接创造用户价值。

小微团队的概念借鉴了美军非接触作战和强后备保障的作战思路，通过前端"小队"的形式，基于中台衍生的战斗力，以少数的"特种部队"成员，达成不同类型的数据攻坚任务。

可以这么说，小微团队是实现数据中心组织转型和激活数据中心组织活力的"强心针"，是效率恐怖、威力惊人的"攻城锤"。

2. 为何要构建小微团队

小微团队与中台体系关系密切，往往是同时存在的。目前看来，这种机制是最适合大企业组织转型创新的办法。因为一个有能力构建数据中心并积累海量数据的公司，一定有着一个庞大的组织。在这种条件下，管理者通过"大刀阔斧""快刀斩乱麻"的方式完成变革是不合适的。就像一个健康人不会通过寻求雷击获得基因突变一样，我们无法保证机体的每一个细胞或者大多数细胞能够同步完成这一转变（因为这种转变既包括自身分工、定位的外在，又包括思维方式的内在）。庞大组织的变革也是如此，突变型的改革是存在巨大风险的，而这个巨大风险，小企业或许还可以放手一搏，但大企业还是要尽可能地维持自身的稳定。

这个时候，组织转型更可靠的方式是构建一个或者若干个小型的，能够做到敏捷并且充分理解变革使命的小微团队，他们有强大的中台体系作为支撑，还能在已经固化的内部组织内灵活转换身份，有效控制试错风险，承担起数据中心的创新使命。

3. 如何构建小微团队

小微团队的构建没有固定的模式可言，其最终就是要达到以少数的人，灵活地应付数据中心运营需求的目的，让小微团队具备定点攻坚爆破的能力，让数据中心的团队可以适应业务环境的快速变化。据说有人在团队规模和效率两者关系方面做过研究，结果是 7 个人的团队效率最高、战斗力最强。但是构建小微团队绝不是随意从企业里挑几个人出来组成一个团队就可以的，需要做到以下几点：

（1）明确协作模式。

在小微团队的协作模式中，这些人不再是一大帮人救火式地组织在一起，去实现数据的开发处理需求，而是在中台体系的支持下，组成和用户有关的组织体系，快速、敏捷地单兵作战，对特定数据工作领域进行定点爆破和灵活攻坚，快速解决战斗，共同满足用户的需求。

通过这样的协作模式，小微团队承担起连接前台和中台的职能，对于前台业务部门提出的需求做出快速反应，对于作为中台团队提供的公共数据服务做深入理解和运用，作为"特种部队"攻克前台遇到的问题和需求，并向中台不断反馈专业的保障需求。

（2）提升团队专业性。

小微团队对成员的能力要求是很高的，因为其承担着攻坚的职能，快捷响应运营需求的职能，那么在小微团队构建过程中，必须持续培养和挖掘组织中具备小微团队素质要求的人才，提升小微团队的专业性。

一方面对团队成员或者预备成为团队成员的人进行新理念和新技能培训，以便他们可以更好地理解和适应转型的变化和要求。另一方面，在培养的过程中，数据中心要挖掘组织中最能适应转型、最具有好奇心和灵活性的人才，并给予其机会，让其在学习了新技能后，可以将新技能使用起来，实现工作上的创新突破，丰富其可以承担的工作职能。

（3）建立快速反应机制。

数据中心对小微团队的"作战"灵活性要求是很高的，所以在构建小微团队的过程中，除了提升团队成员的专业性以外，还有建立与灵活性需求匹配的快速反应机制。

这个机制的构建手段也没有一定之规，但有两个参考方向。一个就是把激励做到位，按照多劳多得的理念，既然小微团队的成员可以更快捷地应对工作任务，具备更多的知识技能，勇于做出更多的挑战，能够不断攻坚突破，那么也要建立相应的激励机制，让小微团队的成员可以更专注于自身水平的提升、工作效率的提高。另一个就是把需求和任务分好级，哪些任务属于"攻坚"，哪些任务属于"常态化"，分别由不同能力的小微团队来承接的任务，这些都要在工作一开始就要定清，不同类型的需求，响应策略也会不一样。

（4）积累和共享定制化服务经验。

按照小微团队与中台团队的协作模式，小微团队会作为公共能力以外的补充能力的提供者，一直持续地基于中台做定制化的改造，从而满足业务的数据需求。

因为其直接面向业务，也直接面向数据的属性，所以小微团队除了做好"需求任务"以外，还要"多走一步"，多多总结任务实现过程中的服务经验，一方面帮助中台完善自身的数据服务，让数据服务在不断完善的过程中更具实用性、可行性、便捷性；另一方面也进一步发现业务对数据的更多服务需求，向中台提出更多数据整合、复用建议。

3.3.7 跨界协作让数据中心成为企业转型引擎

前面的六点数据中心转型思路，视野还局限于数据中心面向企业内部的职能定位，旨在满足公司内部业务部门的业务需求，但是大数据中心除了要赋能业务健康发展以外，还要融入行业合作生态。

1. 什么是跨界协作

跨界协作一般是指两个不同领域的合作。而对于数据中心而言，这里的跨界协作的含义要更具有针对性一点，是指通过数据的合作而衍生的跨组织、跨行业业务协作。

简单来说，就是企业基于数据中心，与其他企业、其他机构开展跨业务的数据合作，通过内外部数据的融合，形成众多的创新型数据服务和应用，从而拓展更广泛的市场。

2. 为何要跨界协作

在 2020 年新冠疫情的影响下，国内数据合作的势头更胜从前。政府、企业和民众都看到了数据的力量。2020 年 05 月 13 日下午，国家发展改革委官网发布"数字化转型伙伴行动"倡议。倡议提出，政府和社会各界联合起来，共同构建"政府引导—平台赋能—龙头引领—机构支撑—多元服务"的联合推进机制，以带动中小微企业数字化转型为重点，从更大范围、更深程度上推行普惠性"上云用数赋智"服务，提升转型服务供给能力，加快打造数字化企业，构建数字化产业链，培育数字化生态，形成"数字引领、抗击疫情、携手创新、普惠共赢"的数字化生态共同体，支撑经济高质量发展。

除了这个倡议以外，政府还有很多别的政策。国家工业互联网建设、数字政府建设等，逐渐将各个重要行业的数据汇聚到一起，国内数据生态的培育已经逐步走在了正轨上。如图 3-9 所示，在政府的连接下，一个大型的数据生态系统正在生成，随之产生的是越来越多的数据合作、层出不穷的数据创新场景。

数据合作对于各个领域及行业都有着非比寻常的重要意义，不同来源不同性质的数据关联在一起交叉挖掘分析，会发生"化学反应"得到更多价值。我们身边有很多直观的案例：阿里巴巴拿到微博数据可以做好精准营销，拿到交通部门数据可以与菜鸟网络结合，拿到金融监管部门数据便可与用户交易和理财记录结合做个人征信；百度拿到交通部门数据可以与百度地图结合，拿到博彩公司数据可以结合网络数据做世界杯比赛结果预测……

面向数据合作的众多诱惑，任何一个有发展雄心的企业都不会放过这样的

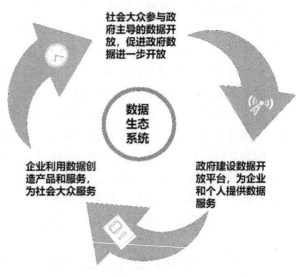

图 3-9　数据生态系统

发展良机。但我们也看到了这个数据生态系统的一个趋势，那就是数据其实大多集中在超大型、大型企业手里。因为要积累数据，首先要有足够多的业务量，其次还要有足够的能力将业务量转化为业务数据量，还要能全面实现业务数据的集中存储和管理，这远远超过大多数公司本身的能力。

融入行业合作生态，要求数据中心作为企业对外的展示窗口，不断促成和吸引本行业或其他行业的数据合作者，基于数据达成商务合作，本着共赢的原则，促进合作双方的业务共同繁荣。只有将跨界协作这一点做好了，数据中心才能褪去"成本中心"的外壳，作为企业数字经济的基础性支撑部门，衍生出可以为企业带来直接经济效益的新型业务，在自身"走出去"的同时，带着企业"走出去"，走出本公司，走出本行业。

3. 如何实现跨界协作

作为一个有能力参与国家大范围内的数字化生态构建的企业，这个企业的数据中心管理部门应该如何作为数据参与方快速接入数据生态，从而与生态内的其他企业建立数据合作呢？

（1）明确自身定位。

对于企业来说，首先要弄清楚我们在这个数据生态系统中的定位。我们拥有的数据有哪些？这些数据中哪些是具有竞争力的、可以让生态中的其他企业愿意与我们开展合作的？

数据合作伙伴是要能通过数据共享、流通，相互扶持、共同发展的。在这个跨界合作的过程中，可以让原本毫不相干的两个公司，通过数据碰撞产生新的业务机会，从而有更多的机会让彼此的消费者掏出钱包。那么这个过程中，能被潜在数据合作方看重的数据，就是数

据中心对外合作的依仗。

（2）**明确数据合作方向。**

在找准自身定位后，企业要做的就是想清楚：我们要什么数据？得到了这些数以后，如何开展合作的全局规划？

这个明确要什么数据的过程，是一个确认需求、寻找合作方向的过程。数据中心的管理者可以主动去向业务部门讨教其对外部数据源的需求，比如产品部门的需求、销售部门的需求等。根据公司其他各部门的需求，确定数据合作的基本目标和潜在合作对象。

（3）**全局规划数据合作模式。**

数据合作全局规划，就是一个更大范畴上的工作了。我们需要想明白怎样给数据定价、合作的模式有哪些、商务上实现的手段是什么等这些细项的工作。还要制定合理的体系和流程，包括数据源供应商体系、价格体系等相关的体系，数据合作签约流程、合作关系终止流程等相关的流程，这样才能为现在及未来如何常态化地发起数据合作打下基础。摸着石头过河的事情做一遍就够了，后面我们要在完善的数据合作机制下，发挥数据中心的业务价值。这些工作的开展，当然不是数据中心一肩扛，公司的其他部门也要参与进来，但数据中心应该作为技术部门起到引导、组织和参谋的作用。

（4）**勇于迈出第一步，付诸行动。**

最后就要行动起来，迈出合作的第一步，与合作伙伴洽谈沟通，达成数据合作，在充分确保合法、合规的前提下，我们获得他们的数据，他们获得我们的数据，双方保持一个合作伙伴的稳定性，推动彼此的业务发展壮大，实现共赢。

付诸行动的过程，也是实现数据合作方向、巩固自身在数字生态中的定位、验证数据合作规划模式的过程。在这个过程中，数据中心可以不断发现更多新的数据合作方向，发展更多的数据合作伙伴，也可以不断完善和调优已有的数据合作模式，实现收益的最大化。

第4章　数据中心数字化运营框架

上一章我们讲了数据中心数字化转型的困难与挑战，列举了企业推动数据中心数字化运营的一些主要的思路和方向。那么到底应该怎么做呢？

数据中心数字化运营的工作千头万绪，不能像没头苍蝇一样无序推进。对于企业来说，就需要事先做好体系化的规划和设计，也就是通常所说的需要一个体系化的框架。

数据中心数字化运营总体框架主要由四部分构成，分别为价值框架、能力框架、管控框架和保障框架。

4.1　价值框架

数据中心数字化运营的价值框架主要由评估体系、绩效体系和激励体系三部分构成，三者之间存在承接和递进的关系，自下而上形成了"金字塔"式结构，如图4-1所示。其中，

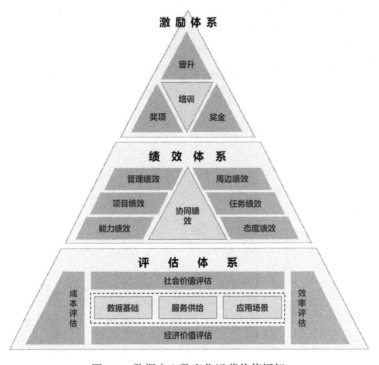

图4-1　数据中心数字化运营价值框架

评估体系是"基础",定义了评价数据中心数字化运营价值的维度和指标;绩效体系是在评估体系的基础上,将评价指标分解到人员日常工作,形成绩效考核指标;激励体系是针对绩效考核结果优秀的人员给予适度的奖励,以鼓励优秀人才不断涌现。

4.1.1 评估体系

评估是衡量数据中心数字化运营工作实际产生价值的过程,也只有科学、全面地开展评估工作,才能为绩效体系、激励体系提供可靠的信息输入和基础。评估工作应该尽量量化,通过直观的数据展示每一项评估结果。对于确实无法量化的指标,也应该尽量通过标准化定级的方式来给出主观评分。

数据中心数字化运营的价值评估体系由评估事项和价值维度两大部分组成。其中,**评估事项主要包括数据基础、服务供给和应用场景三部分,它们是开展评估工作的对象。**

1. 数据基础

数据中心的数据基础是数字化运营工作的关键条件。试想一个数据中心的数据基础很差,不管组建的数字化运营团队人员能力多强、技术平台多先进,数字化运营工作依然很难取得成效。因此,对于数据基础的评估主要针对的是存储在数据中心里的数据本身的条件,进一步细分包括数据规模、数据范围、数据更新频率、数据质量四个方面。

数据规模主要是指数据中心里存储的数据体量。通常来说,一个企业的数据中心应当汇聚企业的全部或绝大部分的数据。数据规模越大,理论上数据中心的价值就越大,当然带来的是更高的软硬件和管理成本。因此,在数据规模方面也不是一味追求大,而是要处理好一个效益平衡的问题。一般来讲,数据中心的数据能够基本满足企业内外部数据需求即可。

数据范围主要是指数据中心能够覆盖的数据主题或类别。对于企业来说,数据主题一般包括客户、项目、财务、人员、事件、合同等。因为不同主题的数据之间存在着千丝万缕的联系,也正是这些联系可以通过大数据分析等方式为企业业务提供无法直接发现的商业机会或管理问题。所以一般来说,数据中心的数据范围越广、越全面,可能带来的业务价值就越大。

数据中心的数据不能是一成不变的,而是应当随着业务的开展进行新增或更新。对于数据中心来说,一般会包括批量数据和实时数据两类。实时数据的采集频率理论上越快越好,很多企业现在都在要求分钟级、秒级的实时数据采集;批量数据的采集周期相对会长很多,一般以小时、天为粒度。有些企业过于追求数据中心数据的更新频率,盲目地堆砌各类采集工具和技术平台,同样会带来较高的成本。

如果数据都有了,但是数据质量不行,用户就没法用数据,基于这些数据得到的分析结果、统计指标肯定也存在问题,严重时可能让企业决策失误,乃至走上歧途。可见,数据质量也是数据基础的重要组成。数据中心的数据来源多样、标准不一。为了提升数据质量,数据中心运营团队一般都要包含数据治理团队，在原始数据的基础上对进入数据中心的数据进行清洗、整合，发现并解决数据质量问题，确保数据准确可用。

2. 服务供给

数据基础有了，下一步就是将数据提供给需要的人，也就是数据中心提供数据的服务供给能力。随着大数据技术的发展，数据类型不断丰富，存储数据的技术类型也在不断丰富，对于数据中心的服务供给能力来说，方式够不够支撑需求，提供效率快不快、稳定不稳定，这些都是关系到数据中心用户体验的重要方面。就好比某家网店，卖的都是大品牌的正品，价格也有优势，但是选择的快递公司配送时间要一周以上，还时不时地弄丢买家的商品，买家的满意度肯定很差，网店的效益也不会太好。

用户不一样、业务场景不一样、技术路线不一样，要求数据中心对外提供数据的供给方式就不一样。最简单的就是数据中心基于原始数据、明细数据提供数据集，可以是数据库直连，甚至是离线导出的方式；稍微复杂一些的，可以通过封装成服务接口，供符合权限的用户调用；再高级一些的，就是通过统计报表、分析报告、数据分析专题应用等方式直接给到用户想要的最终结果。不同的服务供给方式需要不同的技术支撑，方式越多，数据中心用户获取数据就越方便，也就越能满足用户不同的使用场景，用户满意度和黏性就越高，数据中心发挥的价值就越大。

当数据中心具备了多样化的服务供给方式后，能不能足够快地响应数据需求，以较短的时间周期完成数据的提供，就成了非常关键的工作。有的大型企业，由于各种各样的原因，从数据需求的提出到数据中心将数据提供到需求方手中，最长的时间竟然有半年以上，这种供给效率绝对是数据需求方无法接受的。所以数据中心运营团队应当具备敏捷响应能力，快速完成服务供给方案制定和技术配置，提升服务效率。

除了服务供给形式和时效性以外，还有一个服务供给稳定性问题。服务供给稳定性主要体现在两个方面。一方面是数据供给的完整性和连续性问题，尤其针对通过数据接口持续供数的场景，既要保证数据接口能够持续供数，不能时不时就中断，又要保证提供的数据是完整的，供数过程中没有出现丢数、改数等情况；另一方面，对于出现的数据供给问题，数据中心运营团队能够快速定位并解决问题，及时恢复数据供给服务。简单来说，要么平台技术能力够强，保障不出问题，要么人员技术能力够强，能够快速解决问题。即使是这样，频繁出现问题，哪怕解决得再迅速，也会快速摧毁用户对数据中心的信心。

3. 应用场景

基于数据中心构建的面向各类业务场景的数据应用是数据中心释放大数据价值的重要一环。一个企业的数据中心所承载的数据应用数量越多、涉及的企业业务领域越广泛、用的人越多，对于企业来说，数据中心所发挥的价值就越充分。数据中心就好比一家大型超市，商品琳琅满目，能够满足人们日常生活的各种需要，每天的客流都络绎不绝。这样的超市一方面可以赚钱，另一方面也可以为周边的人们带来便利，既有经济效益，又有社会效益。

从应用角度来看，首先就应该看部署在数据中心上，或以数据中心数据为数据基础的数据应用的数量。数据应用的数量越多，表示数据中心的数据被使用得越充分，对业务产生的价值也就越高；数据应用的数量越少，哪怕这些应用的用户数量很多、每天被点击的次数也很多，但是使用的数据中心的数据量毕竟有限，从某种意义上来说，就是数据中心的数据没有得到充分的利用。

除了数据应用的数量以外，还要看这些数据应用所涉及的企业内部的业务领域全不全。如果数据中心的数据应用数量很多，但是基本上都是市场营销方面的，其他业务领域寥寥无几，那么对于数据中心来说，可能只是市场营销类的数据被充分利用了，其他业务的数据都没有发挥出它们的价值。所以不光是要看数量，还要看是否能够覆盖企业的各项业务。

数据应用是通过被用户使用来体现价值的。因此，对于单个数据应用来说，有没有人用、用的效果好不好，也是评判数据中心价值的重要一环。评价数据应用的效果又会有很多的维度，各个企业可以根据自身的实际情况来选择。比如最为常见的就是某个数据应用每天使用的用户登录数，以及总体的点击数等。还有的可以由数据中心运营团队对数据应用的使用方进行调研，来收集用户对数据应用实际使用成效的评价。

随着数据成为新型生产要素，数据中心提供的各项服务应该要与外部数据市场接轨。在这种趋势下，数据应用一方面对内要满足各部门、各专业的业务要求，另一方面也要逐步形成面向外部的数据应用群，直接从外部数据交易市场赚取利益。因此，对于数据中心的数据应用的市场化程度，也需要进行评价。换句话说，对于一个封闭的、仅仅面向企业内部的数据中心，在价值评估上是必然要打一定的折扣的。

针对以上三大评估事项，主要从成本管控、效率提升、经济价值和社会价值四个维度制定相应的评估指标，并结合实际情况开展评估工作。

1. 成本管控评估

对于数据中心来说，数字化运营的各项工作都需要付出一定的成本。从大的方面来看，数据中心数字化运营的成本主要分成一次性成本和持续性成本两大类。每一类里面根据成本性质的不同，又可以划分成很多子类，比如人力、软件、硬件等。

一次性成本是指只在一定时间内产生的，不会重复出现的成本。一次性成本往往跟各类建设项目相关。比如数据中心初始搭建时软硬件的采购、安装等所发生的费用，某个系统数据采集到数据中心的接口开发、模型开发、数据加载初始化等所发生的费用，某个数据应用新建项目所发生的费用等。

持续性成本是指在数据中心常态化运营过程中，为保障运营服务顺利开展而持续性投入的成本。持续性成本往往发生在常态化的运营过程中，其发生时间是不固定的，也是不可预期的。比如数据中心存储容量的不定期扩容所发生的费用、数据应用宣传推广所发生的费用、运营团队人员能力培训所发生的费用等。

从成本管控的角度来看，一次性成本相对容易管控，一般的企业都会有完善的建设类项目的管理流程和审核要求。对于数据中心数字化运营来说，持续性成本是重要的组成部分，由于其不可预测性，也缺少严格的管理流程和审核，针对每一个评估对象要想把持续性成本准确计算出来是有一定难度的，可以简化为合理、不合理、严重不合理等几个等级，用以标识某个评估对象的持续性成本投入合理性即可。

2. 效率提升评估

建设数据中心并不是目的，基于数据中心开展数字化运营，以数据驱动企业内部工作效率的提升，才是数据中心建设最基本的价值体现。从一般企业经营角度来看，内部工作效率可以分成管理效率和生产效率两大类。

生产效率主要针对评估对象参与到企业各类业务流程、生成各类产品的过程。例如，针对数据的服务供给，原来主要通过人工后台查数，并通过线下导出的方式将数据结果提供给数据需求方；现在基于数据中心构建了数据目录，数据需求方可以直接自己查数，查到了可以直接申请下载。这个过程的时间周期大幅缩短了 80% 以上，对于数据需求方来说就大大提升了整合业务过程的效率，产品就可以被更快地生产出来了。

企业除了生产之外，内部的管理也是企业经营的重要环节。很多情况下，相对于生产效率的提升，管理效率的提升对于企业的整体经营效益的提升助益更大。例如，对于项目管理的流程，通过数据应用的方式打通各个系统，将整个长流程展示出来，流程进展到哪一个环节一目了然。此外，通过大量流程的数据积累和分析，可以帮助优化项目管理的流程环节，去除不必要的审核过程，提升项目建设效率。

生产效率和管理效率是企业内部经营成效的一体两面，两者之间存在着复杂的相互制约又相互促进的关系。因此，在基于数据中心开展数字化运营工作价值评估时，必须要兼顾这两者，不能片面地只针对一个方面进行评价。

3. 经济价值评估

数据中心所带来的经济价值主要体现在两个方面：一方面是基于数据中心数字化技术能力节约的各种各样的内部成本；另一方面是数据中心通过发展对外数据交易和合作运营直接给企业带来的经济收益。

想要准确严谨地计算出数据中心为企业节约的成本支出是一件非常困难的事情。可以简化来看，成本的节约主要体现在投入人力资源成本方面。这里面又分成两个部分，包括自有人力成本和外部人力成本。其中，外部人力成本一般主要是通过人力框架或运维支撑项目的形式存在的。因此，简单来看，对数据中心在解决成本方面的评价，主要就围绕企业自有人员的薪资待遇和外部人力项目两个方面支出的趋势变化来评价。

而对于数据中心通过发展对外数据交易和合作运营直接产生的经济收益则相对明确很多，直接通过企业的计费系统或财务给出的数据，从总量和增量两个方面来进行评价。

4. 社会价值评估

数据中心的社会价值主要体现在三个方面。

第一，当企业的数据中心建设和应用取得良好效果，并且该效果出现外溢效应，成为一种新型生产方式的模板时，将影响到本地域、本行业的企业经营理念和生产模式，为促进本行业和本地域社会经济发展起到一定作用。

第二，企业的数据中心在企业承担社会责任、解决社会问题方面做出一定的贡献。如企业的数据中心建设和数字化运营必然会带来新的就业机会，需要新型技术人才的参与，增加社会就业岗位的同时，有利于中高端技术人才的合理配置和流通。

第三，企业的数据中心可以作为培训基地和孵化基地，一方面可以帮助企业内部的人才快速成长，掌握最新的大数据技术，优化企业人才结构；另一方面可以基于合作开放的心态，为高校、科研机构等提供科学技术、经营分析、社会发展等方面的前沿研究课题，为社会科学技术的整体进步提供良好的环境。

4.1.2 绩效体系

数据中心数字化运营绩效体系主要包括能力绩效、态度绩效、项目绩效、任务绩效、管理绩效、周边绩效和协同绩效7个方面。

1. 能力绩效

能力绩效就是针对数据中心数字化运营相关人员的工作能力进行的考核评价。在人力资源管理学上，工作能力是指对一个人担任一个职位的一组标准化要求，用以判断是否称职。这包括该员工的专业知识、技能以及日常工作中的行为能否达到预期要求。简单来说，工作能力就是一个人是否有适合的能力担任一个职位。

能力绩效一般包括以下7个方面：

计划决策能力，主要围绕员工工作计划全不全面、是否合理、是否具备一定的可操作性、做出的相关决策是否准确等方面进行评价。

组织协调能力，主要围绕员工在工作中工作分派是否合理、解决问题是否及时、工作秩序是否良好等方面进行评价。

理解分析能力，主要围绕员工对各项工作的理解是否准确到位、分析结果是否全面透彻、工作目标是否明确等方面进行评价。

社交表达能力，主要围绕员工在工作中与他人相处是否融洽、与人沟通过程中表达是否清晰、表达的内容是否易于理解和接受等方面进行评价。

指导培训能力，主要围绕员工是否能够耐心准确指导他人工作、是否定期开展培训、培训效果是否良好等方面进行评价。

应变学习能力，主要围绕员工在工作中能否根据各种变化而采取相应的措施应对、能否快速吸收新理念和新技术等方面进行评价。

专业业务能力，主要围绕员工在工作中基于本职专业所具备的专业技术能力是否达到岗位要求来进行评价。

不同的职位、岗位所要求的能力不一样，在以上 7 种能力之中的重点也不一样。所以在制定职位要求和绩效指标的时候，都是需要根据实际工作的需要进行差异化定制，不能一概而论。

2. 态度绩效

态度绩效就是针对数据中心数字化运营相关人员在工作中的工作态度是否端正进行的考核评价。工作态度是对工作所持有的行为倾向，包括工作的认真度、责任度、努力程度等。由于这些因素较为抽象，因此通常只能通过主观性评价来考评。

按章办事、坚持原则，主要围绕员工在工作中是否具备较强的原则性、是否严格遵循企业规章和国家法律法规、是否严格按照规范化流程处理所有事务、是否存在徇私等违规行为等方面进行评价。

对新工作安排的接受程度，主要针对员工在面对工作岗位、工作内容、工作安排发生变化的情况下是否能够正确看待和面对工作调整，并较好地适应新工作的情况进行评价。

工作积极性，主要围绕员工在日常工作中是否始终以较高的标准来要求自己，并且工作执行中主动性、积极性是否较高，是否常常超额或超出预期地完成各项工作任务来评价。

工作心态，主要围绕员工在工作中是否忠于职守严守岗位、处理各项事务的过程中表现出来的心态是否正确、各类大小问题是否都妥善处理等方面进行评价。

职业保密工作，主要围绕员工在工作中，尤其是与外单位的沟通中，是否注意企业内部秘密、商业秘密以及核心技术秘密的保密，是否擅自将公司各种资料提供出去等方面进行评价。

表率作用，主要围绕员工在团队遇到困难时，能够挺身而出、身先士卒，站在解决问题的最前线，为企业内部所有员工做出表率，起到非常正面、积极的榜样作用。

3. 项目绩效

项目绩效是以项目为维度，根据项目完成情况对项目参与人进行的考核评价。项目绩效评价是指对项目决策、准备、实施、竣工和运营过程中某一阶段或全过程进行评价的活动。

项目计划是否按期完成。项目有没有按照既定计划顺利完成，这是考核项目组成员工作是否完成的最重要指标。如果一个项目交付质量特别优秀，但是超出项目期限很多才得以完成，客户满意度必然不高。

项目交付质量是否达标。项目完成的质量也是评价项目组工作成效的重要指标之一。但是必须要注意的是，追求项目高质量是一个寻找动态平衡点的问题，当项目质量在客户可接受范围内的时候，不能片面、偏执地追求更高质量，从而影响项目整体交付进度。

项目成果的影响程度。对于一些特别优秀的项目成果，在企业内部，甚至企业外部都会产生一定的影响。这种影响可能以多种形式存在，如项目成果在公司内部获得奖项、得到良好的推广应用，或者在公司外部获得行业奖项、国家奖项等，在行业内外具备一定的知名度。

项目投诉发生情况。当项目进度、项目质量等长时间无法达到用户需求，或与客户预期较大时，有可能会引起客户的极大不满而被投诉。一旦发生投诉，会极大影响企业形象和客户满意度，因此在绩效考核中要充分考虑这种负面影响，加大绩效考核力度。

4. 任务绩效

任务绩效是以员工、部门或企业所制定的重点工作任务为考核维度，并最终将任务目标分解到每一名参与的员工身上，对个人所负责的任务部分完成情况进行的考核评价。通俗来讲，任务绩效就是指一个人用他所拥有的知识和技能来完成具体任务的这样一种过程。比如销售员，他们每个月都有销售目标，怎样完成目标就各凭本事了，目标达到说明任务绩效达到了。在大数据企业中，大家评价一个员工时，看重的主要还是他的任务绩效。

5. 管理绩效

管理绩效主要是针对数据中心数字化运营团队中的中高层管理人员的管理工作进行考核评价。而对于一线的执行操作人员，这部分就不在其绩效考虑范围之内了。

管理态度，主要从服从性（坚决服从上级领导的指示，尊重领导）、遵守纪律（在遵守、服从的前提下，提出有效的制度改进建议，以完善各项规章制度）、工作积极性（认真做事、值得信赖、将工作做好）、工作主动性（一直致力于工作，自动增加额外工作，十分有才智）、合作精神（与同事或主管合作有效，随时准备接受新观念，与人相处非常良好）、协调性（在任何时间和条件下都能充分地与他人协作，有很强的适应和协调能力，同时能够组织协调事务）、团结集体（团结合作，协调相融）、全局观念（全局观念比较强，整体利益优先）、责任感（以积极的态度主动承担责任，推动工作绩效的改进）等方面进行考评。

管理能力，主要从管理能力（体现了很强的管理能力，为专项任务的完成发挥了至关重要的作用）、专业技能（有丰富的专业知识和技能，能胜任工作，有发展潜力）、组织能力（能积极高效地推动组织学习和发展新技能）、创新能力（具有很强的创造能力，为任务按时或超额完成提出了非常有创建性的建议）、判断力（知识经验丰富，判断分析准确，具有超常的判断能力）、应变能力（能够掌握全局，及时准确地处理突发事件）等方面进行考评。

管理成效，主要从目标达成（速度超出常人，从不推迟完工，还经常提前）、工作品质（工作一直保持超高水准，正确领会上级意图，保持良好的工作方法和工作成绩）、工作方法（坚持高标准，严要求，及时解决工作中的问题，按时完成工作任务）、工作量（完成上级领导安排的工作和职责范围内的工作）、工作效率（能够高质量地完成工作任务，效率很高）等方面进行考评。

6. 周边绩效

周边绩效，指与绩效的组织特征密切相关的行为或非特定的工作熟练程度有关的行为。通俗点说，周边绩效是其他人为了更好地实现组织的整体目标而去帮助别人达到他的任务绩效。对于绝大多数企业或员工来说，首先强调的还是在本职岗位上出色地完成自己的工作任务，对于帮助别人完成绩效，在很有限的范围内可以考虑作为加分项，在设置指标权重时也不宜过大，以免错误引导员工过度帮助他人而完不成自己本来应该做的工作。

7. 协同绩效

协同绩效主要是指针对跨团队、跨部门、跨专业的工作任务，参与人员与其他团队人员配合共同解决问题、推动任务完成的情况进行的考核评价。

工作配合度，主要针对团队人员在涉及需要协同工作的时候，与其他团队的人员在工作中的配合程度。这种配合程度的判断有多种衡量标尺，所以一般来说，工作配合度的评价需要有协同的对方来做出，并且一般是定性的。

协同响应时间，主要是指团队人员在接收到其他团队需要协同的信息后响应周期的长短。协同响应时间可以作为工作配合度的一种标尺，但是协同响应时间较长，不一定是不配合造成的后果，而可能有客观困难。因此，还是单独作为一个评估项。

问题解决时间，主要是指团队人员在解决影响其他团队正常工作问题的时间长短。问题解决时间是评价协同绩效的重要指标，因为快速解决问题以保证不对其他团队的正常工作造成影响是协同工作中的最基本要求。

信息沟通反馈，主要针对团队人员在与其他团队人员的协同工作中，是否及时就相关信息开展沟通进行评价。在协同工作中，保持顺畅、良好的沟通是高效推进协同工作的重要基础，所以信息沟通反馈的评价应该具有较高的权重。

4.1.3 激励体系

数据中心数字化运营激励体系主要包括获得评比奖项、给予奖金、提供培训或学习机会，以及获得职位晋升4个方面。

1. 获得评比奖项

以数据中心为平台和环境载体，组织企业年度大数据知识竞赛、大数据创新大赛，鼓励数据中心数字化运营团队的人员积极参与，有助于促进广大员工不断提升对数据资产的认识，培育数据资产管理思维，形成良好的数据知识氛围。

初步来看，建议展开如下两类创新竞赛：

第一类是大数据或数据资产管理知识竞赛。这类竞赛以考核基础知识的掌握为主，适应面广、组织推动难度低，有助于激励包括数据中心数字化运营团队在内的企业各级员工展开大数据知识学习的热潮。而通过知识竞赛，也可以更好地交流和推广数据文化理念和基础知识；同时也能够考察和选拔相应人才，使得热心于数据工作的员工得以脱颖而出。

第二类是数据应用创新及算法设计竞赛。应用创新和算法设计竞赛相对门槛较高，组织管理难度大，投入资源较多。但这类竞赛更贴近数据应用的业务场景，能够真正催发使用数据的热情，相关竞赛成果也能够直接服务于公司的生产管理和业务经营，创造出实实在在的价值。在条件允许的情况下，也可以扩大竞赛范围，或升级竞赛组织级别，利用公司以外的社会资源，针对核心业务领域，征集有效的数据解决方案。

对于在各种竞赛中脱颖而出获得奖项的人员，应当在绩效考核中予以相应的加分，并可在晋升机会中给予优先考虑。

2. 给予奖金

数据中心的数字化运营工作是一种常态化的工作。这就要求所有数字化运营团队人员在每一天、每个月的工作中都能够保持良好的状态，并奋勇争先。所以在这种情况下，就不能仅仅依靠每年一次的年终奖来对团队进行激励了。因为这个周期实在太长了，而且往往年度的指标都还比较好达到。

一种变通的方式就是，从每年年终奖的份额中，拿出一定的比例，甚至可以是大部分，转化成每个月的绩效奖，根据职级固定每月绩效奖金，绩效达标后方可领取。这样，一方面将奖金激励常态化，有利于保持团队的热情；另一方面，激励更加合理，不再仅仅依赖那几个年度指标了。

除此之外，为了更好地进行激励，还可以引入"创新分红"的概念，将创新奖励与创新成果的实际推广应用情况挂钩，探索创新成果转化收益分红机制，为员工提供与创新成果价值相匹配的奖励或分红，切实提升创新工作为员工带来的实际收益。

3. 提供培训或学习机会

对于表现和考核优秀的团队成员，除了给予奖金以外，可以提供更好的培训以及学习的机会，也可以进一步加强企业大数据人才、知识和技术储备，为企业大数据深化推进夯实基础。

从培训来看，作为一种激励手段，必须是能够得到官方认证的培训机会。这种培训一般情况下必须脱产，一周至一个月时间不等，主要面向有一定的工作经验或者中高级技术的人员，能够短时间内帮助其快速提升专业能力。

此外，还应该提供优秀人员"走出去"的机会，通过组织参观学习、访谈交流等形式，对外部的企业或组织进行考察调研，了解同类企业面临的挑战和应对措施，学习标杆企业的最佳实践做法，参考创新企业的新认知和战略设想，他山之石可以攻玉，让外部经验和实践思路"为我所用"。

外部考察工作需要有目的、有策略，在目标对象的选择、沟通方面，要做好充分准备。同时，在考察前、考察中和考察后，也应该充分组织讨论学习，力求事半功倍，达到最佳效果。

4. 职位晋升

对于表现和考核优秀的团队成员，在遇到有职位晋升机会的时候，应当优先考虑。

4.2 能力框架

数据中心数字化运营的实现离不开数据中心技术能力的支撑。从通用实践来看，数据中心技术能力框架主要包括数据采集体系、数据汇聚体系、数据存储体系、数据加工体系和数据服务体系五个部分，如图4-2所示。其中数据采集体系实现将数据从业务源系统采集到数据中心，数据汇聚体系实现对原始数据的汇总加载和必要处理，数据存储体系实现对海量、

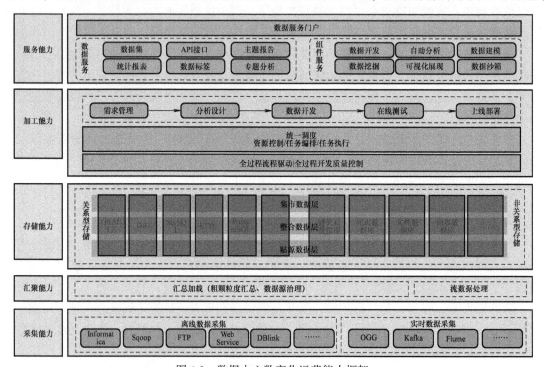

图4-2 数据中心数字化运营能力框架

多源异构数据的分类分层存储，数据加工体系为数据的加工处理提供全过程环境和调度管理，数据服务体系则为数据应用提供数据和工具组件的获取调用服务。数据中心的技术能力框架实际上构建了数据在数据中心的价值链，一步步将数据的价值释放出来，以提供给数据需求方满足各种各样的业务需求。

4.2.1　采集体系

数据中心的数据采集目标是将其他系统的数据通过多种方式接入到数据中心。数据中心需要根据数据来源系统的数据类型、生成周期、特点以及用户的实际需求来制定相应的数据采集方案。

首先，从数据采集的方式来看，主要有传感器采集、爬虫采集、录入、导入、接口采集等。传感器采集就是通过温湿度传感器、气体传感器、视频传感器等外部硬件设备与系统进行通信，将传感器监测到的数据传至系统中进行采集使用，在工业制造企业中有较大的需求；爬虫采集主要是针对新闻资讯类互联网数据，可以通过编写网络爬虫，设置好数据源后，进行有目标性的数据爬取；录入是比较通用的一种方式，所有企业信息化系统的办公过程其实都是数据录入的过程，就是通过使用系统录入页面将已有的数据录入至系统中；数据导入主要是针对已有的批量结构化数据，可以开发导入工具将其导入系统中；接口采集就是建立两个系统数据库之间的接口连接，可以是多种技术的，再通过接口将一个数据库中的数据采集到另一个系统中。

其次，从数据采集的技术实现来看，主要有离线采集、实时采集、互联网采集等类型。

离线采集是指针对已经在数据库中存在的数据进行采集的过程，这个过程与实际的生产活动无关。在数据仓库的语境下，ETL 基本上就是数据采集的代表，包括数据的提取（Extract）、转换（Transform）和加载（Load）。在转换的过程中，需要针对具体的业务场景对数据进行治理，例如进行非法数据监测与过滤、格式转换与数据规范化、数据替换、保证数据完整性等。

实时采集主要用在流处理的业务场景，比如用于记录数据源而执行的各种操作活动，包括网络监控的流量管理、金融应用的股票记账和 Web 服务器记录的用户访问行为。在流处理场景，数据采集会成为 Kafka 的消费者，就像一个水坝一般将上游源源不断的数据拦截住，然后根据业务场景做对应的处理（例如去重、去噪、中间计算等），之后再写入到对应的数据存储中。这个过程类似传统的 ETL，但它是流式的处理方式，而非定时的批处理 Job，这些工具均采用分布式架构，能满足每秒数百兆的日志数据采集和传输需求。

互联网采集主要是对互联网内容、日志、流量信息的抓取。例如 Scribe 是 Facebook 开发的数据（日志）收集系统，又被称为"网页蜘蛛"，是一种按照一定的规则，自动抓取万维网信息的程序或者脚本，支持图片、音频、视频等文件或附件的采集。除了网络中包含的内容之外，对于网络流量的采集可以使用 DPI 或 DFI 等带宽管理技术进行处理。

除了以上三种技术以外，对于企业生产经营数据上的客户数据、财务数据等保密性要求较高的数据，可以通过与数据技术服务商合作，使用特定系统接口等相关方式采集数据。

 案例：几种主要的数据采集技术介绍

1. FTP 文件采集

FTP 文件采集是目前比较重要的数据采集技术，一般时效性要求不高的批量数据采集会考虑采用这种方式。FTP 文件采集支持的文件格式包括：

一是文本文件输入，需要处理有列分隔符（限定符、逃逸字符）的文本文件。一般这类工作的功能选项丰富、有错误处理机制。

二是 CSV 文件输入，这种文件格式简化了文本文件输入，可以通过 NIO、并行、延迟转换等方式提高数据采集的性能。

三是固定宽度，就是通过生成列固定宽度的文件。这种方式不用解析字符串，性能相对比较好。

2. Socket 消息采集

Socket 消息采集一般包括以下两个过程。一是 Socket 客户端接收流量系统提供的 A 信令消息并保存到本地文件。二是 Socket 服务端将接收的 A 信令消息实时传输数据给下游其他系统，同时支持将本地文件转为消息后转发。

3. Sqoop 数据高速同步采集

Sqoop 可以解决不同数据库之间数据量较大或时效性要求相对较高的数据采集需求。Sqoop 是一个分布式的数据迁移工具，可以将一个关系型数据库（例如 MySQL、Oracle、Postgres 等）中的数据导入到 Hadoop 的 HDFS 中，也可以将 HDFS 的数据导入到关系型数据库中。

对于某些 NoSQL 数据库，它也提供了连接器。Sqoop 类似于其他 ETL 工具，使用元数据模型来判断数据类型并在数据从数据源转移到 Hadoop 时确保类型安全的数据处理。Sqoop 专为大数据批量传输设计，能够分割数据集并创建 maptask 任务来处理每个区块。

4. Kafka

Kafka 是一种高吞吐量的分布式发布订阅消息系统，它可以处理消费者在网站中的所有动作流数据。这种动作（网页浏览、搜索和其他用户的行动）是在现代网络上的许多社会功能的一个关键因素。这些数据通常是由于吞吐量的要求而通过处理日志和日志聚合来解决。对于像 Hadoop 这样的日志数据既有离线分析，又有实时处理限制的实际需求，这是一个可行的解决方案。Kafka 的目的是通过 Hadoop 的并行加载机制来统一线上和离线的消息处理，也是为了通过集群来提供实时的消息。

Kafka 通过 O (1) 的磁盘数据结构提供消息的持久化，这种结构对于即便是数以 TB 的消息存储也能够保持长时间的稳定性能。即使是非常普通的硬件，Kafka 也可以支持每秒数百万的消息，可以通过 Kafka 服务器和消费机集群来分区消息，同时也支持 Hadoop 并行数据加载。

5. Flume

Flume 是 Cloudera 提供的一个高可用的，高可靠的，分布式的海量日志采集、聚合和传输的系统，Flume 支持在日志系统中定制各类数据发送方，用于收集数据；同时，Flume 提供对数据进行简单处理，并写到各种数据接收方（可定制）的能力。

Flume 的优势在于可以将应用产生的数据存储到任何集中存储器中，比如 HDFS，HBase。当收集数据的速度超过将写入数据的时候，也就是当收集信息遇到峰值时，这时候收集的信息非常大，甚至超过了系统的写入数据能力，这时候，Flume 会在数据生产者和数据收容器之间做出调整，保证其能够在两者之间提供平稳的数据。此外，Flume 是可靠的，容错性高的，可升级的，易管理的，可定制的。

数据的采集是挖掘数据价值的第一步，当数据量越来越大时，可提取出来的有用数据必然也就更多。只要善用数据化处理平台，便能够保证数据分析结果的有效性，助力企业实现数据驱动。

4.2.2 汇聚体系

数据中心的数据汇聚体系主要包括数据清洗和数据加载两部分内容。所谓数据清洗，也就是根据一定的规则对数据进行检查和格式转换的过程；所谓数据加载，就是指将清洗完成后的数据存储到数据库的相应库表的过程。

1. 数据清洗转换

数据清洗转换指对前端采集过来的数据进行清洗与转换处理，包括数据过滤、数据剔重、类型转换、编码映射、文件拆分与合并、维度转换等过程。

数据清洗转换的任务主要是进行不一致的数据转换、数据粒度转换、数据去脏和一些转换规则的计算。其中不一致转换过程是数据整合的过程，侧重于将来源于不同业务系统的相同类型的数据进行统一处理；数据粒度转换需要对数据进行统一归整；转换规则计算按照设计的计算规则对数据进行重新计算。

首先，数据清洗需要基于一定的数据转换规则。数据转换的规则怎么设置，很大程度上必须要依赖于业务知识，不了解业务就没有办法真正通过规则去发现数据问题。一般的数据转换规则设置包括对数据进行计算、合并、拆分、替换。

例如对于数据格式的转换规则，如时间类型的转换、字符编码转换、数据类型转换等。我们拿时间类型的转换来说，有的系统里面是"2020.3.3"这种格式，有的是"2020 年 3

月"这种格式，两者在表达方式和粒度上都不一样，那么应该怎么设置转换规则呢？那就要看业务用到这些数据的时候需要什么样的，如果要按天统计的，就需要到天，到月的数据还需要进行拆分，格式上就可以统一按照"2020.3.3"这样的格式进行转换。

除了数据格式的转换规则以外，一般还会有以下类型的转换规则：

非空检核类的，要明确哪些字段或信息项必须是要有数据的，不能空着；主外键检核类的，要求主键或外键必须要有，或者多个业务系统中的同类数据经过清洗统一保存时，主键要是唯一的；非法值检核类的，要求代码的数据标准必须一致，以及为在什么情况下判定取值错误、多余字符、乱码等设定业务层面判定的规则；记录数检核类，对各个系统相关数据之间的数据总数进行匹配性校验等。

其次，就是在制定校验规则的基础上进行清洗转换。以缺失值清洗为例，第一步就是要根据字段重要性和缺失情况明确发现问题后的处理策略。比如有的数据字段重要性很高，缺失率比较低，这种一般可以通过经验或者业务知识进行补充，或者通过智能化的算法进行拟合补充；有的数据重要性低，缺失率也比较低，这种可以暂时不做处理，原样保留，也可以做一些简单填充；还有的字段重要性低，但缺失率很高，这种字段就可以去掉，因为即使存到库中也没有使用价值。制定好策略后，就可以根据策略进行数据的清洗转换了。

最后，数据清洗处理过程需要进行记录，一般可以基于数据清洗工具的系统日志进行记录。记录的信息主要包括：元数据记录、转换后数据记录、运用的转换规则、转换的时间等内容。记录的目的是为了在出现清洗问题的时候，能够根据日志进行问题排查和溯源。

2. 数据加载

数据加载主要指将采集与清洗转换的数据，准确、及时地存储到不同目标库（如 RD-BMS、MPP、Hadoop 等）中。依据数据加载技术特点，可分为全量数据加载、流式（实时）数据加载、文件落地双加载、内存不落地加载。在加载触发模式方面主要分成自动加载与手工执行两大类型。

案例：数据加载技术介绍

● 全量数据加载

全量加载是将数据一次性加载到接口机上，是准实时加载，主要应对数据加载数据源以较大文件形式对外提供数据时，可采用此种采集模式，全量数据加载具备多协议数据加载和并发加载控制两种能力，多协议数据加载提供了文件和数据库等多种目标数据库进行加载，包括支持高性能关系型数据仓库、MPP 分布式数据仓库、HDFS 等，接口协议可以根据需要随时添加；并发加载控制是运用大规模并行计算多个加载任务发布到集群中并行处理，可控制并发数和任务优先级。

- 流式（实时）数据加载

流式数据加载主要应对海量数据，采用流式计算方法进行高性能的实时计算实时加载。

- 文件落地双加载

文件落地双加载主要有三种方式。一是文件从接口机到 ETL 服务器不同的传输方式；二是管道、FTP 传输、CFS 传输等传输方式；三是双进程异步方式读取接口文件多节点/多分区加载到双库，两个进程互不影响。

- 内存不落地加载

不落地实时加载主要是采用分布式内存数据计算，以多进程管道方式并行读取不同的接口文件，每个接口文件以 KEY < VALUE > 的方式分块计算，计算完成后，把各节点上的聚合结果汇总到内存池，调用 LOAD API 加载到数据库。

对于不同的数据库加载、不同的方式加载，数据加载过程的工作原理基本相同，主要有以下四个步骤：

首先就是要明确加载的目标，也就是要确定数据要加载到哪个库的哪张表中，以及加载的时间要求等。

其次就是要明确加载的实现方式和策略，比如加载方式采用全量或实时方式，加载策略方面采用落地或不落地加载策略，数据类型的不同以及源宿端数据库的类型都会影响加载方式和策略的确定。需要注意的是，实时加载与实时采集必须配套使用，二者之间共享内存实现同步数据交换，通过引入插件机制来屏蔽不同数据源的差异性。

第三就要完成加载时提交的参数配置，设定数据相关输入路径与加载匹配规则等信息，由数据装载完成发现文件、文件获取、加载数据、数据校验等操作流程后，完成数据入库操作。

最后就是数据加载的实现过程，可以通过编写 SQL、HQL、SHELL 等不同类别的行为定义脚本，数据加载执行组件将根据定义行为脚本类型调用相应的脚本执行来加载数据。

与数据清洗转换一样，数据加载过程的操作日志也要做好记录，以便在数据加载失败时进行问题检查，同时也为后续数据稽核与问题排查提供详细信息。

数据装载过程中，一般要通过技术手段实现数据加载过程控制，主要针对数据加载中断或者出错时，能够快速重新驱动数据的接收和加载。数据装载过程控制至少要做到以下两点：

一是断点续传。由于网络中断或者其他原因造成传输中断，提供断点续传功能，在下次传输时能够接着前面的传输进度继续进行，节省时间，提高速度。

二是一致性保障。数据加载要支持两阶段提交，提供访问的多种数据源发起两阶段提交任务，两阶段提交可以保证在多个数据源上执行的任务包含在一个事务中，当一个数据源加载失败时，其他数据源可做数据回滚，确保多个数据源的数据保持一致。

4.2.3 存储体系

数据中心的存储体系是数据中心能存储多少种类、多少体量数据的关键，同时数据中心分层式的数据存储架构也是数据被高效获取和利用的关键。数据中心的存储体系主要包括横向和纵向两个维度，其中横向维度是存储数据库的类型，主要分成关系型数据库和非关系型数据库两大类；纵向维度是数据分层架构，自下而上主要包括贴源数据层、整合数据层和数据集市层三部分。

1. 关系型数据库

关系型数据库，是指采用了关系模型来组织数据的数据库，其以行和列的形式存储数据，以便于用户理解，关系型数据库这一系列的行和列被称为表，一组表组成了数据库。用户通过查询来检索数据库中的数据，而查询是一个用于限定数据库中某些区域的执行代码。关系模型可以简单理解为二维表格模型，而一个关系型数据库就是由二维表及其之间的关系组成的一个数据组织。

关系型数据库有以下 9 个特点：

存储方式方面，传统的关系型数据库采用表格的存储方式，数据以行和列的方式进行存储，要读取和查询都十分方便。

存储结构方面，关系型数据库按照结构化的方法存储数据，每个数据表都必须对各个字段定义好（也就是先定义好表的结构），再根据表的结构存入数据，这样做的好处就是由于数据的形式和内容在存入数据之前就已经定义好了，所以整个数据表的可靠性和稳定性都比较高，但带来的问题就是一旦存入数据后，如果需要修改数据表的结构就会十分困难。

存储规范方面，关系型数据库为了避免重复、规范化数据以及充分利用好存储空间，把数据按照最小关系表的形式进行存储，这样数据管理就可以变得很清晰、一目了然，当然这是一张数据表的情况。如果是多张表情况就不一样了，由于数据涉及多张数据表，数据表之间存在着复杂的关系，随着数据表数量的增加，数据管理会越来越复杂。

扩展方式方面，由于关系型数据库将数据存储在数据表中，数据操作的瓶颈出现在多张数据表的操作中，而且数据表越多这个问题越严重，如果要缓解这个问题，只能提高处理能力，也就是选择速度更快性能更高的计算机，这样的方法虽然有一定的拓展空间，但这样的拓展空间是非常有限的，也就是关系型数据库只具备纵向扩展能力。

查询方式方面，关系型数据库采用结构化查询语言（即 SQL）来对数据库进行查询，SQL 早已获得了各个数据库厂商的支持，成为数据库行业的标准，它能够支持数据库的 CRUD（增加、查询、更新、删除）操作，具有非常强大的功能，SQL 可以采用类似索引的方法来加快查询操作。

规范化方面，在数据库的设计开发过程中，开发人员通常会面对一个或者多个数据实体（包括数组、列表和嵌套数据）进行操作，这样在关系型数据库中，一个数据实体一般首先要分割成多个部分，然后对分割的部分进行规范化，规范化以后再分别存到多张关系型数据表中，这是一个复杂的过程。好消息是随着软件技术的发展，相当多的软件开发平台都会提供一些简单的解决方法，例如可以利用 ORM 层（也就是对象关系映射）来将数据库中的对象模型映射到基于 SQL 的关系型数据库中去并进行不同类型系统的数据之间的转换。

事务性方面，关系型数据库强调 ACID 规则（原子性、一致性、隔离性、持久性），可以满足对事务性要求较高或者需要进行复杂数据查询的数据操作，而且可以充分满足数据库操作的高性能和操作稳定性的要求。关系型数据库十分强调数据的强一致性，对于事务的操作有很好的支持。关系型数据库可以控制事务原子性细粒度，并且一旦操作有误或者有需要，可以马上回滚事务。

读写性能方面，关系型数据库十分强调数据的一致性，并为此降低读写性能，付出了巨大的代价，虽然关系型数据库存储数据和处理数据的可靠性很不错，但一旦面对海量数据的处理时，效率就会变得很差，特别是遇到高并发读写的时候性能就会下降得非常厉害。

授权方式方面，关系型数据库常见的有 Oracle、SQLServer、DB2、Mysql，除了 MySQL 大多数的关系型数据库免费外，其他的关系型数据库都需要支付一笔价格高昂的费用，即使是免费的 MySQL，性能也受到了诸多的限制。

目前应用比较广泛的关系型数据库有 Oracle、DB2、MySQL、Microsoft SQL Server、Microsoft Access 等多个品种，每种数据库的语法、功能和特性也各具特色。

Oracle 数据库由甲骨文公司开发，并于 1989 年正式进入中国市场。虽然当时的 Oracle 尚名不见经传，通过多年的发展积聚了众多领先性的数据库系统开发经验，在集群技术、高可用性、安全性、系统管理等方面都取得了较好的成绩。Oracle 产品除了数据库系统外，还有应用系统、开发工具等。在数据库可操作平台上，Oracle 可在所有主流平台上运行，因而可通过运行于较高稳定性的操作系统平台，提高整个数据库系统的稳定性。

MySQL 数据库是一种开放源代码的关系型数据库管理系统（RDBMS），可以使用最常用的结构化查询语言进行数据库操作。也因为其开源的特性，可以在 General Public License 的许可下下载，并根据个性化的需要对其进行修改。MySQL 数据库因其体积小、速度快、成本低而受到中小企业的热捧，虽然其功能的多样性和性能的稳定性差强人意，但是在不需要大规模事务化处理的情况下，MySQL 也是管理数据内容的好选择之一。

Microsoft SQL Server 数据库最初是由 Microsoft、Sybase 和 Ashton-Tate 三家公司共同开发的，于 1988 年推出了第一个操作系统版本。在 Windows NT 推出后，Microsoft 将 SQL Server 移植到 Windows NT 系统上，因而 SQL Server 数据库伴随着 Windows 操作系统发展壮大，其用户界面的友好和部署的简捷，都与其运行平台息息相关，通过 Microsoft 的不断推广，SQL Server 数据库的占有率随着 Windows 操作系统的推广不断攀升。

2. 非关系型数据库

NoSQL 最常见的解释是"non-relational"，"Not Only SQL"也被很多人接受。NoSQL 仅仅是一个概念，泛指非关系型的数据库，区别于关系型数据库，它们不保证关系数据的 ACID 特性。NoSQL 是一项全新的数据库革命性运动，其拥护者们提倡运用非关系型的数据存储，相对于铺天盖地的关系型数据库运用，这一概念无疑是一种全新思维的注入。

NoSQL 最主要的优点就是易扩展。NoSQL 数据库种类繁多，但是一个共同的特点都是去掉了关系型数据库的关系特性，数据之间无关系，这样就非常容易扩展，无形之间也在架构的层面上带来了可扩展的能力。此外，NoSQL 数据库都具有非常高的读写性能，尤其在大量数据下，同样表现优秀，这得益于它的无关系性，数据库的结构简单。

非关系型数据库主要有以下四类：

（1）键值（Key-Value）存储数据库。

这一类数据库主要会使用到一个哈希表，这个表中有一个特定的键和一个指针指向特定的数据。Key/value 模型对于 IT 系统的优势在于简单、易部署。但是如果 DBA 只对部分值进行查询或更新的时候，Key/value 就显得效率低下了。例如 Tokyo Cabinet/Tyrant，Redis，Voldemort，OracleBDB。

（2）列存储数据库。

这部分数据库通常是用来应对分布式存储的海量数据。键仍然存在，但是它们的特点是指向了多个列。这些列是由列家族来安排的。如 Cassandra，HBase，Riak。

（3）文档型数据库。

文档型数据库的灵感是来自于 Lotus Notes 办公软件的，而且它同第一种键值存储相类似。该类型的数据模型是版本化的文档，半结构化的文档以特定的格式存储，比如 JSON。文档型数据库可以看作是键值数据库的升级版，允许之间嵌套键值，在处理网页等复杂数据时，文档型数据库比传统键值数据库的查询效率更高。如 CouchDB，MongoDB。国内也有文档型数据库 SequoiaDB，目前已经开源。

（4）图形（Graph）数据库。

图形结构的数据库同其他行列以及刚性结构的 SQL 数据库不同，它使用灵活的图形模型，并且能够扩展到多个服务器上。NoSQL 数据库没有标准的查询语言（SQL），因此进行数据库查询需要制定数据模型。许多 NoSQL 数据库都有 REST 式的数据接口或者查询 API。如 Neo4J，InfoGrid，Infinite Graph。

非关系型数据库的框架体系一般可以分为四层，由下至上分为数据持久层（data persistence）、整体分布层（data distribution model）、数据逻辑模型层（data logical model）、接口层（interface），层次之间相辅相成，协调工作。

数据持久层定义了数据的存储形式，主要包括基于内存、基于硬盘、内存和硬盘接口、定制可拔插四种形式。基于内存形式的数据存取速度最快，但可能会造成数据丢失；基于硬盘的数据存储可能保存很久，但存取速度较基于内存形式的慢。内存和硬盘相结合的形式，结合了前两种形式的优点，既保证了速度，又保证了数据不丢失。而硬盘接口和定制可拔插则保证了数据存取具有较高的灵活性。

数据分布层定义了数据是如何分布的，相对于关系型数据库，NoSQL 可选的机制比较多，主要有三种形式。一是 CAP 支持，可用于水平扩展；二是多数据中心支持，可以保证在横跨多数据中心时也能够平稳运行；三是动态部署支持，可以在运行着的集群中动态地添加或删除节点。

数据逻辑层表述了数据的逻辑变现形式，与关系型数据库相比，NoSQL 在逻辑表现形式上相当灵活，主要有四种形式。一是键值模型，这种模型在表现形式上比较单一，但却有很强的扩展性；二是列式模型，这种模型相比于键值模型能够支持较为复杂的数据，但扩展性相对较差；三是文档模型，这种模型对于复杂数据的支持和扩展性都有很大优势；四是图模型，这种模型的使用场景不多，通常是基于图数据结构的数据定制的。

接口层为上层应用提供了方便的数据调用接口，提供的选择远多于关系型数据库，一般至少有 5 种选择：Rest、Thrift、Map/Reduce、Get/Put、特定语言 API，使得应用程序和数据库的交互更加方便。

非关系型数据库的分层架构并不代表每个产品在每一层只有一种选择。相反，这种分层设计提供了很大的灵活性和兼容性，每种数据库在不同层面可以支持多种特性。

3. 贴源数据层

所谓贴源数据层，顾名思义就是该层存储的数据与数据源系统的数据基本一致，但不是完全复制照搬。

贴源数据层一般也称为 ODS（Operational Data Store），即操作数据存储。数据源中的数据，经过采集和汇聚之后进入本层。一般来说 ODS 层的数据和源系统的数据是同构的，主要目的是简化后续数据加工处理的工作。从数据粒度上来说，ODS 层的数据粒度在数据中心中是最细的。

ODS 层的表通常包括两类，一个用于存储当前需要加载的数据，一个用于存储处理完后的历史数据。

历史数据一般保存 3-6 个月后需要清除，以节省空间。但不同的项目要区别对待，如果源系统的数据量不大，可以保留更长的时间，甚至全量保存。

此外，ODS 层与汇聚体系往往是一体的。也就是说，数据在加载进入本层前，一般需要做去噪、去重、去冗、剔脏、业务提取、单位统一等工作，其实本质上也就是清洗转换的过程。

所谓去噪，就是将原始数据中明显错误或不合理的数据找出来或者是直接舍弃。例如去掉明显偏离正常水平的银行刷卡信息。

所谓去重，就是将从多个数据源系统采集的相同数据进行比较核对后，只留下最权威的那一份数据即可。例如银行账户信息、公安局人口信息中均含有人的姓名，但是只保留一份即可。

所谓去冗，就是将原始数据中没有业务含义、临时性的数据进行分析处理。例如用于支撑前端系统工作，但是在数据挖掘中不需要的字段。

所谓剔脏，就是将虽然符合业务定义的规则，但是可以确定数据错误无法使用的数据剔除。例如有的人的银行卡被盗刷，在十分钟内同时有两笔分别在中国和日本的刷卡信息，这便是脏数据。

业务提取，就是将数据中与业务相关的含义提取出来，能够让数据分析挖掘人员看懂其含义。一般需要添加一些业务定义解释或者说明的字段信息。

单位统一，就是将不同系统中相同对象的计量单位进行统一，从而为后续的数据整合和关联计算做准备。

所以我们只能说数据中心 ODS 层数据与数据源系统的数据基本一致，但已经经过了一定的处理，并不是完全相同的。

4. 整合数据层

整合数据层是数据中心存储体系中最核心的一层。在这一层，从 ODS 层中获得的数据按照主题建立各种数据模型。整合数据层又细分为 DWD（Data Warehouse Detail）层、DWM（Data WareHouse Middle）层和 DWS（Data WareHouse Service）层。

数据明细层 DWD（Data Warehouse Detail）一般保持和 ODS 层一样的数据粒度，并且提供一定的数据质量保证。同时，为了提高数据明细层的易用性，该层会采用一些维度退化手法，将维度退化至事实表中，减少事实表和维表的关联。另外，在该层也会做一部分的数据聚合，将相同主题的数据汇集到一张表中，提高数据的可用性。

数据中间层 DWM（Data WareHouse Middle）会在 DWD 层的数据基础上，对数据做轻度的聚合操作，生成一系列的中间表，提升公共指标的复用性，减少重复加工。直观来讲，就是对通用的核心维度进行聚合操作，算出相应的统计指标。

数据服务层 DWS（Data WareHouse Service）又称数据集市或宽表。按照业务划分，如流量、订单、用户等，生成字段比较多的宽表，用于提供后续的业务查询、OLAP 分析、数据分发等。一般来讲，该层的数据表会相对比较少，一张表会涵盖比较多的业务内容。由于其字段较多，因此一般也会称该层的表为宽表。

在实际计算中，如果直接从 DWD 或者 ODS 计算出宽表的统计指标，会存在计算量太大并且维度太少的问题，因此一般的做法是，在 DWM 层先计算出多个小的中间表，然后拼接成一张 DWS 的宽表。由于宽和窄的界限不易界定，也可以去掉 DWM 这一层，只留 DWS 层，将所有的数据放在 DWS 即可。

5. 集市数据层

数据集市层通常由组织内的业务部门自己建立。一个数据集市面向单一主题，如销售、财务、市场等。数据集市可以分为两种类型——独立型数据集市和从属型数据集市。独立型数据集市直接从操作型环境获取数据，从属型数据集市从数据中心获取数据。

那么数据集市就是企业级中心的一个子集，它主要面向部门级业务，并且只面向某个特定的主题，如图4-3所示。为了解决灵活性和性能之间的矛盾，数据集市就是数据仓库体系结构中增加的一种小型的部门或工作组级别的数据仓库。数据集市存储为特定用户预先计算好的数据，从而满足用户对性能的需求。数据集市可以在一定程度上缓解访问数据仓库的瓶颈。

对比项	数据仓库	数据集市
范围	企业级	部门级或企业级
主题	多个主题	单一主题
数据源	遗留系统、事务系统、外部数据的多个数据源	数据仓库或事务系统的少量数据源
数据粒度	较细的粒度	较粗的粒度
数据结构	通常是规范化结构（3NF）	星形模型、雪花模型，或两者混合
历史数据	全部历史数据	部分历史数据
设计时间	几个月或几年	几个月

图4-3　数据集市与数据仓库的对比

数据集市层的设计建设可以采用迭代式的方法。在迭代式开发中，每个迭代为上一次的结果增加了新的功能。功能增加的顺序要考虑到迭代平衡以及尽早发现重大风险。通俗地说，就是在正式交货之前，多次给客户交付不完善的中间产品"试用"。这些中间产品会有一些功能还没有添加进去、还不稳定，但是客户提出修改意见以后，开发人员能够更好地理解客户的需求。如此反复，使得产品在质量上能够逐渐逼近客户的要求。这种开发方法周期长、成本高，但是它能够避免整个项目推倒重来的风险，比较适合大项目、高风险项目。

理论上讲，应该有一个总的数据仓库的概念，然后才有数据集市。实际建设数据仓库（集市）的时候，国内很少这么做。国内一般会先从数据集市入手，就某一个特定的主题（比如企业的客户信息）先做数据集市，再建设数据仓库。数据仓库和数据集市建立的先后次序之分，是和设计方法紧密相关的。而数据仓库作为工程学科，并没有对错之分，主要判别方式应该是能否解决目前存在的实际问题，并为今后可能发生的问题保持一定的可伸缩性。

4.2.4　加工体系

数据中心的数据加工体系是在数据采集、汇聚、存储的基础上，根据数据整合或数据应用的需要对数据进行加工，并将加工结果发布到数据服务门户或数据需求方，为数据最终转化为数据应用、发挥数据价值提供基础。

数据加工体系主要包括三部分，第一是数据加工的过程，包括需求管理、分析设计、数据开发、在线测试和上线部署5个环节；第二是针对数据上线部署后各种加工任务的统一执行调度；第三是在数据加工过程中以及上线后的全过程开展相应的开发质量控制和标准化管理。

1. 数据加工流程

基于数据中心开展的数据加工的目的有很多，有的就是进行简单的数据统计计算，得到一个结果；有的是通过数据加工，对数据进行整合、关联，形成新的数据模型；还有的是通过数据加工，直接形成各种数据应用和数据产品。但是不管数据加工的目的如何，实现这些目的的过程，也就是数据加工流程，基本上是一致的，都可以划分为需求管理、分析设计、数据开发、在线测试和上线部署5个环节。

需求管理是数据加工流程的第一步，也是决定数据加工目标和方向的最重要环节，可以大致分为两小部分。首先要做的是需求调研，通过需求调研了解需求方群体提出数据加工需求的背景和原因，发现业务痛点，了解需求方群体看数场景和希望解决的问题，分析共性问题和个性问题。其次要做的就是需求分析，就是在需求调研结果的基础上，对调研内容进行分类归纳，分析用户的原始看数场景，用数据解决问题的通用方法等，需要一定的产品功底和数据分析功底。

分析设计是数据加工流程的第二步，是需要花最多时间来思考和优化的环节。我们以决策支撑类数据产品方案设计为例。对于一款从0到1搭建的业务决策型数据产品，我们需要考虑三方面的事情：指标体系设计、数据可视化设计、产品框架设计。

指标体系设计，是从业务需求到数据产品的转化过程，包含了发现问题、分析问题、解决问题的一套思路，并对各业务指标进行主题归类；数据可视化设计，则是需要思考指标体系如何以图表形式合理地展现给用户；产品框架设计，要根据产品页面的主题拆分和筛选设计，进行层级结构和布局的设计。

完成方案设计后，首先需要找需求方进行业务评审，但常常会进行反复修改。确认满足用户需求后，要撰写产品文档，一般会针对下步流程要对接的实施人员，分为设计需求文档、指标需求文档、前端需求文档、后端需求文档。完成文档后，进行技术评审，包含指标需求数仓评审、设计需求评审、前后端技术评审等。

数据开发是数据加工流程的第三步，也是将设计落实到数据中心的实施过程。在实际工作中，这个阶段主要是做好开发进度管理，确保数据开发结果与方案设计的一致性。当然，如果在实施过程中，原来的需求有了变化，还需要考虑通过正式的需求变更流程进行变更，方案也需要同步进行修改。

在线测试是数据加工流程的第四步。待数据开发完成后，需要对成果进行测试，一般情况下会分成内部测试和外部测试。内部测试是数据开发团队自己组织的测试，应该是一种全面的测试；外部测试一般是由需求方组织的测试，可以采用抽测的方式进行。如果有专业测试工程师，会节省很大精力；如果没有，则需要对所有细节进行核验。最容易出差错的是前端页面，其次是数据指标口径和准确性需要详细比对。

上线部署是数据加工流程的第五步，也是最后一步。数据开发结果在开发团队内部测试和需求方组织的外部测试中都没有检查出问题后，就可以正式部署上线运行了。如果是数据应用或者数据产品，上线之后还需要开展持续运营和使用推广，形式不限，越多越好。然后用户的反馈和吐槽也会扑面而来，也就开始了持续、烦琐地修 BUG，改善体验，核对指标等。

运营工作之外，还需要一个合理的产品评估体系。用来衡量产品做得优劣、是否满足用户需要、下步努力方向如何。

2. 统一执行调度

数据中心的统一调度需要做到全面性，也就是说需要以实现对基于数据中心执行的所有任务进行集中调度和统一管理为最终目标。这就必然对任务的调度能力、资源分配能力提出了很大的挑战。要做到这些，一种可行的方案就是基于元数据的数据关系和资源感知，实现零配置的调度任务生产。

这种方案有一个前提，就是数据中心的统一调度平台跟数据生产平台是统一的，或者说基于同一个元数据库进行管理。在此基础上，根据开发平台配置数据流程形成实时的元数据信息，开发完成后上线无须再进行调度配置，从而充分发挥元数据管理的优势，为数据、程序、模型、系统的优化工作提供真实可靠的信息。

数据中心的统一执行调度一般应当具备以下特点：

一是配置简单化。由于数据中心日常运行的任务很多，如果要进行统一调度，就必须具备高效的配置方式，尽量无须人工配置调度流程，可根据开发阶段定义的数据关系自动进行调度生产。否则大量人工的参与会不可避免地带来任务的冲突和不可预见的各类问题。

二是优先级可设置。不同的数据任务的重要程度不一样，对于与企业核心生产经营相关的或者领导关注的数据，自然要重点保障及时得到最新的结果。所以数据中心的统一调度能够对数据处理任务进行分级管理，并在调度执行过程中优先保证重要的处理任务及时完成。

三是资源分配优化。数据中心的软硬件资源是有限的，一般也不可能过量配置，总是要比峰值需求少。这就要求数据中心的统一调度在任务并发度比较高的情况下，能够统筹考虑系统的资源性能分配和瓶颈，并结合任务优先级进行资源合理分配，尽量避免出现大规模任务堵塞，寻求达到最优效果。

四是元数据驱动的调度管理，依托统一的元数据库管理机制，实时获取元数据信息，生成数据中心内部各库的在线数据流图及数据血统关系，实现对任务触发条件、任务执行时间、任务执行结果等的全过程调度管理，从而充分发挥元数据管理的优势，为数据、程序、模型、系统的优化工作提供真实可靠的信息，如图4-4所示。

五是统一消息服务。在数据中心内部，以消息的形式实现调度任务触发，从而达到灵活配置运行顺序及灵活调配并发度的目的，以提升数据生成和任务执行的及时性。

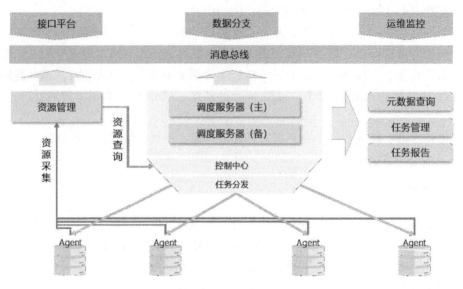

图 4-4　数据任务调度实现逻辑示意图

六是统一接口分发。数据中心统一调度必须要对全局的系统接口、数据分发程序进行标准化统一管理，对于一些特定接口要把控其最优技术选型，从而实现接口的统一分发，提升接口效率，进而提升全局系统效率。

七是可视化运维。数据中心统一调度不能像传统分散调度一样依靠每个人编写的命令语句，而是通过可视化的界面降低操作和阅读难度。这里面包含了两方面内容，一方面是数据任务的配置能够可视化；另一方面是对于任务执行情况的监控，以及对程序、接口、系统资源的监控和维护的可视化操作。

以一个业务量生产过程为例。传统做法是通过接口通信表或时序依赖进行协同生产。数据中心的统一执行调度是以数据流作为驱动，通过控制中心进行作业命令下发，状态收集进行控制，达到各个异构系统，多个子系统的协同调度，如图 4-5 所示。

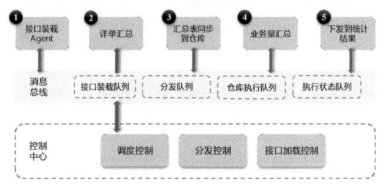

图 4-5　数据任务多系统协同控制示意图

3. 全过程开发质量控制

数据开发的总体流程包括数据接入、数据存储、数据分析与处理、数据测试、数据共享与应用。为了适应数字化转型的敏捷开发要求，数据中心需要采用基于工作流引擎的一站式开发模式。所谓的一站式开发模式指的是将数据开发的各个步骤作为工作流中的一个数据节点，基于 BPMN（Business Process Modeling Notation，是一种流程建模的通用和标准语言，用来绘制业务流程图，以便更好地让各部门之间理解业务流程和相互关系，旨在促进业务流程的沟通和理解）绘制数据开发流程图，将各数据节点串联起来形成一个完整的数据服务或应用，类似于一个数据工厂通过预先定义好的流水线作业将数据加工成数据产品的过程。

基于工作流实现数据开发的优点是可以灵活定制数据开发流程。比如在数据接入方面，可以引入多数据源进行汇聚，共同作为数据开发的素材；在数据分析处理方面，可以将数据分析处理过程分解为多步运行的子任务；在数据共享方面，可以既提供数据服务，也提供可视化包装后的数据应用。

在进行数据开发流程管理时，需要提供基于 BPMN 的图形化流程设计器。这将使数据开发脱离单纯的代码编写，具有更好的封装性。比如在进行离线计算任务节点开发时，可以将 SQL 查询作为其中的一个节点，并在编辑 SQL 语句时提供 SQL 格式化、智能补齐、关键字高亮、错误提示、SQL 内部结构等人性化功能，带来更顺畅的 SQL 开发体验。

为了保证数据开发的正确性，还需要在数据服务、数据应用上线前对数据开发流程进行测试，根据测试报告结果可实行上线或整改等措施。数据测试需要确保测试环境与实际生产环境之间相互隔离，可将数据测试作为其中一个分支节点进行管理，并在测试时单独运行该测试分支。数据测试内容包括数据开发过程的正确性、数据开发结果的正确性、数据安全性等。

此外在进行数据开发过程中，需要提供流程审批功能，为确保数据安全，在关键步骤上应当采取人工审批或自动鉴权的方式对数据开发流程进行管理，如数据源定义时需要进行人工确认保证接入平台的数据源合法，如对数据进行提取分析时，需要进行权限控制，保证数据分级制度得到实施。

在数据开发管控的具体实现方面，还有一种方式是采用元模型驱动（MDA）的概念，通过填单模式，支持对数据开发进行事前、事中、事后质量检测模型配置，实现全过程的质量管理。

所谓的 MDA 即通过对对象的建模，建立相应的模型执行引擎，实现具体的数据处理功能。这样做带来的好处是可以利用元数据实现对开发的事前管理，消除需求、设计、开发、维护、使用之间的不一致。每一环节都为下一环节服务，在不同环节紧密围绕着模型逐渐完善丰富，直至可被系统认识执行，再通过过程的可视化，对系统不同层次的抽象，更加清晰地了解系统的整体架构，确保各环节没有歧义的理解，避免出现偏差。

所谓事前管理，就是在开发阶段定义好各元数据对象的质量规则，在上线之前，调用检查规则对上线的数据进行检查是否满足质量的规则，在一开始规避一些常见的错误。

所谓事中管理，就是有些质量的问题必须在数据开发执行的过程中进行检查，如分隔符的检查，格式的检查等，这就需要通过元数据将这种实时检测能力嵌入到整个处理过程中，实现实时的检查和结果反馈。

所谓事后管理，就是指在数据处理之后进行质量的检测。有些时候，如主外键检查，检查时特别消耗系统的资源，为保证系统运行的及时性，可以将这些检查点移到数据处理后，系统空闲时再进行检查。

4.2.5　服务体系

数据中心的服务体系是在数据加工和生产成果的基础上，一方面以各种数据服务形式为数据需求方提供方便快捷的数据服务，具体的形式包括但不限于数据集、API 接口、统计报表、数据报告、数据标签、专题分析等；另一方面提供各种技术组件，如自助分析、可视化、人工智能等，并可以基于一些通用的业务逻辑进行预置，供数据分析人员可以直接调用服务，快速构建上层应用能力。不管是数据服务还是组件服务，最终都会发布到数据中心的数据服务门户上，供用户查找和使用。

1. 数据服务

数据服务本质上是一种软件服务，它封装了企业相关的关键数据实体的操作。数据服务让消费者无须去访问或者更新多个数据源，更重要的是，当消费者需要操作多个数据源时，数据服务有助于维持数据的完整性。此外，它们还能够帮助构建可被多个项目和创新利用的可重用数据。

数据服务带来的额外好处还有数据源抽象、聚合数据提供者、重用（以通用的、可互操作的、灵活的消费模式）、与逻辑数据模型保持一致、支持服务的多版本、提供增值特性，以及单点交互等。因此，数据服务为企业改进业务需求提供了一个可持续的基础。

数据中心的数据服务提供了多种形式的服务内容和渠道，一般包括但不限于以下 6 个种类：

第一种是数据集。数据集是数据的集合，通常以表格形式出现。数据集的服务方式就是通过数据库批量导出部分数据明细，并提供给数据需求方的基本方式。

第二种是 API 接口。API 接口是预先定义的函数，提供基于软件或硬件得以访问一组例程的能力。API 接口具备体量轻、使用方式灵活、可管控等优点，目前众多企业均选择 API 接口为最主要的数据服务方式。

第三种是统计报表。统计报表是根据规定的业务逻辑，通过简单的统计处理，以数据集合或图形将结果展现出来的方式。

第四种是数据报告。数据报告是对数据进行深度加工，并基于数据分析，加上文字或图表解释，将数据反映出的规律和问题展示出来的方式。数据报告提供的是一种知识。

第五种是数据标签。数据标签是对一组数据基本特性或共同特定的提炼，在数据挖掘或数据分析过程中，可以通过数据标签直接获取符合相应特征的数据集。

第六种是专题分析。专题分析是数据服务的高级形式，将数据通过功能、程序进行处理后，以自身界面展示出来，可以实现复杂的数据处理和多样化的界面呈现。

当然，每一种数据服务内部还可以进行进一步细分。以 API 接口为例，至少包括指标类API、标签类 API、模型类 API 等。

PI 服务示例

- 指标类 API

使用同步 HTTP 协议来查询单个指标数据，该类接口要求系统提供高稳定性及低延迟的性能保证。实体数据由云平台完成运算后分发到关系数据库中。查询返回的数据为对象数据结构，示例如下：

服务请求：

请求地址：http：//server：port/open/kpi/K10001

获取信息：指标值、同比、环比、进度、时间维度、地域维度，返回格式：xml或 json

服务返回：

```
{
    "id"："K10001",
    "date"："20121226",
    "name"："日累计收入",
    "define"：{
        "instruction"："指每月一日累积到统计日的实时出账收入",
        "unit"："万元",
        "types"：["收入类"],
        "category"："ChannelD",
        "weight"：0.0,
        "relation"：{...}
        },
    "regionId"："HB",
    "regionName"："全省",
    "current"："167,000.05",
    "yesterday"："141,245.32",
```

```
        "lastMonth" : "164,558.73",
        "lastYear" : "158,352.22",
        "todayOnYesterday" : "4.07%",
        "monthOnMonth" : "1.69%",
        "yearOnYear" : "6.25%",
        "children" : [...]
    }
```

- 模型类 API

对于数据模型表如渠道模型，政企模型使用多维 API 的方式来查询。如渠道分析表里面有渠道类型、品牌维度，放号量、业务办理量等指标。数据存在关系型数据库或 Spark RDD 中，通过 API 接收参数生成过滤 SQL 返回二维表格数据。

服务请求：

以上请求地址：http://server:port/open/channel/brand=1, 2/channel_id, fh, biz

服务会把请求参数转换成类似的 SQL 为：select channel_id, fh, biz from channel where brand in (1, 2)

服务返回：

CH100, 1212, 34545

CH101, 2331, 334344

······

- 标签类 API

用户标签类 API 数据存储在 Hbase 中。后台存储形式为 Key-Value 的对象化数据，返回的数据为对象数据结构。

服务请求：

请求地址：http://server:port/open/cust/{custId}

获取信息：电话号码、姓名、年龄、终端品牌、营销建议，返回格式：xml 或 json

服务返回：

```
    {
        "custView" : [
            {
                "name" : "Harry",
                "age" : 24,
                "phoneNumber" : "1354067XXXX"
                "termBrand" : "IPhone5S"
```

```
    "营销内容":[
        "推荐1":"建议办理4G流量套餐",
        "推荐2":"喜好音乐,可推荐无线音乐下载",
    ]
  }
  ]
}
```

2. 组件服务

数据中心的组件服务就是将用户围绕数据中心数据经常开展的一系列数据生产和管理活动会用到的技术能力封装成标准化组件的形式,供数据中心用户直接使用,这样就可以减少生产时间,提升数据中心的生产效率。

数据中心的组件服务可以有很多的类型,一般情况下包括但不限于数据开发组件、自助分析组件、数据建模组件、数据挖掘组件、可视化展现组件、数据沙箱等。

数据开发组件。数据开发组件是数据中心开展数据处理的工具集合,基于标准规范的开发过程管控,集成了数据采集、数据加工、数据分发、数据上线、数据测试等多种工具。这些多样化的数据开发组件工具使用户基于数据中心进行数据处理更加简化,处理效率更高的自助分析组件。自助分析组件是在常规数据接口服务不能满足需求的情况下,提供平台级的自助分析能力,一般都会提供可视化的操作界面以及拖拽式的操作方式,以多种分析维度,将数据源数据快速分析得到分析结果。

数据建模组件。数据建模组件其实就是由数据中心集成的一套数据建模工具,它将数据建模的标准化过程以工作流程的方式封装起来,使用者只需要根据基础数据设置相应的参数,就可以实现各类数据模型的快速构建。一般目前主流的范式建模、维度建模、实体建模等都有相应的建模组件支持。

数据挖掘组件。数据挖掘组件是数据中心根据数据挖掘的需要,将一些主要的数据挖掘算法和处理过程封装成组件的形式,当用户提供数据输入时,就可以根据算法得到数据挖掘结果。数据中心的数据挖掘组件一般又可以分成通用性组件、综合数据挖掘组件和面向特定应用的数据挖掘组件三类。

可视化展现组件。将数据或者分析、挖掘的结果通过形式多样的直观图形的方式展示出来,初级一些的包括矩阵表、频数图形、直方图、散点图、象限图、评估图等,高级一些的包括雷达图、热力图、流动图等。

数据沙箱。数据沙箱又称为安全沙箱,它可以为数据中心的用户提供一个完全独立的安全环境,包含计算资源与测试数据。用户在沙箱环境中部署应用,沙箱可以监听所有的数据操作，并完成程序上线前的安全检查。安全沙箱的数据是完全加密的，一般由安全沙箱管理程序加密后导入沙箱。此外，用户也可以提交自己的测试数据、部署应用程序。

需要说明的是，数据中心的这些组件并不总是单独被使用的，在实际的数据生产活动中，这些不同类型的组件往往是要组合起来一起使用，才能最终完成一项具体工作。

3. 数据服务门户

数据服务门户是数据中心将数据服务展现给所有用户的窗口。不管是数据服务还是组件服务，在完成标准化、服务化封装后，都会以一个服务的形式发布到数据服务门户上。所有数据中心的用户通过数据服务门户浏览和查找自己需要的服务，并通过在线申请的方式获得服务的使用权。

4.3 管控框架

数据管控是对数据中心数字化运营高质量顺畅开展的重要措施和手段。如图 4-6 所示，数据管控框架以标准体系为核心，它定义了数据管控的标准化要求。标准体系会对应生成质量规则和安全分级策略，并以此为基础对数据中心数字化运营过程中的数据质量和安全进行标准化管控。审计体系则是根据标准化要求对数据中心的各项运营活动进行事后合规性检查，及时发现质量和安全管控存在的缺失和风险。

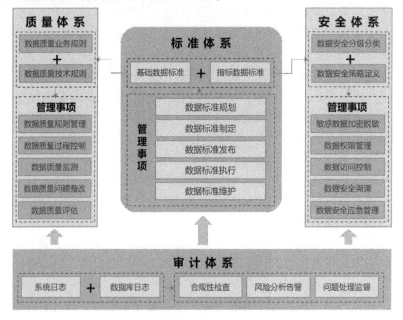

图 4-6　数据中心数字化运营管控框架

4.3.1 标准体系

标准体系的核心是数据标准。数据标准是指保障数据中心的数据符合使用需求和理解一致性的规范性约束，通常可分为基础数据标准和指标数据标准两大类。所谓的标准体系就是围绕数据标准开展的一系列工作，其目标是确保数据标准的"鲜活性"，为数据中心数字化运营各项工作明确标准化要求基线。

1. 数据标准内容

基础数据标准指针对业务流程中直接产生的、未经过加工和处理的基础业务信息制定的包含业务定义、技术要求等内容的规范性约束。基础数据标准的类别划分目前主要有两种不同的方式。

一种是按照不同的数据主题来划分。如图4-7所示，以某电网公司为例，按照电网业务的内容，将基础数据标准划分为客户数据标准、项目数据标准、资产数据标准、协议数据标准、电网拓扑数据标准、服务产品数据标准、财务数据标准等多个类别。这种基础数据标准的划分方式与业务结合紧密，可以根据业务变化调整优化，有利于业务人员的参与。但是这种划分方式的维度会根据行业、企业的不同呈现出截然不同的分类结果。

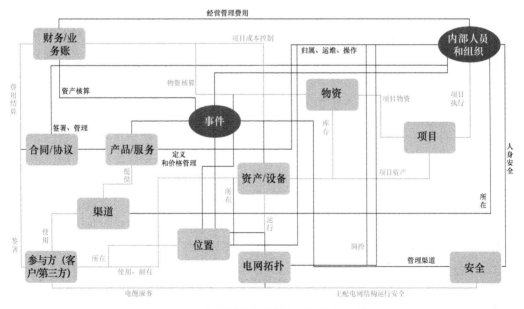

图4-7 某电网公司数据主题划分示意图

另一种是按照数据管理的职能域来划分，一般包括元数据标准、参考数据和主数据标准、数据模型标准、公共代码和编码标准、数据安全标准等。这种基础数据标准的划分方式相对更加技术化，一般业务人员难以理解，但对于专业数据人员有较好的执行效果。

指标类数据标准是指针对具备统计意义的数据制定的规范性约束，一般分为基础指标标准和派生指标标准。基础指标标准一般不含维度信息，直接通过对基础数据的统计计算得到，且具有特定业务和经济含义。派生指标标准通常由两个以上基础指标计算得出。

但不管是基础指标还是派生指标，其数据标准的内容基本相似，主要包括命名规则、计算逻辑、数据类型、值域范围等属性。

2. 数据标准规划

数据标准规划主要指企业构建数据标准分类框架，并制定开展数据标准管理的实施路线。数据标准规划的过程主要包括以下 6 个阶段：

第一是数据标准调研，主要从企业业务运行和管理层面、国家和行业相关数据标准规定层面、信息和业务系统数据现状三个方面开展，调研内容包括现有的数据业务含义、数据标准分类、数据元定义、数据项属性规则以及相关国际标准、国家标准、地方标准和行业数据标准等。

第二是业务和数据分析，主要根据数据标准调研结果，初步研究数据标准整体的分类框架和定义，以及对业务的支撑状况。

第三是研究和参照行业最佳实践，收集和学习数据标准体系建设案例，并研究和借鉴同行业企业单位在本行业数据标准体系规划上的实践经验。

第四是定义数据标准体系框架和分类，根据数据标准调研结果以及行业的最佳实践，在对企业现有业务和数据现状进行分析的基础上，定义企业自身的数据标准体系框架和分类。

第五是制定数据标准实施路线图，根据已定义的数据标准体系框架和分类，结合企业自身在业务系统、信息系统建设上的优先级，制定数据标准分阶段、分步骤的实施路线图。

第六是发布数据标准框架和规划，由数据标准管理的决策层审核数据标准体系框架和规划实施路线图，并批准和发布。

3. 数据标准制定

标准制定是指在完成标准分类规划的基础上，定义数据标准及相关规则。数据标准的定义主要指数据元及其属性的确定。随着企业业务和标准需求的不断发展延伸，需要科学合理地开展数据标准定义工作，确保数据标准的可持续性发展。

企业应依据业务调研和信息系统调研结果，分析、诊断、归纳数据标准现状和问题。其中，业务调研主要采用对业务管理办法、业务流程、业务规划的研究和梳理，以了解数据标准在业务方面的作用和存在的问题。系统调研主要采用对各系统数据库字典、数据规范的现状调查，厘清实际生产中数据的定义方式和对业务流程、业务协同的作用和影响。

在充分了解业务问题和已有标准情况的基础上，企业应依据行业相关规定或借鉴同行业实践经验，结合企业自身在数据资产管理方面的规定，在各个数据标准类别下，明确相应的数据元及其属性。

4. 数据标准发布

数据标准的评审发布工作是保证数据标准可用性、易用性的关键环节。在数据标准定义工作初步完成后，数据标准定义需要征询数据管理部门、数据标准部门以及相关业务部门的意见，在完成意见分析和标准修订后，进行标准发布。

标准评审发布主要流程包括意见征询、数据标准审议、数据标准发布三个过程：

意见征询工作是指对拟定的数据标准初稿进行宣介和培训，同时广泛收集相关数据管理部门、业务部门、开发部门的意见，减小数据标准不可用、难落地的风险。

数据标准审议工作是指在数据标准意见征询的基础上，对数据标准进行修订和完善，同时提交数据标准管理部门审议的过程，以提升数据标准的专业性和可管理执行性。

数据标准发布工作是指数据标准管理部门，组织各相关业务单位对数据标准进行会签，并报送数据标准决策组织，实现对数据标准进行全企业审批发布的过程。

5. 数据标准执行

数据标准执行通常是指把企业已经发布的数据标准应用于信息建设，消除数据不一致的过程。数据标准落地执行过程中应加强对业务人员的数据标准培训、宣贯工作，帮助业务人员更好地理解系统中数据的业务含义，同时也涉及信息系统的建设和改造。

数据标准落地执行一般包括四个阶段：评估确定落地范围、制定落地方案、推动方案执行、跟踪评估成效。

评估确定落地范围，就是选择某一要点作为数据标准落地的目标，如业务的维护流程、客户信息采集规范、某个系统的建设等。

制定落地方案，就是深入分析数据标准要求与现状的实际差异，以及落标的潜在影响和收益，并确定执行方案和计划。

推动方案执行，就是推动数据标准执行方案的实施和标准管控流程的执行。

跟踪评估成效，就是综合评价数据标准落地的实施成效，跟踪监督标准落地流程执行情况，收集标准修订需求。

6. 数据标准维护

数据标准并非一成不变，而是会随着业务的发展变化以及数据标准执行效果而不断更新和完善。

在数据标准维护的初期，首先需要完成需求收集、需求评审、变更评审、发布等多项工作，并对所有的修订进行版本管理，以使数据标准"有迹可循"，便于数据标准体系和框架维护的一致性。其次，应制定数据标准运营维护路线图，遵循数据标准管理工作的组织结构与策略流程，各部门共同配合实现数据标准的运营维护。

在数据标准维护的中期，主要完成数据标准日常维护工作与数据标准定期维护工作。日常维护是指根据业务的变化，常态化开展数据标准维护工作，比如当企业拓展新业务时，应及时增加相应的数据标准；当企业业务范围或规则发生变化时，应及时变更相应的数据标准；当数据标准无应用对象时，应废止相应的数据标准。定期维护是指对已定义发布的数据标准定期进行标准审查，以确保数据标准的持续实用性。通常来说，定期维护的周期一般为一年或两年。

在数据标准维护的后期，应重新制定数据标准在各业务部门、各系统的落地方案，并制定相应的落地计划。在数据标准体系下，由于增加或更改数据标准分类而使数据标准体系发生变化的，或在同一数据标准分类下，因业务拓展而新增加的数据标准，应遵循数据标准编制、审核、发布的相关规定。

4.3.2　质量体系

数据质量是保证数据应用效果的基础。衡量数据质量的指标体系有很多，几个典型的指标有：完整性（数据是否缺失）、规范性（数据是否按照要求的规则存储）、一致性（数据的值是否存在信息含义上的冲突）、准确性（数据是否错误）、唯一性（数据是否是重复的）、时效性（数据是否按照时间的要求进行上传）。数据质量是体现数据价值含量的重要指标之一，就像铁矿石的质量，铁的含量高，则提炼出来的铁就会多；反之，铁的含量低，提炼出来的铁少了，同时也增加了提炼的成本。

通过开展数据质量管理工作，企业可以获得干净、结构清晰的数据，是企业开发大数据产品、提供对外数据服务、发挥大数据价值的必要前提，也是企业开展数据资产管理的重要目标。

1. 数据质量规则

数据质量规则是数据标准在具体的数据对象上的适配应用。数据质量规则可以分成数据质量业务规则和数据质量技术规则两大类，两者之间存在一对多的关系。

数据质量业务规则通常是针对某类具有相同属性的信息项来定义的。例如银行存款余额一般应当为正数，因此对于银行存款类的字段有一个通用的业务规则，可以表述为银行存款余额取值范围应大于等于 0。

数据质量技术规则是业务规则在实际数据库环境中的落地。因此，当一条数据质量业务规则要在不同的数据库中执行时，就会转化成不同的技术规则。数据质量技术规则一般可以理解为是业务规则在实际数据库环境中执行命令语句的文字化表述。例如上一段所说的"银行存款余额取值范围应大于等于 0"这个业务规则，在某系统中可以转化为这样的技术规则"根据数据质量业务规则，对于某系统，表'ACSTACP'中的字段'TACAMT'，取值范围应大于等于 0"。技术人员看到这条技术规则就可以方便地写出数据库执行的命令语句或脚本，直接在数据库中执行。

总体来说，业务侧明确各项业务数据对象的质量要求，形成数据质量业务规则，信息侧制定对应的数据质量技术规则，形成自动化的问题数据筛选条件，可以日常校验发现数据质量问题。

2. 数据质量规则管理

数据质量规则从制定到使用固化的过程中，其本身的内容并不是一成不变的，而是会在常态化的管理过程中，持续优化，不断更新。

数据质量规则管理包括规则的制定、落地、维护、更新等内容。

数据质量规则制定。数据质量规则制定的过程包括数据质量业务规则的制定与数据质量技术规则的制定。数据质量业务规则由业务部门根据自身的数据使用需求制定。数据中心团队根据业务部门制定的数据业务规则，将其转化为数据质量技术规则。

数据质量规则落地。数据质量规则的落地包括两个方面，一个是数据质量校验规则的固化，一个是规则固化后的常态化运行校验。在这个过程中，数据质量校验规则会将数据库中不满足业务数据质量要求的问题数据定位出来。

数据质量规则维护。在数据质量规则落地后，数据质量的问题数据被定位了出来，但是并不是根据数据质量规则定位出来的数据一定就是问题数据，录入了该数据的业务人员可以出来现身说法，说明数据质量规则的不合理性。

一种情况是，业务人员制定的数据质量业务规则或许不符合实际的业务工作现状；另一种情况是，技术人员在将数据质量业务规则转化成数据质量技术规则的过程中，出现了差错。所以在数据质量规则落地后，还需要进行不断维护，不断发现数据质量规则的问题和可以优化的空间。

数据质量规则更新。在数据质量规则维护的过程中，发现了数据质量规则的问题和可优化的空间后，就需要及时纠正问题，积极优化数据质量规则，使所有正在被执行的数据质量规则，可以真正发挥效用，校验出真正存在问题，不符合数据使用需求的数据。

3. 数据质量过程控制

在传统的数据质量管理模式中，数据质量规则主要用来对数据库中已经存在的数据进行质量检查，发现数据问题。但这样做是远远不够的，数据质量管理的重点应该前提，在数据全生命周期的各个环节进行质量的实时校核和管控，这样才能有效地管控住数据质量。

数据质量过程控制，一般都要基于数据质量规则对各个环节中数据的具体活动设置具体质量上的控制手段，至少包括数据生成、数据存储、数据传输、数据计算等环节。这时候控制的主要是在业务系统的数据，其实也是数据中心的源端数据。

从总体上来说，针对数据全生命周期各个阶段的数据质量控制的手段主要有以下内容：

数据生成环节。数据生成环节发生的数据活动，是一个数据"从无到有"的过程活动，一般包括传感器采集和人工录入两种形式。通过数据质量规则的质量校验，对传感器采集和人工录入的数据进行是否符合质量要求的判断，当传感器采集数据存在质量问题时，及时预警，通知传感器设备管理人员及时处理，当人工录入数据存在质量问题时，拦截人工录入数据读写进系统数据库的操作，控制和避免脏数据录入系统。

数据存储环节。数据存储环节发生的数据活动，是一个"静态"的数据，发生"动态"变化的过程活动，一般包括系统界面修改数据与数据库后台修改数据两种形式。在这个环节中的数据质量管理要求，一般是说，不能擅自通过数据库后台批量改数。

系统用户通过系统界面修改自己所录入的数据的操作，在管理上一般是允许发生的，只要在业务上确实存在合理的数据修改需要。但数据库后台的改数行为是不被允许的，需要通过对数据存储环节的异常数据变更操作进行检查控制，控制手段包括表结构变更控制及字段维值变更控制。

数据传输环节。数据传输环节发生的数据活动，是一个数据从"源端"传送至"需求端"的过程活动，一般要求两端的数据要保持一致。在这个环节中，通常根据传输手段的不同，采取对应的数据质量控制手段：对于线下批量导入的数据，先在测试环境下完成导入，完全通过数据质量检查后，再导入生产环节，导入后对两端系统的数据一致性进行检查；对于通过接口进行的数据传输，在接口应用过程中调用数据质量检查能力，检查接口异常，控制不一致的数据问题。

数据计算环节。数据计算环节发生的数据活动，是一个对数据进行统计、加工、处理的过程活动，一般要求数据按照设计的计算逻辑、统计步骤一步步形成目标加工数据。在这个环节中，通常对数据处理过程进行控制检查，控制手段一般包括对数据处理任务调度正确率、数据处理任务调度及时率、数据处理一致率的检查等。

4. 数据质量监测

数据质量监测是指在数据质量规则的基础上，统计数据质量的水平得分，通常为总体数据基数内，满足数据质量规则要求的数据具体占比量。理论上，数据质量的水平为100%时，所有的数据都满足数据质量要求。

但实际统计过程中，很多数据的质量水平都不一定能达到100%。此时这种统计数据质量评价指标的方式，就可以找出现实与目标的差距，并对差距的成因进行分析，找到不足之处。

数据质量监测一般是在数据中心，或者业务系统正式输出数据服务或数据应用的环节进行。监测数据中心中的数据是否符合建设数据应用的备用需求，监测业务系统的数据是否符合服务、应用需要。同样，很多时候数据中心不符合备用需求的质量问题数据与业务系统提供的源端数据是息息相关的，所以也会推着源端进行数据质量监测。

数据质量监测实现的方式一般是基于数据质量规则和数据质量指标统计程序，常态化校验数据的质量水平得分，并将数据质量的得分以可视化看板的形式展示出来，为质量提升相关的责任人提供数据质量得分情况信息展示。

5. 数据质量问题整改

数据质量问题整改是指，通过不断纠正不符合数据质量要求的错误数据，使数据质量水平达到企业设定的数据质量目标。

数据质量问题整改一般包括问题现象分析、问题原因总结、数据问题影响分析、问题解决措施制定、问题解决方案实施等步骤。

第一步是问题现象分析，就是对数据质量问题进行收集和初步分析，明确问题表象成因，得出大致的分析结果。

第二步是问题原因总结，基于初步分析结果，探询问题产生的根本原因，总结数据质量问题的具体原因。通常问题原因包括治理组织、管理制度、业务规范、数据标准、技术能力、系统功能等。

第三步是数据问题影响分析，对数据与业务、与其他数据的关联关系进行分析探索，明确对具体问题数据的整改完善措施是否会影响到正常业务开展，是否存在数据安全隐患。在全面分析得出结论，且该数据的纠正整改不会影响各部门正常业务开展的前提下，才可以制定和执行后续数据问题解决措施。

第四步是问题解决措施制定，主要是基于问题原因总结结果，在不影响正常业务开展的前提下，制定针对具体问题原因的具体质量提升方案，从问题表象成因和根本成因两个层面，明确对数据的具体纠正整改措施和对未来数据问题的预防管控措施。

第五步是问题解决方案实施，就是基于数据质量提升方案，执行具体的纠正整改措施和对未来数据问题的预防管控措施。确保数据质量问题得到解决和预防管控。

6. 数据质量评估

数据质量评估包括三个层面的评估，第一个层面是评估数据质量水平的提升情况是否达到最初制定的提升目标，第二个层面是评估数据质量问题是否已被整改完成，第三个层面评估同类的数据质量问题是否不再产生。

对于第一个层面的评估，一般通过定期输出数据质量水平评估报告的方式进行，按周或者按月校验统计对应的数据质量指标，评估提升成效，输出数据质量提升报告。将过程评估结果与年度最终评估结果和业务绩效挂钩，以评价考核的方式激励相关责任人参与数据质量水平提升。

对于第二个层面的评估，一般通过基于过往导出的数据问题清单，查询问题清单中的问题数据是否已在数据库中被纠正为符合数据质量要求的数据，从而验证质量问题是否已被处理。若目标质量问题尚未完全解决，应继续进行数据质量问题整改分析，进一步分析问题未被解决的深层原因，制定更加有效的质量提升方案，循环解决质量问题。

对于第三个层面的评估，一般在数据问题的预防管控措施实施过后，跟踪发现是否还有措施所针对问题类型的同类问题产生，如果还有同类问题产生，说明数据预防成效还有待提升，需要进一步进行原因分析和管控措施制定。

4.3.3 安全体系

安全体系是建立在数据安全分级分类和数据安全策略定义的基础上的，通过对数据设定安全等级，定义完善的体系化的安全策略，支持数据安全体系的具体管理事项，包括敏感数据加密脱敏、数据权限管理、数据访问控制、数据安全溯源，从而确保数据资产在"存、管、用"等各个环节中的安全，做到"事前可管、事中可控、事后可查"。

1. 数据安全分级分类

数据安全分级分类包括数据分类和数据分级两个层面。

数据分类是指根据数据的属性或特征，将其按照一定的原则和方法进行区分和归类，并建立起一定的分类体系和排列顺序，以便更好地管理和使用数据的过程。数据分级是指按照一定的分级原则对分类后的数据进行定级，从而为数据的开放和共享安全策略制定提供支撑的过程。

（1）数据安全分类。

数据安全分类要遵循**科学性、稳定性、实用性、扩展性**几点原则。所谓科学性就是数据分类应按照数据的多维特征及其相互间客观存在的逻辑关联进行科学和系统化的分类；所谓稳定性，就是数据的分类应以数据目录中的各种数据分类方法为基础，并以数据最稳定的特征和属性为依据制定分类方案；所谓实用性，就是数据分类要确保每个类目下要有数据，不设没有意义的类目，数据类目划分要符合用户对数据分类的普遍认识；所谓扩展性，就是数据分类方案在总体上应具有概括性和包容性，能够实现各种类型数据的分类，并满足将来可能出现的数据类型。

数据分类的方法和维度有很多，可以视具体的管理需要选择合适的方法，最常用的一种维度是根据主题划分类别。主题是将企业数据中心的数据进行综合、归类和分析、利用的一个抽象概念，每一个主题基本对应一个宏观的分析领域。以数据主题划分的方法，与业务对数据的关注点密切相关。在每个主题的大类下面，数据中心可以根据业务需要再细分中类和小类。对小类的细分，各部门可以根据业务数据的性质、功能、技术手段等一系列问题进行扩展细分。

另外一个常用的划分方法为根据公司内部管理和对外开放场景的特点进行划分，以便于对数据进行统一管理及推广应用。例如，将数据划分为客户身份数据、客户服务数据、企业经营数据等。

（2）数据安全分级。

数据安全分级一般可以建立在数据分类的结果基础上，针对数据类别来分级。对于数据量较少或有必要进一步细化的企业，数据安全分级也可以做到表级或字段级。

数据安全分级要遵循自主定级、需求明确两点原则。自主定级是指在开放和共享数据之前，不同企业要根据自身实际情况进行分级，可以有参考，但一般不能直接照搬；需求明确是指各部门在为各种类型数据确定了级别后，应该明确该级别的数据开放和共享需求，比如数据分发范围、是否需要脱密、是否需要脱敏处理等。

数据分级应充分考虑数据对国家安全、社会稳定和公民安全的重要程度，以及数据是否涉及国家秘密、用户隐私等敏感信息。不同敏感级别的数据在遭到破坏后对国家安全、社会秩序、公共利益以及公民、法人和其他组织的合法权益（受侵害客体）的危害程度不一样，这也是后续制定差异化数据安全策略的依据和基础。

数据安全分级分类实施的过程，需要制定相关的规范指南，明确企业具体数据类别和级别的划分原则与方法。企业再根据数据安全分级分类的规范指南，将数据进行整体分类分级，最好可以依据数据目录开展具体实施，最终形成数据安全分级分类详细清单。

2. 数据安全策略定义

对于完成分级分类以后的数据，应采用数据资产分级分类清单、数据标识标签等方式，对分级分类结果加以记录及固化，并应对数据采取符合其类别及级别保护要求的措施加以保护，这里说的保护措施就是我们经常说的数据安全策略。

企业的数据安全策略是根据企业的数据使用情况和业务构成的，是符合企业当前和未来一段时间其发展所需的数据安全管控体系和标准规范。例如分析企业数据使用场景、开放程度、数据资产安全级别、个性化安全组件等。具体包括数据保护策略、规则库、流程控制、管理制度、账号体系、安全元数据等。

需要注意的是，在绝大部分企业中，数据安全策略的定义往往是以技术人员为主导，针对不同的数据类别和级别进行制定。但是数据安全的防护要求实际上是随着业务场景的变化而变化的。因此，数据安全的策略制定不能仅仅依赖数据分级分类，更重要的是要针对数据业务场景来进行差异化定制。

如图4-8所示，基于数据业务场景的数据安全策略制定方法主要包含以下步骤：

第一步，业务场景梳理，以数据从生成到数据销毁全过程为基本对象，梳理数据流通和应用的基本业务场景。

第二步，场景安全需求分析，基于业务场景对各个场景的逐个业务环节进行详细剖析，找出每个环节可能存在的安全风险点，明确安全需求。

第三步，制定需求单点策略，根据不同场景的安全保障需求，制定相应的单点数据安全策略，保证数据安全策略在实际工作中的落地性和可行性。

第四步，构建策略体系，对各单点策略进行归集和提炼，与企业现有安全管理体系相结合，构建全面的数据安全策略体系。

第五步，通过技术支撑固化，以数据安全策略体系为指导，构建企业级数据安全技术支撑平台或应用，为各业务环节提供一致、可靠的数据安全服务，打造数据的"安全堡垒"。

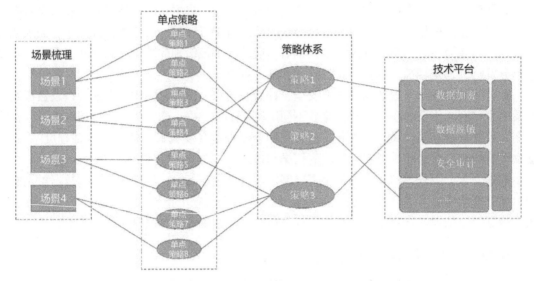

图 4-8　数据安全策略场景化实现示意图

只有从数据业务场景出发，面向实际的业务需求，明确数据安全管理要求和防护措施，才能切实将数据安全能力落实到具体工作中，并依托各类数据安全防护技术实现自动化数据安全保护，将数据安全能力与实际应用过程紧密结合，充分、有效发挥安全技术工具的效果，提高用户满意度。

3. 敏感数据加密脱敏

敏感数据是指泄露后可能会给社会、企业、社会机构或个人带来严重危害的数据，包括个人隐私数据，如姓名、身份证号码、住址、电话、银行账号、邮箱、密码、医疗信息、教育背景、企业的经营情况、企业的组织结构等。企业的敏感数据是企业需要重点保护的数据，需要在其存储和传输的过程中设计不同的安全加密脱敏措施。

（1）敏感数据加密。

数据加密是对数据进行安全保护的一种最可靠的办法，利用密码技术对数据进行加密，通过加密算法和加密密钥将明文转变为密文，实现信息隐蔽，从而起到保护信息的安全的作用。

以数据传输安全为例，要保证数据传输的安全，保证敏感数据传输的时候不会被截取，采取数据传输加密手段后，即使黑客截获了数据包，也无法解析其中的内容。

数据加密的核心是密钥。数据加密要求只有在指定的用户或网络下，才能解除密码而获得原来的数据，这就需要给数据发送方和接收方以一些特殊的信息用于加解密，这就是所谓的密钥，又可以分为专用密钥和公开密钥两种。

专用密钥，又称为对称密钥或单密钥，加密和解密时使用同一个密钥，即同一个算法，比如 DES 和 MIT 的 Kerberos 算法。单密钥是最简单的方式，通信双方必须交换彼此的密钥，当需给对方发信息时，用自己的加密密钥进行加密，而在接收方收到数据后，用对方所给的密钥进行解密。当一个文本要加密传送时，该文本用密钥加密构成密文，密文在信道上传送，收到密文后用同一个密钥将密文解出来，形成普通文体供阅读。在对称密钥中，密钥的管理极为重要，一旦密钥丢失，密文将无密可保。这种方式在与多方通信时，因为需要保存很多密钥而变得很复杂，而且密钥本身的安全就是一个问题。

公开密钥，又称非对称密钥，加密和解密时使用不同的密钥，即不同的算法，虽然两者之间存在一定的关系，但不可能轻易地从一个推导出另一个。有一把公用的加密密钥，有多把解密密钥，如 RSA 算法。非对称密钥由于两个密钥（加密密钥和解密密钥）各不相同，因而可以将一个密钥公开，而将另一个密钥保密，同样可以起到加密的作用。

在这种编码过程中，一个密码用来加密消息，而另一个密码用来解密消息。在两个密钥中有一种关系，通常是数学关系。公钥和私钥都是一组十分长的、数字上相关的素数（是另一个大数字的因数）。有一个密钥不足以翻译出消息，因为用一个密钥加密的消息只能用另一个密钥才能解密。每个用户可以得到唯一的一对密钥，一个是公开的，另一个是保密的。公共密钥保存在公共区域，可在用户中传递，甚至可印在报纸上面。而私钥必须存放在安全保密的地方。任何人都可以有你的公钥，但是只有你一个人能有私钥。它的工作过程是："你要我听你的吗？除非你用我的公钥加密该消息，我就可以听你的，因为我知道没有别人在偷听。只有我的私钥（其他人没有）才能解密该消息，所以我知道没有人能读到这个消息。我不必担心大家都有我的公钥，因为它不能用来解密该消息。"

公开密钥的加密机制虽提供了良好的保密性，但难以鉴别发送者，即任何得到公开密钥的人都可以生成和发送报文。数字签名机制提供了一种鉴别方法，以解决伪造、抵赖、冒充和篡改等问题。

（2）敏感数据脱敏。

数据脱敏是指对某些敏感信息通过脱敏规则进行数据的变形，实现敏感隐私数据的可靠保护。在涉及客户安全数据或者一些商业性敏感数据的情况下，在不违反系统规则条件下，对真实数据进行改造并提供测试使用，如身份证号、手机号、卡号、客户号等个人信息都需要进行数据脱敏。

数据脱敏从技术上可以分为静态数据脱敏和动态数据脱敏两种。静态数据脱敏一般应用于数据外发场景，例如需要将生产数据导出发送给开发人员、测试人员、分析人员等；动态脱敏一般应用于直接连接生产数据的场景，例如运维人员在运维的工作中直接连接生产数据库进行运维，客服人员通过应用直接调取生产中的个人信息等。

静态脱敏直接通过屏蔽、变形、替换、随机、格式保留加密（FPE）和强加密算法（如AES）等多种脱敏算法，针对不同数据类型进行数据掩码扰乱，并可将脱敏后的数据按用户需求，装载至不同环境中。静态脱敏可提供文件至文件，文件至数据库，数据库至数据库，数据库至文件等不同装载方式。导出的数据是以脱敏后的形式存储于外部介质中，实际上已经改变了存储的数据内容。

动态脱敏通过准确解析 SQL 语句匹配脱敏条件，例如访问 IP、MAC、数据库用户、客户端工具、操作系统用户、主机名、时间、影响行数等，在匹配成功后，改写查询 SQL 或者拦截防护返回脱敏后的数据到应用端，从而实现敏感数据的脱敏。实际上存储于生产库的数据未发生任何变化。

无论是静态脱敏，还是动态脱敏，其最终都是为了防止组织内部对隐私数据的滥用，防止隐私数据在未经脱敏的情况下从组织流出。满足组织既要保护隐私数据，同时又保持监管合规，满足合规性。

4. 数据权限管理

在数据的操作和应用过程中，可以通过权限管理，控制不同的角色能操作的数据权限，基于用户账号的权限进行数据访问控制，用户只能获取与其权限相匹配的数据范围，从而达到数据安全管控的目的。

数据权限管理要遵循权限最小化原则，在保证组织业务功能完整实现的基础上应赋予数据活动中各角色最小的操作权限，不得提供其服务所需以外的数据，确保非法用户或异常操作所造成的损失最小。依据权限最小化原则分配采集账号权限，实现账号认证和权限分配。

数据权限管理一般从三个维度控制角色权限：

第一个维度是控制粒度，如控制到字段级权限，两个不同角色的用户，可能第一个用户只能访问一张表的前 5 个字段，第二个用户只能访问同一张表的后 5 个字段；

第二个维度控制动作，如控制该角色是否能进行 select、alter、delete 等操作。

第三个维度是控制数据访问级别，对数据进行不同级别的脱敏处理，生成不同安全级别的数据，然后授予不同用户访问不同安全级别数据的权限。

数据权限一般是由大数据集群或数据库运维人员管理的，用户和开发人员无法直接操作或者接触。例如在实际的数据共享开放过程中，数据中心可以结合数据目录和特定的数据共享开放管理流程，实现对数据的权限管理。

首先，结合数据的分级分类结果，定义数据权限的策略，在数据目录中固化数据的共享范围。然后对于符合固化权限要求的用户可以快速查询获取数据，不用再审批，实现数据的快速共享和流通。最后，对于固化权限外的数据，建立数据共享开放审批流程，通过线上流程申请后，获取对应权限的数据。

5. 数据访问控制

数据访问控制指系统对用户身份及其所属的预先定义的策略组限制其使用数据能力的手段。

访问控制涉及三个概念：用户身份、策略组、数据资源，这也构成访问控制的三个要素，即用户、数据、控制策略。

用户是指提出访问数据资源具体请求的发起者，可以是某一用户，也可以是用户启动的进程、服务和设备等，但都需要判断具体用户的角色情况。

数据是指被访问的数据资源，包括具体的数据表、数据文件、数据图片等结构化和非结构化的数据。

控制策略是用户对数据的相关访问规则集合，体现了一种授权行为，也是对用户角色对应操作行为范围的设定。

访问控制一般是基于角色的，是通过对角色的访问所进行的控制。使权限与角色相关联，用户通过成为适当角色的成员而得到其角色的权限。首先要根据任务需要定义具体不同的角色，然后为不同角色分配资源和操作权限，最后给一个用户组（Group，权限分配的单位与载体）指定一个角色。

可见，数据访问控制与数据权限管理之间是有很强的关联性的。而在实际的数据工作中，在数据访问控制这方面还可以衍生出更多的手段。

例如在对单个客户信息查询采取基本的访问控制手段的同时，对批量客户信息查询可以增加更严格的访问控制手段，且对查询行为进行审计。或者结合态势感知、监控预警、阻断和恢复等多种手段，识别和监控可疑账户，一旦可疑账户发生异常访问，如访问敏感数据，或者频繁查询和获取某些数据，立刻发出告警，并阻断和跟踪该账户的其他网络行为。

6. 数据安全溯源

数据溯源技术的目标是帮助人们确定各项数据的来源，也可用于文件的溯源与恢复。其基本方法是标记法，比如通过对数据进行标记来记录数据在数据中心中的查询、流动与传输历史。

最常见的溯源技术是数字水印，数字水印是指将标识信息以难以察觉的方式嵌入数据载体内，但不影响其使用方法，多用于多媒体数据版权保护，也有针对数据库和文本文件的水印方案。数字水印技术能保障数据在发生泄露时，提取水印信息并追踪至责任人。

企业还可以引入并采用区块链、身份认证、生物识别、物联网、电子签名、人工智能等先进技术，打造数据中心的数据安全溯源能力，直接标级跟踪到操作的实人，保证数据操作动作可追溯、有记录，且执行高效。

7. 数据安全应急管理

数据安全应急管理是指针对数据安全事件的应急响应提出方法指导，主要内容包括应急响应的组织架构、数据安全事件的分类与分级、事前的风险防范机制、应急预案的制订与演练、应急响应流程，以及应急保障措施。

对企业可能发生的重要数据泄露等数据安全违规事件的应急响应，必须要根据数据安全事件的分类与分级标准，以及安全事件所涉及数据的重要性，来判断安全事件对组织造成的影响程度。

应急处理完成之后，还要按照相关应急管理规定对具体安全事件进行严肃处理，根据情节严重程度对具体责任人进行通报，并纳入绩效考核。同时建立安全问题的跟踪执行机制，确保各项数据安全问题得到整改和解决。

4.3.4 审计体系

审计体系的目标是对数据操作行为的合规性进行检查，并且全面检查发现数据潜在的安全风险，及时进行风险告警，初步分析安全风险的合理处置措施，监督和管控数据问题的处理过程，督促数据问题得到解决。

审计体系是建立在日志文件的基础上的，日志文件就是合规性检查的对象，此处的日志包括系统日志和数据库日志两个方面。

1. 系统日志

系统日志是记录系统中硬件、软件和系统问题的信息，当用户在系统上进行一些操作时，日志文件会记录下用户操作的相关内容，同时还可以监视系统中发生的事件。

系统日志一般包括系统事件日志、应用程序日志和安全日志。系统事件日志包含由Linux系统组件记录的事件，例如在系统日志中记录启动期间要加载的驱动程序或其他系统组件的故障；应用程序日志记录应用程序或一般程序的事件；安全日志记录例如有效和无效的登录尝试等安全事件，以及与资源使用有关的事件。例如创建、打开或删除文件，以及有关设置的修改。

使用系统日志可以检查系统错误发生的原因，或者寻找受到攻击时，攻击者留下的痕迹。比如有人对系统进行了IPC探测，系统就会在安全日志里迅速地记下探测者探测时所用的IP、时间、用户名等，用FTP探测后，就会在FTP日志中记下IP、时间、探测所用的用户名等。

2. 数据库日志

数据库的日志文件保存的是对数据库的各种操作，例如数据的修改、删除等，在数据库内容发生丢失时，可以用来恢复数据库。

数据库日志记录数据修改的操作过程以及原始参数，记录数据操作和被操作的数据，在发生数据插入或是删除操作时，数据库日志中不但要记录操作，还要记录数据。

数据库的安全涉及各方面，数据的丢失或者篡改将会带来无法估量的损失，所以数据库的安全尤为重要。在审计体系中，我们可以通过数据库的日志来分析数据库的安全性，检查分析所有对数据的修改是否合规，然后针对分析结果采取相应的措施，从而保护数据以防安全事件发生。

3. 合规性检查

基于系统日志与数据日志，建立全面的数据安全合规性检查措施，对应用系统、网络、终端等各条件下的数据访问、修改、删除、传输、导入、导出等操作进行全面的合规性审计。

合规性审计记录横向应覆盖所有操作人员、操作对象、操作行为、操作时间和操作结果，纵向应覆盖应用系统使用操作、操作系统文件操作、数据库维护操作、网络访问操作、终端文件操作、数据外发操作等各类数据相关操作。

通过合规性检查，来帮助数据中心掌握威胁与风险的变化，明确数据安全防护方向，进而调整整体的数据安全防护体系，优化防御策略，补足防御薄弱点，使防护体系具备动态适应能力，真正实现数据安全防护。

4. 风险分析告警

风险分析告警是指当数据在访问、使用、流转过程中，一旦出现可能导致数据外泄、受损的恶意行为时，第一时间发出威胁告警，并通知数据中心管理人员。管理人员在第一时间掌握威胁信息后，可以针对性地阻止该威胁，从而降低或避免损失。具体告警通知的方式可以包括邮件、短信等。

告警行为的触发一般是基于对特定安全指标的分析和阈值的监控，从而提前预判企业数据加工使用、开放流通等环节可能出现的风险，在问题出现前排除隐患。

通过风险分析告警，可以及时发现异常数据流向、异常数据操作行为，并进行告警，对攻击行为进行阻断。数据安全审计人员可以查询、检查告警记录，以形成数据安全审计报告。

5. 问题处理监督

在发生数据安全风险告警后，数据中心应该组织进行数据安全分析，及时发现数据破坏、泄密和篡改行为，及时进行处置，并对问题处理的过程进行全程监督。

在问题处理监督的过程中，需要对具体的数据安全风险问题进行追踪溯源，确定安全事件发生的源头。如果是外部的黑客、不法分子的操作，需要对应追究其法律责任；如果是公司内部人员造成的，需要查清楚是谁造成的，发生的具体事件是什么时候，还原事件的发生过程，分析事件造成的损失，及时调整防御策略，针对性制定更加强有力的安全防护措施，同时也要对该内部违规人员进行追责和定责。

4.4 保障框架

数据中心数字化运营还需要有一系列配套保障措施，如图4-9所示。首先，数字化运营需要以促进数据价值释放为导向，对原有的传统数据中心团队进行重组重构，以适应数字化运营的新要求；其次，人是开展一切工作的基础，所以需要建立一套体系化的人才培养机制，保障各项工作均有适合的人员；第三，要将团队、人员和各项工作有机结合在一起，离不开一套行之有效的制度流程；第四，良好的技术支撑是高效开展工作的基础，因此技术体系也是重要的保障措施。

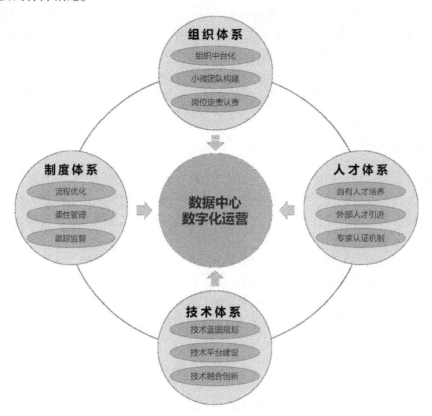

图4-9　数据中心数字化运营管控框架

4.4.1　组织体系

　　团队组织是开展一切工作的基础。传统的信息专业组织架构主要按照信息化内部专业划分小组，除少量通过业务流程贯穿以外，各组业务相对隔离。在数字化转型的大背景下，这种传统的信息化组织架构过于呆板，存在流程长、响应慢、战斗力不足、遇事易扯皮等问题，无法适应数字化转型快速、迭代、共享的业务特征。

　　因此，要想有效推动数据中心的数字化转型，首先要变革的就是组织体系，而对于企业来说，尤其是大型国企，组织体系的变革又是最难的。

组织体系变革的成败根本上还在于执行力。因为组织体系的变革往往涉及很多方面的因素，比如因为改变了员工原有的"舒适区"环境而遭到执行人员明里暗里的抵制，或者因为组织的变动触动了有些人或者某些利益团体的利益而无法推动等。所以组织体系的变更必须要有自上而下的推动力，也不能仅仅是信息专业的变革，而是需要与整个企业数字化转型的组织体系变革相配套，否则必将失败。

在数字化转型环境下，大数据中心组织架构的变革主要有三个方面：组织中台化、小微团队构建和岗位定责认责。

1. 组织中台化

中台这一概念，近年来在国内大热。阿里、腾讯、百度、京东、美团、滴滴等一众互联网巨头，接连开始组织架构的调整，目标就是要建设中台体系。

这个最早由阿里在 2015 年提出的"大中台，小前台"战略中延伸出来的概念，灵感来源于一家芬兰的小公司 Supercell。这家公司仅有 180 多名员工，却接连推出爆款游戏，是全球最会赚钱的明星游戏公司。这家看似很小的公司，建设了一个强大的技术平台，来支持众多的小团队进行游戏研发。这样一来，他们就可以专心创新，不用担心基础却又至关重要的技术支撑问题。恰恰是这家小公司，开创了中台的"玩法"，并将其运用到了极致。

所谓"中台"，其实是为前台而生的平台，它存在的唯一目的就是更好地服务前台规模化创新，进而更好地服务用户，使企业真正做到自身能力与用户需求的持续对接。

在绝大多数企业或者厂家的宣传中，主要介绍业务中台、技术中台和数据中台，一方面是因为这些中台是大家"肉眼可见、亲身可感"的，其建设成果比较显性化；另一方面，这些中台中包含的各类技术、经验，可以快速转化成商业机会，带来收益。在这样的环境围绕下，绝大部分企业就会忽视组织中台化的重要性。我们需要看到，不管是 Supercell 还是阿里，中台化策略的成功都是以组织架构的大规模变革开始的，而且甚至早于中台这一概念的提出。也正是这种看似超前的中台化组织变革，为后续中台化战略的顺利实施和成功奠定了基础。

很多传统企业会让内部的技术部门去牵头企业的数字化转型工作。由于传统企业人事制度的僵化，以及技术部门的视角和定位限制，希望能找到一种设法绕过组织这座大山而回归熟悉的技术领域，尝试用技术的方式去解决数字化转型的问题。神奇的是，他们总是会在某个关键阶段和环节发现组织这座大山突然出现在面前，阻挡在前进的路上，绕也绕不开。或者从某种意义上来说，组织可能不是中台建设的阻碍，而恰恰是中台建设的本质。

这样看来，对于数据中心的数字化转型来说，实现组织团队的中台化改造就是必然要做的事情了。那么要想构建一个符合大数据运营管理要求的组织中台需要做哪些事情呢？不同的企业有不同的做法和过程。总体上来看，有以下三个关键点。

首先，一旦决定要构建数据中心的中台组织，必须要与企业的人力资源部门进行联合行动，甚至可以让人力资源部门牵头。原因很简单，组织中台化改造方案设计得再好，没有人力资源部门的支持和配合，也是"纸上谈兵"。

其次，中台本质上就是一种共享服务。那么作为组织中台，主要是提供可复用的人员能力，这种能力包括技术层面的，也包括思想层面的。因此，需要想清楚数据中心的所有团队人员有哪些通用的能力可以提炼，从而由这些人组成一个中台化的大团队。

最后，中台化的大团队的内部仍然需要进行职能细分，有些人是做技术组件和工具的，有些人是做数据整合和服务的，有些人是做算法建模。与传统组织方式的区别在于，这些内部的组织是相对松散的，一旦有新的前端需求，根据需要，可以横向打通专业壁垒，快速组建支撑小组，完成各项共享服务和能力的提供。

2. 小微团队构建

数据中心的中台组织构建完成后，一般不会由中台组织来直接对接前端的各种业务需求。因为中台组织提供的是通用的、半加工的共享能力，个性化、定制化的数据服务和产品需要在通用能力的基础上进行进一步处理，与业务需求和场景相结合，才能得到可以交付给前端使用的最终成果。

可见，仅仅建立一个中台化的组织还是不够的，还需要基于中台组织之上构建处理各种个性化需求、开展定制化包装的小微团队，如图 4-10 所示。这种小微团队的构建没有一定之规，完全根据企业数据中心需要服务的业务场景而定，但小微团队的构建一般要遵循以下四点基本原则。

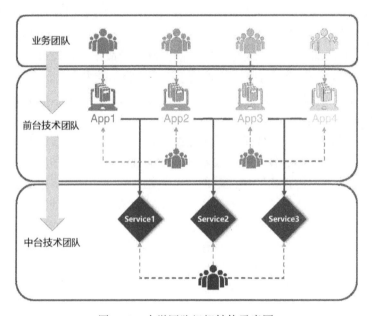

图 4-10　小微团队组织结构示意图

第一，小微团队需要直接对接业务部门的实际业务需求，因此一般根据业务专业或者业务场景的对接需求来构建。

第二，小微团队的规模小，组织灵活，战斗力强。研究结果显示，当团队人数超过7人时，团队实际的工作效率会随着人员数量的增加而出现持续下降的情况。因此，小微团队的成员一般会控制在5人左右，在工作中分工并不用特别清晰，大部分人员需要承担多种角色，可以充分发挥个人的潜能。

第三，小微团队的成员需要对业务有比较深的认知。一方面，小微团队需要直接与前端业务人员接触，了解业务需求，自身对业务有一定的了解才能与沟通对象在相同的语境中对话，也才能更好地理解业务诉求，实现业务目标。

第四，小微团队要有较强的创新意识和能力。对于小微团队来说，一方面作为直接对接前端业务的响应单位，最终实现业务需求，支撑业务发展；另一方面，小微团队也要能够基于数据中心提供的数据开展主动的数据分析和业务探索，通过创新应用等形式主动为前端业务部门带来新的业务价值。

3. 岗位定责认责

虽然随着数据中心数字化转型以及中台化组织的构建，原有的人员组织形式和职能发生了很大的变化。但是作为一名员工，必须根据其工作目标和要求，明确具体岗位职责。当然，这需要从整个数据中心运营管理的角度出发，对工作内容和类型进行梳理，根据数据运营的业务逻辑层次，兼顾当前和未来的发展需求，设立不同的岗位。

从目前普遍经验来看，数据中心一般应设置的岗位包括但不限于DBA/数据运营助理、数据分析师、数据运营经理、业务专家、数据科学家等，承担不同的工作职责。

DBA/数据运营助理需要了解企业内部的数据和可用的数据资源，包括数据的存储细节和数据字典，另外其还需承担数据的采集、ETL、数据清洗和数据预处理等工作职责。DBA/数据运营助理需要为数据分析师和数据科学家提供加工好的原始数据，这些数据是数据分析和建模的基础，DBA/数据运营助理做了数据分析工作中最重要的基础工作。

数据分析师需要站在数据和商业的角度来解读数据，利用图标和曲线等方式向管理层和业务人员展现分析结果，揭示数据分析产生的商业机会和挑战。数据分析师将杂乱的数据进行整理后，将数据以不同的形式展现给生产人员、业务人员、管理人员、财务人员等。提出基于数据的结果和分析建议，完成数据从原始到商业化应用的关键一步，数据分析师的数据敏感度、商业敏感度、分析角度、表达方式对于商业决策很重要。

数据运营经理直接向信息主管负责并汇报工作，与业务部门和技术部门对接和沟通，承担数据运营的工作任务，分解工作任务，分配给数据运营助理和数据分析师，协调管理第三方资源，监控管理相关人员以及数据运营工作的进展，分析工作中存在的问题，并制定解决和提升方案。

业务专家的优势是数据的商业敏感度，了解业务需求，可以将业务需求转化为数据需求，进一步找到数据应用场景。另外业务专家也可以通过对数据的分析，找到新的商业机会，同业务部门一起制定商业计划，利用数据分析推动业务增长。

数据科学家可以利用自己的专业技能帮助业务专家和数据分析人员进行建模和计算。过去统计分析依赖于统计分析工具，大数据时代之后，数据量级的提升和数据类型的复杂程度，让很多传统的统计分析工具无法完成分析计算。这个时候，数据科学家出现了。

除此之外，还会有数据管理者、数据消费者等其他的岗位角色。在明确这些岗位职责的基础上，更重要的是要建立一套认责机制。因为当一个岗位人员没有尽到职责并导致不好的结果后，如果没有受到应有的追责和惩罚，那么制定的这些岗位职责就是空谈，没有实用性。

4.4.2　人才体系

如果说资本是企业的核心竞争力，那么人才就是企业能够基业长青的基石。人才战略是企业经营战略的重要组成部分，一个成功的人才战略必须紧密结合企业发展战略，根据未来业务发展对人才的需求从外部环境和内部环境分析，着力打造人才的供需渠道和培养机制，并着手以吸纳人才、留住人才、善用人才、发展人才为核心思想来制定人才战略。

要想在激烈的市场竞争中求得发展壮大，企业必须重视人才的培养和体系的构建。同样的道理，数据中心数字化转型的成功很大程度上依赖企业在大数据方面拥有的人才数量和质量。所以企业在拥有人才的同时，应当制定出符合自身对人才需要的战略，完善人才培养机制，逐步构建合理的人才梯队。

对数据中心数字化运营来讲，无论是中期还是长期人才战略，都必须做好以下三个方面的工作：一是自有人才培养，二是外部人才引进，三是建立专家库和专家认证机制。

1. 自有人才培养

自有人才是企业发展的基石。数据中心的数字化运营也应当以自有人才对核心能力的自我掌握为终极目标。为了体系化地提升自有人才的专业能力，形成具有凝聚力、战斗力的自有人才团队，应当建立多维培训机制，建立和完善专业人员选拔和认证机制，进一步加强大数据、云计算、人工智能等知识和技术储备，为数据中心数字化转型深化推进夯实基础。

自有人才培训应列入企业年度培训计划，加强培训管理和成效考核，确保参与培训的人员掌握核心思想、重要观点和基本方法。从培训对象来看，应该覆盖各级人群，但重中之重在于面向数据中心高级管理人员的培训，通过深化企业各级领导和管理人员在数据中心数字化转型方面的认识，尤其是要促进业务部门的相关领导理解数字化转型整体战略，以及业务部门在其中发挥的重要作用，了解大数据技术的实时动态，思考与公司业务发展战略的结合方式，保障公司大数据运营管理各项工作统一思想、高效协同、稳步推进。

自有人才培训课程可以包括但不限于如下主题：

- 数据架构设计与管理。
- 数据模型构建管理。

- 数据挖掘分析技术。
- 数据运维流程及管理。
- 数据治理管控技术。
- 数据资产管理战略规划及方法论。
- 国内外先进理论和技术。

开展培训的同时，应当注意在日常工作中创造优良的文化氛围，强化企业内部团队亲和力及凝聚力，以文化留人，使每一个有能力、思进取的人都能发挥自己的才干，实现自我价值，要不拘一格收纳人才。

2. 外部人才引进

数字化转型面临的挑战诸多，对人才需求增多，企业内部的人才有限，构建外部人才定向引入机制，引进外部高端、成熟人才十分必要。

构建外部人才定向引入机制，首先是要以需求为导向，结合公司和信息专业实际，明确数字化转型的人才需求，与社会上各种人才服务机构合作引进具有一定工作经验，能胜任岗位工作的人才，定向补充人才短板；其次建立丰富的人才引进渠道，例如根据行业特点与合适的知名高校合作，通过一系列的外部合作培养方式来培养企业的高层次人才，提升全体员工的整体素质水平，或者通过社会招聘、内部人员推荐、人才特聘等多种外部人才引入渠道，确保接触人才的多样性。

结合公司和信息专业数字化转型的实际，构建外部人才定向引入机制，不断引进外部高端、成熟人才，可以激发现有人才队伍活力，为数字化转型引进新思想、新观点、新技能。通过内部培养与外部人才引进相结合，完善人力资源管理机制，促进优秀人才脱颖而出，实现内部人力资源有效开发和配置。

3. 专家认证机制

不管是通过自有人才培养还是外部引进的方式，建立人才梯队的同时，还应该加大各级认证工作的开展，其中既包括了公司内部针对不同岗级、技术水平的管理或专业化人才的考核认证，也包括了由国家或行业机构组织开展的各类专业化知识认证工作，借助相关培训认证，能够更好地评估和考核培训工作的成果，也可以促进"员工素质、工作效率、企业形象"的提升，为公司的数字化转型升级和提质增效提供强有力的人力资源保障和技术储备。

案例：华为发布大数据专家（HCIE-Big Data）认证

2018年1月5日，华为在北京举行了华为大数据专家认证（HCIE-Big Data）发布会，正式发布大数据专家（HCIE-Big Data）认证。该认证是华为构筑大数据人才认证体系的关键一环，对应大数据高级分析师与科学家，填补业界大数据高端人才认证空白，为加速大数据产业发展，支持行业数字经济转型提供有力的人才基础支撑。

HCIE-Big Data 的四大特点和优势的理解：

● 理论深刻，技术领先

围绕数据处理、数据分析、数据挖掘、数据可视等，HCIE-Big Data 课程涵盖大数据分析和挖掘的前沿技术，包括数据库应用开发、随机森林、贝叶斯分类等。让学员紧随大数据发展趋势，系统掌握大数据前沿技术。

● 源于开源，胜于开源

华为大数据分析和挖掘平台基于开源社区，包含开源大数据处理平台 Hadoop、内存实时计算 Spark、大数据平台数据仓库 Hive、大数据 NoSQL 数据库 HBase 等组件。通过 HCIE-Big Data 的学习，还可有效帮助学员熟练使用相关开源组件。

● 云上实验，随心学习

HCIE-Big Data 大数据挖掘实验采用华为云作为实验平台，学员可随时访问进行实验操作，降低学习成本，提高学习效率。

● 结合案例，实战领先

HCIE-Big Data 课程源于企业真实项目需求，实验中融入大量实际项目应用场景，如银行定期存款业务预测、客户分群、流动人口常住地分析等，便于学员学以致用，融会贯通。

作为智能社会的"使能者"和"推动者"，华为积极聚合各方智慧及力量。目前华为大数据平台已在全球 40 多个国家得到广泛应用，服务 700 多家客户，未来三年，华为将联合全球培训伙伴及高校，培养超过 10000 名大数据人才，建设 ICT 人才生态，为全球的大数据发展贡献力量。

案例：CDA 数据分析师培训认证机制

CDA（Certified Data Analyst），亦称"CDA 数据分析师"，指在互联网、零售、金融、电信、医疗、旅游等行业专门从事数据的采集、清洗、处理、分析并能制作业务报告、提供决策的新型数据分析人才。CDA 数据分析师培训认证旨在加强全球范围内正规化、科学化、专业化的大数据及数据分析人才队伍建设，进一步提升数据分析师的职业素养与能力水平，促进数据分析行业的高质量持续快速发展。

CDA 数据分析师认证是一套专业化、科学化、国际化、系统化的人才考核认证标准，分为 Level Ⅰ、Level Ⅱ、Level Ⅲ三个级别，涉及金融、电商、医疗、互联网、电信等行业大数据及数据分析从业者所需要具备的技能，符合当今全球大数据及数据分析技术潮流，为各界企业、机构提供数据分析人才参照标准。

CDA Level Ⅰ：业务数据分析师，需要掌握概率论和统计理论基础，能够熟练运用 Excel、R、SPSS、SAS 等专业分析软件，有良好的商业理解能力，能够根据业务问题指标利用常用数据分析方法进行数据的处理与分析，并得出逻辑清晰的业务报告。

CDA Level Ⅱ：建模分析师，在 Level Ⅰ的基础上更要求掌握多元统计、时间序列、HYPERLINK "https://www.cda.cn/map/shujuwajue/" 数据挖掘等理论知识，掌握高级数据分析方法与 HYPERLINK "https://www.cda.cn/map/shujuwajue/" 数据挖掘算法，能够熟练运用 Python、R、SPSS Modeler、SAS 等至少一门专业分析软件，熟练使用 HYPER-LINK "https://www.cda.cn/map/sql/" SQL 访问企业数据库，结合业务，能从海量数据提取相关信息，从不同维度进行建模分析，形成逻辑严密，能够体现整体 HYPERLINK "https://www.cda.cn/map/shujuwajue/" 数据挖掘流程化的数据分析报告。

CDA Level Ⅱ：大数据分析师，在 Level Ⅰ的基础上要求掌握 JAVA 语言和 Linux 操作系统知识，能够掌握运用 Hadoop、Spark、Storm 等专业大数据架构及分析软件，从海量数据中提取相关信息，并能够结合 R、Python 等，形成严密的数据分析报告。

CDA Level Ⅲ：数据科学家，负责制定企业数据发展战略，发现企业数据价值，提升企业运行效率，增加企业价值。能够带领数据团队将企业的数据资产进行有效整合和管理，建立内外部数据的连接，并具有数据规划的能力。

4.4.3 制度体系

为了保障数据中心数字化运营各项工作的正常运转和有序实施，需要建立一套涵盖不同管理力度、不同适用对象、覆盖数据中心运营管理全过程的制度体系，从"法理"层面保障大数据运营管理工作有据、可行、可控。制定制度只是建设制度体系的第一步，更重要的是要将制度落到实处，与实际的运营管理工作相结合，以制度为载体对数据中心现有的各种工作流程进行优化，进一步提升工作效率，符合数字化转型敏捷、快速的业务要求。此外，还应该建立制度落地执行的监督和跟踪机制，定期对落实情况进行检查，评估执行成效，确保制度要求得到良好贯彻。

围绕数据中心运营管理工作，制度本身可以分成管理规范、技术标准和数据标准三个大类。

管理规范作为企业数据中心整体制度的支撑体系，贯穿于数据中心运营管理工作的各个阶段。该部分主要从数据管理、运维管理和评估三个层次进行规范。其中数据管理规范主要包括数据管理能力模型、数据资产管理，以及大数据生命周期中处理过程的管理规范；运维管理规范主要包含大数据系统管理及相关产品的运维及服务等方面的标准；评估标准包括设计大数据解决方案评估、数据管理能力成熟度评估等。

技术标准主要针对数据中心相关的大数据技术进行规范，包括大数据处理生命周期技术、大数据开放与互操作、面向领域的大数据技术三类标准。其中，大数据处理生命周期技术标准主要针对大数据产生到其使用终止这一过程的关键技术进行标准制定，包括数据产生、数据获取、数据存储、数据分析、数据展现、数据安全与隐私管理等阶段的标准制定。大数据开放与互操作标准主要针对不同功能层次功能系统之间的互联与互操作机制、不同技术架构系统之间的互操作机制、同质系统之间的互操作机制的标准化进行制定。面向领域的大数据技术标准主要针对行业共性且专用的大数据技术标准进行制定。

数据标准主要针对底层数据相关要素进行规范，包括数据资源、数据交换共享和数据安全三部分。其中，数据资源包括元数据、数据元素、数据字典和数据目录等，数据交换共享包括数据交易和数据开放共享相关标准，数据安全和隐私保护作为数据标准体系的重要部分，贯穿于整个数据生命周期的各个阶段。大数据应用场景下，大数据的4V特性导致大数据安全标准除了关注传统的数据安全和系统安全外，还应在基础软件安全、交易服务安全、数据分类分级、安全风险控制、电子货币安全、个人信息安全、安全能力成熟度等方向进行规范。

基于以上制度规范的制定，需要结合数据中心数字化转型对实际工作内容和生产方式带来的改变，对数据流程进行优化改造，并建立相应的跟踪监督机制，形成完整的制度体系，确保制定的制度得到良好落实和有效运转。

1. 流程优化

流程优化就是在流程设计以及实施过程中，通过对流程进行改进，从而取得最好的工作效果。这就需要对现有的工作流程进行梳理，再对流程环节进行拆分和分析，从而制定对流程整体或是部分中间环节的改进方案，例如减少环节、改变时序等。流程优化的目标都是通过提高工作质量，提高工作效率以及降低成本，降低劳动的强度，节约能源消耗，来保障各项工作高质量开展。

流程优化的基本方法分为五种。

第一、标杆瞄准法，它是指企业把自己的服务、经营实践、产品以及成本，和很多在相关方面表现非常优秀且有成效的企业做比较，改进自己的企业经营业绩精益求精的过程。

第二、DMAIC 模型法，其实是实施6SIGMA的一套操作类方法。DMAIC管理中最经典以及最重要的管理模型，重点就是特别侧重于已有的流程优化管理质量。

第三、ESIA 分析法，是一种以新的结构方式为用户提供价值的增值，反映到具体的流程设计上来，要尽可能减少流程中非增值活动，提高流程中的核心增值活动比重。

第四、ECRS 分析法，其实是取消（ELIMINATE）、合并（COMBINE）、调整顺序（REARRANGE）、简化（SIMPLIFY）的缩写形式。

第五、SDCA 循环法，其实就是标准化、执行、检查以及调整总结的模式。它包括所有改进过有关流程的更新标准化，并且在这个流程优化过程中，使它能够平衡运行下去，再进行检查的过程。

具体到流程优化，主要有以下7个步骤：

第一，组建流程优化组织。业务流程优化工作是一项系统而复杂的工作，在决定进行流程优化前，应该成立由数据中心相关管理人员、业务骨干和咨询顾问等组成的流程优化小组，对流程优化工作进行分工，确定流程优化的实施计划。咨询顾问应对流程优化小组成员进行流程管理专业知识培训，确保小组成员掌握流程梳理、流程分析、流程设计、流程图绘制、流程说明文件编制和流程实施等专业知识和技能。

第二，现有流程调研。流程优化小组应首先对数据中心现有工作流程进行系统、全面地调研，分析现有流程存在的问题，确定流程优化后要达到的目标。一般由于原有工作流程的不明确性，同一项工作的不同执行者对流程的理解和描述也会存在一定的差别，这会使得对流程的梳理工作变得更为复杂。

第三，现有流程梳理。对现有的工作流程进行调研后应进行流程梳理，流程梳理往往有着庞大的工作量，其成果一般包括一系列的流程文档，如业务流程图、流程说明文件等。流程梳理工作本身的价值在于对数据中心现有流程的全面理解以及实现业务操作的可视化和标准化，同时，应明确现有工作流程的运作效率和效果，找出这些流程存在的问题，从而为后续的流程优化工作奠定基础。

第四，流程环节分析。对现有流程进行梳理后应对流程全环节进行分析，明晰原有流程的关键节点和执行过程，找出原有流程的问题所在，并考查优化过程中可能涉及的部门。同时，应征求流程涉及的各岗位员工意见，说明原流程有哪些弊端，新流程应如何设计使之具有可操作性。

第五，设计新的流程。经过流程分析后，根据设定的目标以及流程优化的原则，改善原有流程或者重新设计新的流程，简化或合并非增值流程，减少或剔除重复、不必要的流程，构建新的流程模型。新流程模型构建后应与IT技术相结合，并将新流程固化到相关系统中，使流程信息能通过系统平台进行统一管理和及时汇总、处理、传递。这是业务流程优化过程中一个很重要的环节。

第六，评价新的流程。根据设定的目标与数据中心的现实条件，对优化设计后的新流程进行评估，主要是针对新流程进行使用效率和最终效果的评估，即"双效"评估。

第七，流程实施与持续改进。工作流程经过"双效"评估后，应该进行流程的运行实施。在新工作流程的实施落地过程中，应进行总结完善、持续改进。也就是说，流程优化是一个动态循环过程，经过流程分析、流程设计、流程评价、流程实施、流程改进后，再进入下一次分析、设计、评价、实施、改进，也是一种动态的自我完善机制。

流程优化是企业管理水平的体现，它决定着数据中心运营管理的运作质量和效率，是数据中心实现数字化转型，切实降低成本、高效运营的保证。

2. 柔性管理

柔性管理指的是一种生产体制，是以柔性管理理论为基础的，与实现企业柔性生产系统所采取的组织形式相适应的管理方法和生产手段两者的统一。

柔性管理从本质上说是一种对"稳定和变化"进行管理的新方略。柔性管理理念的确立，是以思维方式从线性到非线性的转变为前提。线性思维的特征是历时性，而非线性思维的特征是共时性，也就是同步转型。从表面混沌的繁杂现象中，看出事物发展和演化的自然规律，洞悉下一步前进的方向，识别潜在的未知需要和未开拓的市场，进而预见变化并自动应付变化，这就是柔性管理的任务。

柔性管理作为一种新型管理模式正日益受到管理者的青睐。企业数字化转型为经营环境带来了深刻的变化，经营环境不但存在着很大的不确定性，而且这些环境因素之间又存在非常强的关联互动，使经营环境变得模糊且难以辨认，企业无法明确所处环境的特征以及环境变化的趋势，更难以由此判断进一步的战略走向。在复杂多变的经营环境下，柔性成为高绩效企业的共性。

视线回归到数据中心上来。前文已经提到，在数据中心的数字化转型过程中，数据与业务的结合日趋紧密，数据中心的各项工作突发性增强，敏捷性要求不断提升，带来的结果就是工作流程的不稳定性和工作成果的不确定性，这就需要引入柔性管理的理念，将制度中规定的流程和考核要求进行柔性化，从而以内在驱动的方式激发每个员工内心深处的主动性、内在潜力和创造精神。

数据中心的柔性管理主要体现在三个方面：管理决策柔性化、流程环节柔性化和奖酬机制柔性化。

管理决策柔性化首先表现在决策目标选择的柔性化上。传统决策理论认为，决策目标的选择应遵循最优化原则，而事实上由于决策前提的不确定性，难以按最优准则进行决策。而如果以满意准则代替最优化准则，决策者根据已掌握的信息做出满意的选择，因而具有更大的弹性。因此，数据中心在数字化运营过程中不必要求事事最优，而是要充分参考和综合多方满意度的情况，在达成目标的基础上，确保各方满意度能够被接受。决策的最优化准则向满意准则的转变，实质上也就是从刚性准则向柔性准则的转变。

此外，管理决策的柔性化还体现在决策程序上。"一言堂式的决策"属于刚性决策，

"群言堂式的决策"是由相关人员独立自主地自由发表意见和建议，并在此基础上进行综合分析，择善而行，由此而形成的决策，可称为柔性决策。但是在"一言堂"和"群言堂"之间必须要找一个平衡点，所谓的"群言堂"也不意味着要把数据中心所有人员都纳入决策制定中来。相对来讲，数据中心成立一个类似企业董事会或股东会的机构，来进行集体决策的形式是比较有效和可接受的。

流程环节柔性化主要是针对数据中心各项工作的业务流程。传统做法是，对于已经建立的线上工作流程，目前在每个环节的时间要求是固定的，一旦某个环节出现超时或延后，则会影响整体工作流程的进度，造成工作完成节点的滞后。对于工作流程来说，最终关注的是整体工作完成的节点，应确保在规定时间内完成整体流程。因此，应当在现有流程的基础上建立策略化的柔性流程机制。该机制至少包括两个方面：一方面是要通过数据驱动的环节时限柔性调整，即根据流程中已完成环节的时长数据，自动优化后续环节的时限要求，目的是确保整体工作流程按时完成；另一方面是建立事件触发机制，对于流程执行过程中出现的意料之外的事件，经过申请，可以驱动整个工作流程的暂停、回退、加速等过程，从而使工作流程更能适应实际工作的需要。

通过建立数据驱动、事件驱动的策略化的柔性工作流程机制，可以使工作流程在标准化、规范化的同时，与日常工作中的实际情况更好地匹配，从而增强管理工作的灵活度，最终目标是提升管理效率和工作效率，加快工作节奏。

柔性管理的另一个重要体现就是**奖酬机制柔性化**，除了物质上的奖励外，更应注重精神上的嘉奖，还可以通过扩大和丰富工作内容，提高工作的意义和挑战性，对员工进行激励。这已经在一些高技术公司中得到了体现。

3. 跟踪监督

制度的执行情况和落地效果是数据中心制度体系的重要组成部分。因此，构建数据中心相关制度的跟踪监督机制非常关键。目前看来，这种跟踪监督机制主要包含内部检查和外部监督两个方面。

这种"自内而外、内外双修"的监督检查机制，一方面需要在数据中心内部形成定期的监督检查机制，并定期组织内部自检，及时发现制度在落地执行过程中存在的问题以及效果不佳之处，并针对发现的问题修编管理制度或责令责任人改正；另一方面，从外部引入第三方监督管理单位或审计单位，至少每年开展一次全面的管理制度落实情况的检查，从客观视角全面审视各项管理制度的落实情况，及时发现管理漏洞。

通过内外结合的监督检查机制，在原有内部视角的基础上，增加更加客观的第三方视角，从而更全面地审视管理制度的落实情况，及时发现并弥补管理中存在的问题。

4.4.4 技术体系

数据中心的数字化转型离不开技术能力的升级，甚至可以说技术是数据中心得以正常运转的"生命线"。对于围绕数据中心开展的数字化运营工作来说，技术体系主要分成两大类，一类是数据中心本身提供的技术能力，是提供给用户使用的，可以直接参加数据中心各种生产活动，产生价值；另一类是对数据中心内部的各类资源和业务进行管理支撑。但不管是哪一类的技术能力，都是数据中心技术体系的有机组成部分，需要根据技术的发展和需求的变化不断进行升级，从而跟上时代的要求。

1. 技术蓝图规划

对于一个企业的数据中心来说，一般不是完全从空白开始建设的，而是跟企业自身的信息化建设历程有着承继关系。或者说，数据中心是企业信息化建设在一定阶段向数字化演进过程中的一种必然的要求。

企业的数据中心技术能力的建设不能是无序的，也不能完全"无脑跟风"地堆砌所谓的先进技术。这就要求数据中心技术能力在建设上线之前，要有科学的规划和统筹计划。这种规划不应是"一锤子买卖"，而是需要在落地过程中，根据内外部环境和要求的变化进行修编调整，以更好地与实际需求结合起来。

数据中心技术体系的蓝图规划一般应包括但不限于以下几个方面：

第一是数据采集能力。在多种采集技术基础上，增加采集环节的数据处理能力，并根据不同数据类型（结构化数据、非结构化数据、待解析数据、流数据等），提供不同的处理策略，同时增加汇总加载环节，配合统一调度服务，保障入库数据的可用性。

第二是数据汇聚能力。集中提供数据集成、数据汇总统计服务。首先，在传统数据仓库分层构建基础上，逐步优化形成多个数据集市，满足数据中心各类用户的数据分析及应用需求，同时，设计应用专题库，满足如报表、标签、客户画像等应用工具的数据计算需求，保障资源配置和性能要求。

第三是数据处理能力。首先是开发测试与生产库隔离，降低风险。其次，设立数据探索分区，更多地用于支撑数据挖掘、人工智能模式识别等需要大量计算资源的工作需求，并且可以在计算架构上尝试新的模式，是新技术、新应用创新的孵化区。最后，纳管分区的设计是为了满足多租户平台发展以及企业面向对外服务的需求，对一些对外合作、对外服务、外部数据隔离保管等需求统一提供支撑。

第四是数据融合能力，主要考虑的是对数据的加工要建立分层，需要面向数据应用开发人员提供更多数据半成品，同时也是沉淀数据整合及分析知识的主要手段。提供了包括指标、标签、报表、算法、事件、规则、信息视图（如客户画像）、知识图谱等在内的多种数据融合产物，从而能够丰富企业数据中心服务内容，有助于提升数据分析能力。

第五是数据服务能力，提供多种类、各种级别的数据服务方式，以及支撑数据服务的各种工具和交换手段，可以更好地满足不同类型的能力调用需求，提升支撑水平，优化内外部用户感知。

数据中心的蓝图规划设计没有一个标准的答案，而是跟不同企业的信息化基础息息相关，如图 4-11 所示为某城市大数据平台技术架构。因此，应当在继承和发扬企业平台现有架构优势的基础上，厘清当前各子系统、功能组件的定位，调整内部角色，充分发挥功能优势，进一步补充相关能力，强化数据采集交换能力，优化数据集成架构，补充数据服务能力，弥补管控功能缺失。

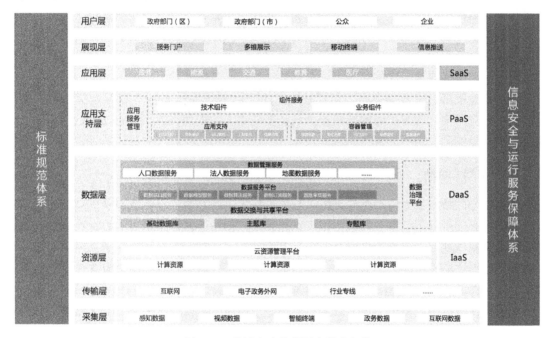

图 4-11　某城市大数据平台技术架构

企业在开展数据中心技术蓝图规划时，一般要基于以下四个基本原则：

第一，尊重现状，合理规划。企业数据中心及相关技术平台和保障体系的构建都有其历史发展轨迹，成绩与不足混杂，不能简单切割，为此，只有在尊重现状的基础上，认真分析造成问题的内外部原因，才能针对性地给出规划建议，切实解决问题，并确保长治久安。

第二，实用为先，落实执行。解决问题存在两种不同的路线，一种是渐进式改良，另一种是颠覆式重构。不推荐采用颠覆式重构的方案，而更应该从问题出发，通过顶层规划和步步落实相结合，走向全面发展的成功彼岸。

第三，技术赋能，机制保障。数据中心相关工作问题的识别和解决，也需要通过使用行业领先、实践成熟的技术手段来妥善处理。但另一方面，技术本身只是工具，唯有建立适当的体制机制，落实到人员的执行能力，才可能真正发挥技术价值，为此，在规划过程中，要注重技术与体制机制相结合，才能发挥综合效应。

第四，通盘考虑，重点布局。规划需要站在更大的时间和空间维度，把握好跟公司业务发展支撑与先进技术的实用成熟度发展之间的关系，同时，还要从演进角度，给出合理的发展路径和阶段任务，解决重点问题，持续创造价值。

2. 技术平台建设

数据中心技术平台的建设主要分成两部分。其中，最主要的是数据中心基础平台的建设。当然，在数据中心技术平台建设过程中，必然会遇到很多的问题，从基础性支撑平台的角度出发，数据中心技术平台建设中的主要问题在于平台稳定性和可扩展性两个方面。

从理论上来说，稳定性是数据中心一般采用分布式架构的最大优势，因为它可以通过多台机器做数据及程序运行备份，以确保系统稳定。但由于数据中心会部署于多台机器上，配置不合适，也可能成为最大的问题。

如何快速扩展已有数据中心，在其基础上扩充新的机器是云计算等领域应用的关键问题。在实际应用中，有时需要增减机器来满足新的需求。如何在保留原有功能的情况下，快速扩充平台是实际应用中的常见问题。

3. 技术融合创新

数据中心的技术能力需要不断升级，与先进技术不断结合，从而支撑新的业务场景的实现。数据中心的融合创新涉及的范围很广，比如在数据中心基础平台方面，分布式存储架构就是对原有集中式存储架构的良好补充。还有容器技术、微服务架构等新型技术的应用，大大提升了数据中心技术能力的灵活性，从而更适应数字化转型过程中对业务敏捷迭代的发展要求。

此外，在数据中心数据治理、数据运维等各个领域，可以与区块链、人工智能、知识图谱等先进技术相结合，提升数据中心日常工作效率。

（1）区块链与数据治理。

区块链本质上是集存储、传输、访问、共识的分布式数据库机制，在数据治理上有着天然优势。利用区块链技术去中心化、透明性、可信赖、不可篡改性、加密等优势特征，可以有效实现区块链思维的数据治理，保障数据存储和传输的安全性和隐私保护性，并厘定数据产权，促进数据共享和流通，发挥数据产权最大效用。

利用区块链数据可信优势，可以建立数据存证、共享的创新模式，可实现企业间数据跨部门、跨区域共同维护和利用，促进数据生产要素在区域内有序高效流动，提升城市管理的智能化、精准化水平。

区块链通过安全、可靠、防篡改的技术体系提高数据的质量，通过存证确权、产权溯源保障数据的权力，通过隐私计算保障数据共享，通过透明监管的机制保障数据的流动。

但是区块链技术本身对数据高度冗余的要求，客观上增加了计算与存储开销；另外，区块链技术在数据透明方面的特性，须结合安全多方计算、同态加密、零知识证明等隐私保护技术，才能在各方自主可控的前提下扩大范围应用，而隐私保护技术本身的效率还在提高过程中。

当前依然是区块链发展早期，从技术到服务的转换需要过程。而随着信息技术的深入发展，单一的技术很难独自支撑一个产业，通过云计算做数据承载、物联网做数据采集、人工智能做决策预测、区块链做安全保障，才能最大化提升数据治理质量、挖掘数据资产价值，服务数字经济。

（2）人工智能与数据分析。

据统计，自2012年以来，人工智能赋能的数据分析所使用的计算量呈指数级增长，而如今这一指标已经增长了30多万倍。数据分析和计算能力方面的改进一直是人工智能进步的一个关键组成部分。因此，只要按着这种趋势走下去，数据分析和计算与人工智能之间的关系将密不可分。同样的，数据中心可以基于人工智能提供更高效、快速的数据分析能力，人工智能算法自身也可以不断优化和改进。

我们认为，推动人工智能发展的三个因素是算法创新、数据，以及可供数据分析使用的数据量。算法创新和数据很难追踪，但数据计算是绝对可量化的，这为衡量人工智能进步提供了很好的机会。当然，使用大规模计算有时只是暴露了我们现有算法的缺点。但是至少在当前的许多领域中，更多的计算似乎可以比预期带来更好的结果和价值，并且常常与算法的进步相辅相成。

对于这个分析，我们认为最关键的因素不是一个CPU的运算速度，也不是说有一个硬件能力很强大的数据中心，但数据的计算量是潜在可能性最大的。每个模型的计算与整个批量计算有很大的不同，因为并行性（硬件和算法）限制了数据模型的大小，或者说可以有效地发挥其计算价值的模型数量。当然，重要的突破仍然是通过少量的数据分析工作实现大规模的以人工智能为基础的数据挖掘和探索。

（3）知识图谱与大数据应用。

知识图谱用一句话说就是用图的形式去存储和表示知识。知识图谱本质上是语义网络，是一种基于图的数据结构，由节点（Point）和边（Edge）组成。在知识图谱里，每个节点表示现实世界中存在的"实体"，每条边为实体与实体之间的"关系"，如图4-12所示。

知识图谱旨在通过建立数据之间的关联链接，将碎片化的数据有机地组织起来，让数据更加容易被人和机器理解和处理，并为搜索、挖掘、分析等提供便利，为人工智能的实现提供知识库基础。

知识图谱在数据中心大数据应用中可以有广泛的适用场景，例如反欺诈、智能搜索、推荐引擎、精准营销等。

知识图谱的反欺诈作用非常大，反欺诈最终目的是识别坏人，把坏人跟其他未知人群的关系找出来，从而认定其他未知人群是否是坏人，这个跟信用模型是很不一样的，如果原来只能看一层的关系，现在可以看两层三层四层，效果就完全不一样了，很多团伙实际上要看成一张大网，看很多层关系，关系之间还有强关系、弱关系。

智能搜索的功能类似于知识图谱在谷歌、百度上的应用。也就是说，对于每一个搜索的关键词，可以通过知识图谱来返回更丰富、更全面的信息。

一个聪明的企业可以比它的竞争对手以更为有效的方式去挖掘其潜在的客户。在互联网时代，营销手段多种多样，但不管有多少种方式，都离不开一个核心——分析用户和理解用户。知识图谱可以结合多种数据源去分析实体之间的关系，从而对用户的行为有更好的理解。比如一个公司的市场经理用知识图谱来分析用户之间的关系，去发现一个组织的共同喜好，从而可以有针对性地对某一类人群制定营销策略。

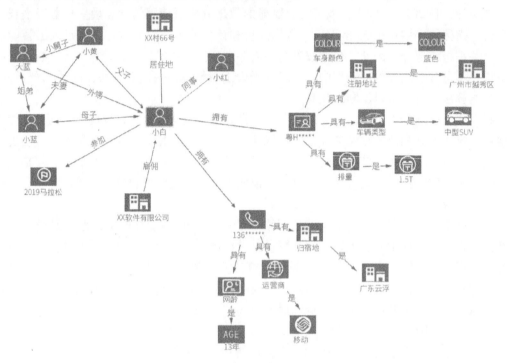

图 4-12　数据知识图谱应用示例图

第5章　数字化运营的实施策略

对于中国传统行业企业而言，如何用正确的方式拥抱数字化转型，让数字化为企业插上加速发展的翅膀，是众多传统企业一直在思考和探寻的命题。前面几章，我们了解了数据中心发展的背景与现状，也明确了数字化运营的概念及特征，探讨了数据中心数字化转型思路和整体框架，本章我们就来集中研究一下：数据中心的数字化运营具体应该如何开展？相应的实施步骤与策略都有哪些？应该如何有序有效实践？

5.1　现状评估

如同一场战役一样，如果我们系统地看待"数字化运营"这个命题，技术或许仅是影响的一个方面，并不能够成为转型的唯一驱动与决定因素，而这一点在数据中心数字化转型中尤其突出。因此，我们需要换个视角看待转型，围绕企业数据中心的组织架构与权限的重新分配、企业数据文化建设、数据驱动的经营管理模式可能会更加重要。而且不同的企业所处的竞争环境、自身的业务组成，以及运营状态均有所差异，需要对数据中心技术和管理体系进行动态调整和不断优化，才能找到适合自己的策略模式。

所以企业数据中心数字化转型的一个策略是对现有的业务运营方式、经营管理模式和资源保障方式进行迭代优化，在现有的基础上优选转型需求明显、业务模式有成型案例参照的领域进行优化。采用的方式是基于现状还原、数据资产识别、创新场景识别、业务运营模式优化、技术支撑架构升级、资源结构优化等，实现对数据中心所承载的特定业务或者业务能力组件的数字化改革。因此，资源、能力、运营架构现状的定位与评估对数字化运营的持续优化具有十分重要的意义。

5.1.1 业务梳理与场景分析

1. 场景的溯源和演进

"场景"本指影视、戏剧及文学艺术作品中的场面。自从欧文·戈夫曼（Erving Goffman）开创社会拟剧理论后，场景成为社会学、传播学等学科的重要范畴。"场景"概念对应的英文词语经历了 situation、scene、context 三种提法。

20 世纪 50 年代，戈夫曼提出社会拟剧理论，开辟了场景研究范式的先河，使场景成为社会生活研究的重要分析单元。他所使用的"场景"概念是英文"situation"。戈夫曼把社会比作舞台，将场景视为"在建筑物或房舍的有形界限内有组织的社会生活"和"受某种程度的知觉障碍限制的地方"。这一场景概念是基于物理空间维度，如公园、咖啡厅、教室等，且强调社会生活的面对面互动。

20世纪80年代，约书亚·梅罗维茨面对电视媒介蓬勃兴起与广泛覆盖的浪潮，提出了富有影响的"媒介场景理论"（Media Situational Theory），有力地解释了新媒介对社会行为的影响。梅罗维茨认为，戈夫曼的场景概念为其"研究新媒介对社会角色的影响方面间接地提供了最多的思路方法"，但他指出，"我们需要抛弃社会场景仅仅是固定的时间和地点发生的面对面的交往的观念。我们需要研究更广泛、更有包容性的'信息获取模式'观念"。也就是说，在梅罗维茨看来，场景（scene）已不再是一种空间概念，而是一种信息系统，他认为"地点和媒介共同为人们构筑了交往模式和社会信息传播模式。地点创造的是一种现场交往的信息系统，而其他传播渠道则创造出许多其他类型的场景"。

2014年出版的《即将到来的场景时代》（Age of Context）一书敏锐地把握到互联网与云计算融合对人们生活和工作方式的变革。书中断言，在未来的25年，场景时代即将到来，由大数据、移动设备、社交媒体、传感器、定位系统构成的"场景五力"可以营造出一种"在场感"，改变消费者、患者、观众或在线旅行者的体验，它同样也改变着大大小小的企业。书中所使用的场景概念是英文"context"，含有"语境""上下文"的意思。此书的问世，使得场景成为互联网时代商业领域及传播界一个凡事必言的流行语。"场景五力"前所未有地改变了人们的场景感知，场景已不限于可感知的物理空间，而更多地来自网络空间、电子情境、虚拟现实相连接的多维度信息流。

2. 数字化场景的再定义

继2015年6月国际电信联盟（ITU）公布未来eMBB、URLLC和mMTC三大5G应用场景（5G Application Scenarios）之后，2019年我国开始发放5G商用牌照，由此步入5G时代。在新的数字时代，场景概念也被重新定义。

(1)"连接"重构场景的时空与环境。

空间和时间是人类对场景感知的基本要件，而技术条件决定着人类场景感知的方式。在工业社会，戈夫曼的"面对面场景"是研究一种"此时此地""一对一"的物质场景；梅罗维茨的"媒介场景理论"将物质场景延伸到"彼时彼地""一对多"的信息场景，但它却是一种中心化、非共享的单向"传→受"场景。TCP/IP和由终端联网构建起的网络平台通过数据化消灭时空障碍，使得人与人、人与设备之间实现了广泛连接。作为互联网延伸和扩展的物联网，连同5G、AI、区块链、云计算等技术，进而"可以实现所有人连接、所有物连接、所有资金连接、所有信息（数据）连接，同时还可以实现所有环节、所有过程、所有时空节点的连接"。移动互联无限的连接力量改变了场景构成的要素条件，数字技术变革颠覆了人类的场景感知方式。

以时空视角来看，在时间特定、空间隔断的固定场景之外，移动互联网构造出"时空一体化"的场景。智能手机、移动智能终端、可穿戴设备、智能应用程序（App）组成了人们的"智能感觉器官"。在移动网络中人们能够"身体缺场"而"智能感官在场"，"智能感官"通过数据高频次的超文本标记语言（HTML）传输交换，随时随地在线上网络和线下固定场景之间进行自由连接与切换。这种连通5V（volume、velocity、variety、veracity、value）特性数据的网络，模糊了人类对时间和空间的意识，却实现了一种既有共享性又有流动性，既"面对面""多对多"，又跨越时空的互动交流，即"时空一体化"。

以环境视角来看，在真实物质世界的现实场景之外，移动互联网连同AR、VR等技术构造出虚拟性场景和现实增强性场景。VR运用计算机仿真系统产生的三维虚拟世界，通过移动互联网的界面连接，其所形成的虚拟性场景使人们能够"在现实和虚拟之间自由穿梭，甚至无法明确区分现实和虚拟的界限"。AR技术将现实性场景和虚拟世界信息进行"无缝"连接，产生了现实增强性场景，物联网＋AR的融合应用又实现了数字信息与物质世界的互联互通，无限丰富的交互式场景不断产生。

（2）"社群"丰富场景的文化与情感

马克斯·H. 布瓦索在其建立的由认识过程、信息处理和社会文化构成的三维信息空间（I-Space）框架中指出，"我们将个人（认识论空间）和社会信息处理（效用和文化空间）聚集在一起创造一个三维的信息空间，通过该空间来理解时空分配和数据场中的数据流"。网络不仅是数字信息空间，也是一个文化空间，在这个社会文化空间中，各类社交媒体平台和App的强大社交功能，使得社交化成为移动互联网络中人与人沟通的主要方式，由此产生了一个全新的社会组织形态——社群。

后工业化社会的人们越来越注重"小众自我"的消费，在追求自我差异化消费的彼此交流互动过程中，社群塑造了具体的消费行为，并为新的消费文化生成、流行提供了重要空间，它如同克拉克所指的场景（scene）那样，"提供了社会成员的归属感与文化需求的协同管道"，微信群与朋友圈、微博、豆瓣、知乎、贴吧等都是这个文化空间的载体。数字化社群有着主动认同感与团结性，人际关系的真实性与透明度，以及感性参与、融入日常情境的社群活动等特征，属于一种亚文化群体。通过观察描述与定性分析，具有这些特征的社群与线下的多样性人群比较而言，更契合克拉克的文化价值观测量维度体系。从而更具有揭示各种文化消费活动空间的符号意义。以场景理论的视角，社交媒体各类平台和App是数字化时代场景重要的"生活舒适设施"，而社群文化作为构成场景中的要素，成为将多元化、跨地域、大规模社会成员聚集连接在一起的纽带，并在三维信息空间中通过网络消费行为孕育并传递着价值观，培养和表达社群成员的共同情感。

（3）"数据"决定场景的宽度和深度。

在描述新技术人机交互的落地应用场景时，通常使用scenario一词，英语词典中scenario本身的含义是"对未来可能采取的行动或发生事件的一种描述"。与"场景"相关的新技术英文词汇表述，则均使用context，如场景感知计算（Context Aware Computing）、场景搜索

（Contextual Search）、情境发现（Contextual Discovery）等。从技术术语来讲，context 对加载资源、启动 Activity 组件、获取系统服务、创建 View 等操作起决定性的支撑作用，它可视为计算机程序中系统交互的一种环境。context 是场景概念演进中的重要节点，作为信息技术的产物，context 概念能更广泛地代表场景的技术特性并统摄数字化时代的场景概念，可概括 scenario 在技术应用环节上有关"场景"之意。

结合以上连接、社群和数据三个维度的分析，本文提出一个企业数据中心数字化转型的场景新定义：场景是物质空间与信息空间通过数字技术进行相互连接、切换与融合，进而实现人-机-物互动交流的场域，场域中的人、物品、时空环境、文化与情感、数字生态构成场景的五个要素。智慧连接、社群文化和大数据是数字化时代的场景赋能三要件，能为社会经济活动带来一种场景主义的总体观念实践。如图 5-1 所示。

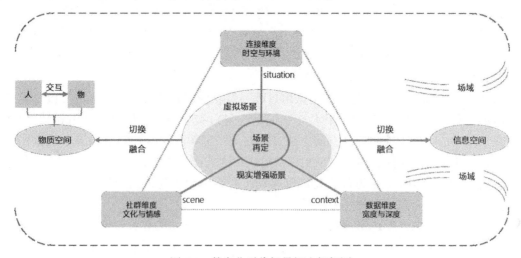

图 5-1　数字化时代场景概念框架图

3. 数字化转型场景化分析

场景分析是经常使用的一种反映和评价项目风险的分析方法，广泛应用在战略决策、政策分析、趋势预测等领域。场景分析的方法类似于敏感性分析，包含了各种变量在某种场景下的综合影响。场景分析一般设定三种情况，即乐观的、正常的及悲观的情景。在不同的场景下，各变量的预期值随着场景的变化而变化。如在悲观的场景下，各变量的预期值都是最悲观的，由此得到的净现值和内涵报酬率也是三种情景下最低的。

数字化大潮中，新技术、新产品层出不穷，各个行业纷纷投身数字化转型，但根据埃森哲报告，目前仅有7%的中国企业数字化转型成效显著，整体而言，数字化转型成效高低不一，数字化鸿沟日益加剧。究其原因，关键还在于很多企业没有处理好技术与业务、建设与运营、短期和长期的关系问题，认为基于数据中心的数字化转型就是技术部分的事情，就是建设最新的技术能力，肯定应该快速见效、快速收益。

所谓"欲速则不达",企业需要认识到数字化转型是数字化技术与业务场景深度融合的过程。因此,在数据中心数字化转型的过程中,基于数据中心的业务场景分析就是需要迈出的第一步。业务场景分析就是要将数据中心所承载的业务的各种场景元素综合起来,梳理出其中的主体关系和业务逻辑,挖掘隐藏的用户需求,进行需求匹配和流程的优化改进。不同于传统上只关注 IT 架构的思路,与业务场景的深度融合更强调用户的实际使用体验。未来各行各业都将以"场景为王"为参考标准,迈出数字化转型的第一步,循序渐进,保证数字化建设符合用户使用场景、真正为用户带来价值,而非为了转型而转型。

各个行业企业的当务之急是重塑思维习惯、跳出思维定式,用创新的思路指导数字化建设,加快数字化转型的步伐,抢占高地。用场景化思维引导数字化转型建设成为企业数字化转型的有效路径。

5.1.2 战略解读

在管理学中,战略是指组织对有关全局性、长远性、纲领性目标的谋划和决策,即组织为适应未来环境的变化,对生产经营和持续稳定发展中的全局性、长远性、纲领性目标的谋划和决策。战略是表明组织如何达到目标、完成使命的整体谋划,是提出详细行动计划的起点,但它又凌驾于任何特定计划的各种细节之上。战略反映了管理者对于行动、环境和业绩之间关键联系的理解,用以确保已确定的使命、愿景、价值观的实现。

在全球经济进入数字化转型时期,企业制定数字化转型战略成为各类行业企业必须面对的重大命题。我们都知道数字化转型并不是技术转型,本质上是指客户驱动的战略性业务转型,不仅需要实施数字技术,还需要牵涉各部门的组织变革。

数字化转型战略是筹划和指导数字化转型的方略,在高层次上面向未来,在方向性、全局性的重大决策问题上选择做什么、不做什么。全球知名调研机构此前曾对 2000 位跨国企业 CEO 做过一项调查,结果显示,全球 1000 强企业中的 67%、中国 1000 强企业中的 50% 都将把数字化转型作为企业的战略核心。数字化转型或者说通过数据手段来帮助企业更好发展的方式,已成为未来不可避免的趋势。

毫无疑问,企业数据中心的数字化转型战略是企业整体战略的组成部分,同样适用整体战略的解读方法和基本分类来进行全面分析。

1. 数字化转型战略分类

数字化转型的分类主要考虑两个维度,一个是变革的深度,一个是变革的广度。所谓变革的深度,就是针对一个业务场景的变革是不是彻底的、革命性的,在原有模式的基础上变化越小,深度越浅;变化越大,深度越深;所谓变革的广度,是指站在整个数据中心所有业务场景的角度,变革涉及的业务面的范围是大是小,涉及的业务场景越少,广度越小;业务场景越多，广度越大。

从这两个维度出发，可以将企业数据中心数字化转型的战略分成四类：**精益式转型、增强式转型、创新式转型和跃迁式转型**，如图5-2所示。

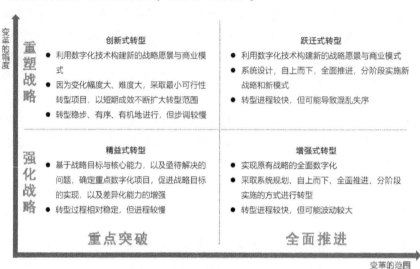

图5-2　数字化专项策略与分类

精益式转型。企业基于战略需要，从数据中心提供的产品和服务、数据生产方式、组织管理方式等方面，找到重要和急需的场景进行数字化变革，从而更强有力地推动战略目标的实现，强化企业的战略优势。这是目前数字化转型中企业广泛采取的一种策略。采取精益式转型策略的企业，其所处行业相对稳定，短时间内不需要重新设计战略和商业模式。

增强式转型。与精益式转型类似，增强式转型也不存在战略与商业模式层面上的变革，不同的是，增强式转型对数据中心所涉及的全场景采取齐头并进式的数字化升级。这种转型通常是由中层骨干与数字化专家推动完成的，变革更加系统化，如果推动得力，往往可以更加快速地彰显数字化的巨大价值。不少企业倾向于采取这种转型策略，期待变革整体性地、快速地完成。这自然是好的，但是企业需要对自身特点有深刻的理解。

创新式转型。创新式转型最突出的特征是对数据中心承载业务场景的实现方式或商业模式发生了颠覆式变革，可以说是一种业务模式的重塑。但是这种变革涉及的业务场景并不多，往往是选择少量具有代表性的或者重要的业务场景作为目标，既是一种突破，又是一种试探。采取这种转型策略的企业，一般其竞争领域已经或者即将发生巨大变化，原有的竞争优势正在被摧毁，如果不快速进行战略变革，很可能失去现有的市场地位，甚至被淘汰出局。

跃迁式转型。顾名思义，就是在现有基础上的一种跨越式的变革，这种变革是比较彻底的，会涉及数据中心绝大部分甚至是全部的业务场景。跃迁式转型策略是最具挑战性的，这是因为企业数据中心的产品、服务、生产方式、管理方式和商业模式都同步进入变革状态，既可能带来巨大的成功，也可能带来巨大的风险，需要企业采取更加审慎的态度，对商业环境与内部环境、能力，进行全面、准确评估。

2. 数字化转型战略分解体系

美国的管理大师罗伯特·卡普兰和大卫·诺顿创造性地提出，"你不能描述和衡量，就不能管理"。因此，要想让数据中心数字化转型战略能够真正有效落地，就必须建立**"描述战略，衡量战略，管理战略"**的严密逻辑体系，并根据战略目标的要求，对战略任务和各项指标进行分解，依据各项任务和指标的优先顺序作为整个数据中心资源分配的基础。这样才能有效利用企业的有限资源达到最大化战略成果。

如图5-3所示，通过战略地图等战略管理工具，可以将企业数据中心的数字化转型战略构想和目标，分解为一系列相关关联的目标，形成一个个战略任务，明晰关键驱动因素和指标，确保公司各部门、各岗位清晰地知晓公司的战略定位和战略目标，进而制定"战略行动计划表"，结合KPI指标的分级设定，可以将抽象的数字化转型愿景目标，转化为从战略制定到战略实施的，一整套相关关联、有机协作的重点工作事项和行动计划，确保数字化专项战略可以有效落实与推行。

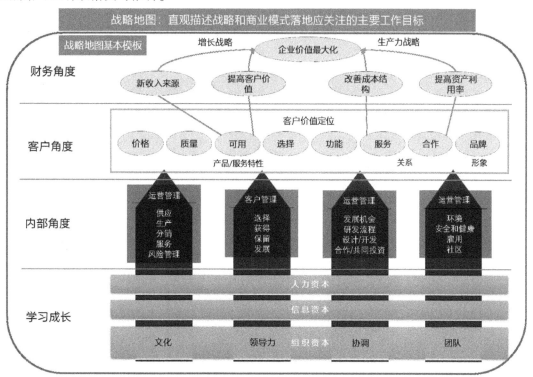

图5-3　战略地图示例

具体来说，数据中心的数字化转型战略地图的绘制可以分成6个步骤：

第一步，明确战略环境和目标。这需要企业数据中心的战略研究人员在内外环境分析（SWOT）的基础上弄清以下问题：数据中心的客户是谁？数据中心最主要的产品或服务是什么？数据中心的优势是什么？数据中心在企业数字化转型中的价值定位是什么？数据中心与业务发展的关系如何？在想清楚了上述问题后，就可以对数据中心的数字化转型战略有一个比较清晰的描述了。

第二步，评估业务优先级别。在评估数据中心承载业务的优先级别前，需要对数据中心的利益相关者进行分析，主要是了解不同利益群体对于数据中心的价值主张，这将对战略中的关键战略措施的选择等产生影响。之后就可以进行数据中心主要业务的优先级别评估了，评估的目的是为了在数据中心复杂多样的业务中区分出轻重缓急。这种评估为战略地图客户层面的目标实现提供了依据。

第三步，确定数据中心数字化转型的关键战略举措。数据中心数字化转型战略的关键举措在本质上是对数据中心转型范围的确定，是数据中心价值定位的一个折射。数据中心的数字化转型涉及业务、管理和技术三个方面，需要根据企业自身的业务发展、资源配置等现实情况，剔除对自身发展不力的或无力的内容，根据优先级别的评估确定哪些是数据中心数字化转型战略的关键举措，只有这些举措才是数据中心数字化转型的主线，所有的资源都应该集中使用于此。

第四步，安排业务发展顺序。由于数据中心数字化转型的重点任务会在不同时间段带来回报，因此从长远来说都需要予以关注。但是这并不意味着所有的重点任务在时间的推进上是同步的。在确定数据中心的业务优先级和关键战略举措后，要对所有业务发展进行精密规划，明确不同战略重点的推进和资源需求时间表，从而有条不紊地实施数据中心数字化转型战略。

第五步，进行财务预测和模拟，绘制战略地图。成功的战略实施离不开细致的财务预测，因此需要结合数据中心数字化转型待开展的各项任务来制定整体的财务与非财务目标等内容，同时需要对实现目标的资源需求进行预测和模拟。之后，就可以按照常用的战略地图模板进行战略地图的绘制了。

第六步，形成行动方案。根据前面确定的战略地图以及相对应的不同目标、指标和目标值，再来制定一系列的行动方案，配备资源，形成预算。如图5-4所示为战略行动计划表示例。

5.1.3　标杆研究

菲利普·科特勒提出："标杆研究是寻找在公司执行任务时如何比其他公司更出色的一门艺术。"其实中国古代战略名著《孙子兵法》也有提到"知己知彼，百战不殆；不知彼而知己，一胜一负；不知彼，不知己，每战必殆"。

战略行动计划表						
计划名称			5S体系建设计划			
计划编号						
总负责人			第一负责人：第二负责人：			
制订						
制定日期						
审批						
审批日期						

编号	关键结点		时间	计划要求	负责单位	协同单位	责任人
1	5S体系建设的方案	成立集团总部层面项目领导小组、执行小组	2010/5/4-2010/5/10	1.目标陈述：在2010年5月10日以前，通过酝酿、讨论，分别在集团与各公司层面确定5S推行项目领导小组和执行小组 2.成功标志：制定出台《推行5S现场管理项目的通知》，集团以通知形式下发	集团管理部	各子公司办公室	
		制定《5S现场管理推行指导手册》	2010/5/10-201/05/30	1.目标陈述：在2010年5月底前，通过领导、执行小组酝酿、讨论，制定《5S现场管理指导手册》 2.成功标志：制定出《5S现场管理推行指导手册》（要求包括5S理论、操作规范、现场流程制度清单，与实际运行案例说明），并经总裁办公室讨论通过	集团管理部	各子公司办公室	
		5S现场管理培训	2010/5/30-2010/6/30	1.目标陈述：对车间骨干及部门员工进行培训（只手5次受训频次，含录像培训），分发5S教材与手册 2.成功标志：使全体员工对5S现场管理的内容全面认识	集团管理部	各子公司	
		5S现场管理试点单位的确定	2010/5/30-2010/6/30	1.目标陈述：领导小组通过开会讨论，确定5S现场管理试点单位 2.成功标志：北京与上海确定2个车间，所有部室（含后勤），集团研发中心	集团管理部	各子公司办公室	
2	车间5S推广方案及实施	完成北京与上海的试点车间与部门、集团研发中心实验室5S实施细化方案	2010/5/30-2010/6/30	1.目标陈述：在2010年6月30日前，制定北京与上海的试点车间与部门、集团研发中心实验室5S推广方案，确定组织机构人员名单和职责、方针政策、推广步骤等 2.成功标志：制定出试点车间与部门《5S实施方案》（初稿），经过总经办审批	集团管理部	各子公司办公室/试点车间/部门/实验室	
		车间与部门、实验室5S实施	2010/7/1-2010/8/15	1.目标陈述：试点单位实施推广	集团管理部	各子公司办公室/试点车间/部门/实验室	
		车间与部门、实验室6S实施评价	2010/8/15-2010/8/31	1.目标陈述：集团最高领导对北京、上海、集团研发中心实验室的5S试点实施情况进行阶段性评估	集团管理部	各子公司办公室/试点车间/部门/实验室	
		阶段总结	2010/8/15-2010/9/10	1.目标陈述：在2010年8月31日以前召开阶段总结，对车间与部室推广工作进行总结，修订《5S现场管理推行指导手册》《5S实施方案》 2.成功标志：修订方案根据集团总裁办公室批准认可	集团管理部	各子公司办公室	

图 5-4　战略行动计划表示例

标杆研究就是将本企业各项活动与从事该项活动最佳者进行比较，从而提出行动方法，以弥补自身的不足。标杆研究本质上是一种评价自身企业和研究其他组织的手段，是将外部企业的持久业绩作为自身企业的内部发展目标并将外界的最佳做法移植到本企业的经营环节中去的一种方法。企业可以通过标杆研究不断对竞争对手或一流企业的产品、服务、经营业绩等进行评价来发现自身的优势和不足。总体来说，标杆研究是一种管理体系，它为企业在经营管理方面提供了一种学习的过程方法。如图5-5所示。

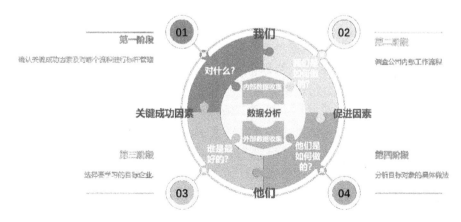

图 5-5　标杆管理工作流程

企业在制定数据中心数字化转型战略、建立管理体系、制定转型策略举措等层面，都可以通过标杆研究的方法，选择本行业、竞争对手、外域行业已经取得业内普遍认同的卓越成效的企业作为标杆，从盈利模式、决策模式、产品服务模式、运营模式和生产模式等多个层面进行对比分析，梳理自身的能力现状与目标，并通过与标杆企业数据中心的相关对比，评估定位自身在行业的能力水平，分析发现与标杆企业的能力差距，帮助设定短、中、长期发展的目标和举措。如图 5-6 所示为企业数字化转型标杆研究示例。

领军者评价数字化转型项目所用的指标

57%	有颠覆产业价值链的可能性	57%
57%	市场份额的增加	36%
43%	扩大用户基础	47%
43%	新产品利润	47%
43%	新产品收入	35%
14%	财务回报	60%

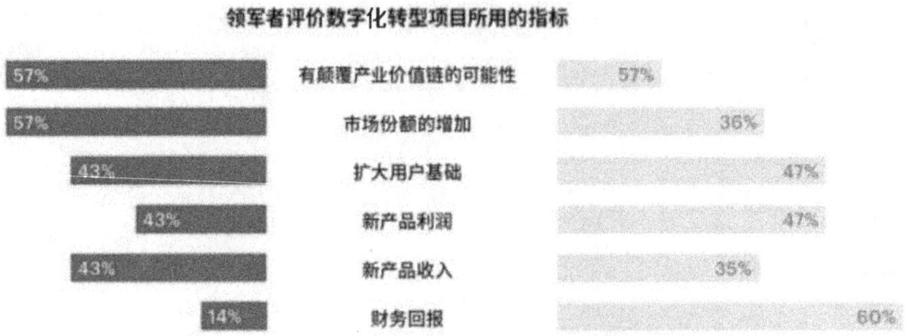

图 5-6　企业数字化转型标杆研究示例

5.1.4　差距分析

差距分析是指在企业数据中心数字化转型战略实施的过程中，将各项能力举措的实际成效与战略期望的业绩进行对比分析，进行战略目标设定与具体举措的评估，分析差距产生的原因并提出减小或消除差距的方法，从而修正相应的战略目标与举措。企业在制定数据中心的数字化转型战略与实施举措时，至少需要分析三类差距，包括战略目标与现状的差距、用户期望与服务能力的差距、企业与行业标杆的差距。通过差距分析，可以评估定位自身在行业的能力水平，判断设定的战略目标是否可行，发现自身存在的能力短板等，从而帮助企业及时修订目标，设定短中长期发展的目标和举措。

差距分析的最终目的是优化调整数据中心数字化转型的战略，这个过程不能一概而论。每个企业都有自己的方式方法，但是一般都会遵循以下的基本规则。如果当前的现状超过原来设定的目标，那么可以将后面的目标调整得更高一些；如果原来设定的目标大大超过目前取得的绩效时，就需要调低后面的目标；如果目标调低后仍然存在显著差距，就需要重新思考、提出新的战略来消除差距；如果预期的差距不能通过提升数据中心现有的服务能力或产品能力来弥补，就应该将注意力转向数据中心的业务组合，目的是修改或增加数据中心业务的可能性和多样性，发展新的成长率更高的业务，并剥离成长率低的业务。

5.1.5　关键需求分析

需求是指人们有能力购买并且愿意购买某个商品的欲望。回顾到本书所讨论的数据中心的范畴，所指的需求，可以理解为数据中心的用户为了更好地使用数据中心提供的各种能力满足自身的业务实施需要，向数据中心提出的数据、数字化技术，以及各类服务的要求。而所谓关键需求，指的是用户向数据中心提出的最重要的核心能力诉求，缺少这种能力将会使得数据中心的数字化服务水平受到严重影响，甚至几乎瘫痪。

数据中心的关键需求分析主要就是通过需求梳理、需求评估、需求排序确认等关键环节，得到关系到数据中心数字化转型的关键需求。

需求梳理就是基于前期各种研究分析方法的结果，对各种业务所需要的主要能力进行总结提炼和聚类去重，从而梳理出数据中心开展数字化转型与运营工作的主要工作事项和管理行为，输出企业数字化转型需求清单。

需求评估主要针对需求清单的每一项需求，从可行性（业务可行性、技术可行性、资源可行性）、成本（人力成本、时间成本、学习成本）、变革风险（经营风险、社会风险、政治风险、技术风险）以及需求的价值（普适性、示范性）等多个维度进行综合评估，筛选不合理的需求，选择汇总现阶段需要满足和实现的需求，如图5-7所示。

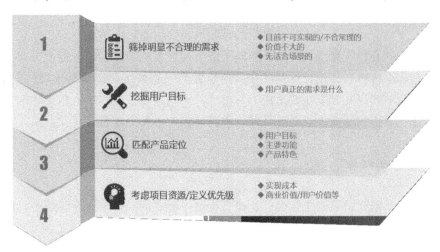

图5-7　需求评估实现过程示意图

需求排序是根据需求相关行动时间的重要性和紧迫性为坐标轴，可以将所有需求区分放在四个象限：重要且紧急、重要不紧急、不重要但紧急、不重要不紧急。对所有需求分类后，根据需求在矩阵中的象限与位置，制定分阶段的实施方案与计划，才可做更好的分析处理，如图5-8所示。

一般情况下，分类排序在重要且紧急这个象限的需求，肯定会被确认为关键需求。至于重要非紧急和紧急非重要的需求是否作为关键需求，不同的企业可以有不同的选择。

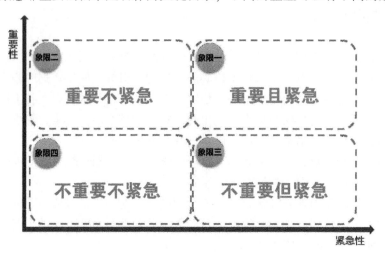

图 5-8　四象限分析法示意图

5.2　方案设计

在完成数据中心数字化现状评估、明确了数字化运营的需求后，我们就需要结合企业自身的战略目标和业务特征，设计定制一个可指导数据中心数字化运营落地实施的具体方案。方案设计首先要明确定义方案所要达成的目标，从而构建企业数据中心数字化运营的总体蓝图框架，并选择重点领域和重点业务开展方案策略的业务验证与修正优化。

5.2.1　定义方案目标

目标是对活动预期结果的主观设想，是在头脑中形成的一种主观意识形态，也是活动的预期目的，为活动指明了方向。在数据中心数字化运营工作方案中，定义一个合理的目标为各项工作的结果设定一个参考值，有了参考值，结果出来后，可以为自己的工作进行打分，来评判有没有达到原来想要的效果。如果一个工作方案没有明确的目标，一方面无法评判结果的好坏，工作起来会像风中摇曳的树枝一样，没有了方向；另一方面所有方案的执行人员无法找到清晰的工作方向，各自为政，工作容易变得混乱不堪。

一般来说，企业数据中心数字化转型的工作不可能只是通过一个工作方案就能完全说清的。因此，工作方案也会分成总体方案、分项方案、专题方案等。这些方案解决的是不同层面的工作指导问题，但是不管一个方案涉及的面有多小，都是需要在制定方案之初，就要定义一个明确的目标，只不过这个目标的大小不一样而已。

具体到数据中心数字化运营发展层面，一般都会设立经营收益目标、管理效益目标、能力深化目标和用户发展目标四个层面。

经营收益目标是企业生产经营活动目的性的反映与体现。对于数据中心来说，能够通过数据或者技术服务带来实际的收益是数字化转型的重要目标之一。经营收益目标是数据中心数字化转型的最高阶目标，也是数字化转型后形成的新目标。所以企业数据中心需要明确数字化转型后的核心经营收益目标是什么。只有在明确了经营收益目标后，才能为数据中心数字化运营各方面活动提供基本方向。才有可能确保企业在一定的时期、一定的范围内适应环境趋势，保持经营活动的连续性和稳定性。

管理效益目标是对企业基于数据中心开展生产经营活动进行计划、组织、指挥、协调和控制等一系列活动结果的总称，是数据标准化生产的客观要求。数据中心管理的优劣水平，决定了数字化运营工作的成败、效率与发展速度。因此，需要根据经营收益制定明确数据中心的管理效益目标，一般包括运营管理组织建设优化、运营决策模式、运营流程优化再造、运营效率提升、运营资源配置和运营成本控制压缩等多个目标。

能力深化目标是指企业基于外部市场环境的约束，通过内部人力资源和生产资料的配置组合，达成企业财务目标的能力。能力深化目标是数据中心各项目标能够达成的基础和保障，主要可以分为物理资源的能力建设提升和相关人员知识能力提升两个方面。物理资源能力建设提升目标又包括了技术研发能力、数据分析挖掘能力、模型构建能力、数据后台和中台的支撑能力等目标。不同数字化岗位人员的知识能力包括了必备的技术基础能力、逻辑思维能力、归纳总结能力、计划协调能力和沟通表达能力等多级目标。

用户发展目标是指数据中心不断吸引用户使用和获得数据中心相关服务的能力。用户是数字化运营和企业增长的基石与生命线，用户发展目标的确定，也是企业数据中心数字化运营应该首要关注的。用户发展目标围绕用户生命周期的不同阶段，也可以进行进一步细分，包括新用户拓展、用户市场总体覆盖、固化用户行为、增强用户黏性、深挖用户贡献、提升用户满意度和忠诚度等目标。

5.2.2　制定业务发展蓝图

1. 业务发展蓝图框架

数据中心的业务发展蓝图是以数据中心数字化运营的目标为导向，通过相关的业务运行管理流程分解、资源及支撑资源配置、可行的发展演进路径和分阶段举措等构建一个完整的解决方案框架体系，并以分层关联图形等具象化的形式进行描述。

数据中心业务发展蓝图的制定，为数据中心数字化转型解决方案设立了相对标准、完善的体系框架，指引和保障了方案的落地实践和有序演进，如图5-9所示。

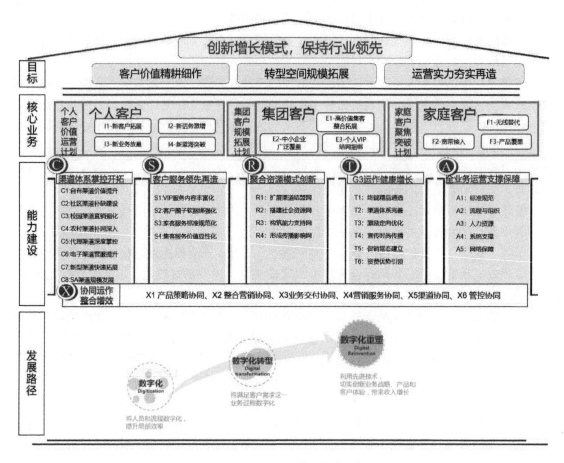

图 5-9　客户价值提升数字化运营蓝图框架示例

2. 业务发展蓝图构建流程

在目标指向明确的前提下，构建数据中心数字化转型业务发展蓝图一般可以分为**流程梳理与关联分析、业绩改进提升点提炼、能力体系构建完善以及落地实施路径设计**四个步骤。

流程梳理与关联分析，针对之前确定的数据中心数字化运营的经营收益目标、管理效益目标、能力深化目标、用户发展目标进行分析，梳理相应的经营和管理活动，形成核心业务活动组件，根据重要性和支撑关系，分为基础性业务活动和支撑型业务活动，并建立两类业务的关联对接。

业绩改进提升点提炼，对已经梳理构建的业务组件体系，进行专项的现状诊断分析，挖掘不足和问题，汇聚问题环节，分析提炼业绩改进提升点，制定数据质量提升、加强监测、强化分析挖掘能力等改进提升的目标。

能力体系构建完善，针对问题环节的业绩改进提升目标，梳理分析相应的业务领域和能力模块，针对能力模块进一步分解到能力项，从而形成能力体系总体视图。

落地实施路径设计，根据业务发展的规律，结合战略目标规划，将数据中心数字化运营工作进行阶段性划分，设定每个阶段的发展演进目标与方向，并从重要性、可行性、实施成本，以及相互的管理制约关系等维度入手，对策略举措进行综合评估和排序，组织形成企业数字化运营且可行的实施路径。

5.3 试点验证

有了方案目标和业务发展蓝图，接下来便是方案落地问题了。事实上，任何数字化项目落地实施都是最艰难的部分之一。通常来说，数字化运营会采取试点验证的方式开展，试点过程主要涉及业务试点选择、试点开展、方案修正优化三个环节，接下来会逐一阐述各个环节的关键步骤和实施要点。

5.3.1 选择业务试点

任何有价值的数字化运营策略和举措，都必须经过实际生产经营环境与场景的检验，能够切实帮助企业解决业务问题，促进创新发展，为企业带来实际效益。因此，选择具有普适性需求、典型业务环境与场景的业务试点，进行策略举措的业务验证，是企业各类管理举措方案设计必不可少的要素，数据中心数字化运营工作也不例外。

选择业务试点工作主要包括试点评估选择、试点方案制定两大步骤。

试点评估选择。企业数据中心运营部门或团队组织相关部门以及外部专家，从五个层面开展试点的评估选择。试点目标方面，要根据整体业务目标的分级，设立试点的目标，明确试点成效的评价标准；试点区域方面，要选择意愿强有思路有想法的下级机构、分公司开展试点；试点领域方面，可以有两个思路，一种是选择重要且相对独立的业务单元，有限控制试点风险的影响，而另一种是选择重要且核心管理的业务单元，提升试点的整体效益和影响力；试点业务方面，选择重要并容易产生价值的具体工作单元、业务流程或产品；试点场景方面，选择普遍面临的问题，具有普适性和代表性需求的生产经营或管理的环境和情景。

试点方案制定。在确定了试点范围和主体对象之后，就要编制试点方案，主要内容包括试点目标的阐述、试点原则、试点选择依据、试点参与主体和组织、试点实施流程与计划、试点的成效预测与评估标准、试点的风险防范预案，以及相应的组织、流程、资源和技术支撑保障等内容。

5.3.2 试点开展

明确了试点的目标、范围并制定了相应的试点方案后，我们就要筹划展开具体的试点工作。在试点中，将企业数据中心数字化转型与运营策略举措与实际的业务场景和需求对接，实现业务验证与迭代优化。

召开试点启动会。企业数据中心数字化运营的主责部门组织召开试点启动会，公司和相关责任方的领导最好要共同参与，体现企业高层对工作的支持。会上，由数据中心数字化运营负责人介绍试点的目标、要求、原则和方案计划，提升全员的整体认知，统一思想。

建立试点机制流程。依据试点方案中结合具体试点环境的实际情况（业务需求、岗位职责、管理规则、现有流程、能力基础等）进行调整优化，制定与试点环境相匹配的工作开展机制、策略和流程，并编制相应的试点工作指导等材料。

开展宣贯培训。企业数据中心数字化运营的主责部门召集试点相关各级人员，开展宣贯培训，介绍试点工作的组织形式、工作开展机制、策略和流程，明确试点开展的意义和评估标准。培训可以提升参与人员的能力建设和技术技能，统一认知，保障试点工作持续有效开展。

5.3.3　方案修正优化

以试点参与主体和最终用户评价为主，结合试点成效评价体系，定期对试点开展绩效评价，根据评价结果确定下一阶段试点工作安排、建立绩效淘汰与滚动支持制度。工作组每月组织沟通交流，定期组织对试点进展情况进行评估，结合标杆和事件性交流汇报等组织不定期的抽查调研，分析面临的问题和困难，评估数据中心数字化转型面临的实际业务需要、管控目标与能力要求，制定相应的改进优化建议和策略，并将策略建议作为新的需求，反馈到管理体系循环中，从而实现试点方案的迭代优化和闭环管理。

5.4　试点总结推广

在试点验证的过程中，需要借助成效评估模型等手段进一步总结提炼试点得失，之后将试点经验通过同类业务运营推广、分散业务运营推广、价值关联业务运营推广等模式进行规模化复制。

5.4.1　总结提炼试点得失

在业务试点的开展过程中，依据试点成效评估模型，定期通过数据监测分析、流程穿越、场景体验以及用户访谈调研等方法，对试点的开展情况和成效进行总结，主要包括试点业务特征、业务场景与需求、实现运营体系与策略、运营价值产生模式、试点成功要素和风险制约因素六个方面的内容。如图5-10所示。

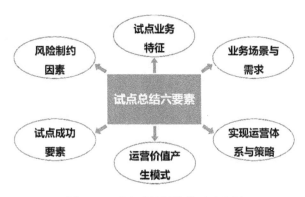

图 5-10 试点成效评估模型示意图

试点业务特征分析总结。分析提取试点业务的属性、分类、市场目标、结构组成、定价模式等各个业务特征，便于其他业务产品分类的对比分析。

业务场景与需求分析总结。分析描述业务在试点开展过程中，面临的实际业务场景（对象、场所、业务/产品、环境条件等），以及用户的真实需求，便于今后的样本抽取和场景分类对比。

实现运营体系与策略分析总结。提取数据中心数字化运营的体系架构和策略举措，分析其组织结构、业绩提升方向和对应的改进点，结合业务场景和需求，总结体系策略的特点、适用条件和环境。

运营价值产生模式分析总结。分析总结数据中心试点运营策略和具体举措的价值特点，以及由于策略举措的实施，为企业带来的经济财务、内部管理、外部市场等方面的价值体现，以及相关合作方的利益产生及分配模式。为今后类似的业务运营合作提供参考依据。

试点成功要素分析总结。依据试点综合调研的反馈和成效分析，结合上述各个层面的总结，综合分析提炼试点取得成效的方面及其原因，包括不限于：试点客户选择的正确性、试点渠道等选取的有效性、试点策略举措解决客户的痛点、客户普遍面临的需求场景与要求，以及所采用的资源组织与协同模式的高效性等。提炼总结试点的成功范式，以便为今后试点的大规模推广提供决策支持。

风险制约因素分析总结。在试点总结中，我们在关注试点成功的因素，憧憬着美好未来的同时，还要认真分析，试点中遭遇的陷阱、困难、环境制约，以及存在的问题，到底有多少陷阱？评估预判这些问题、制约因素会对企业和业务发展带来什么样的风险，提前制定相关风险消除和防范预案，以保障试点有序推广和规模化复制。

5.4.2 试点模式复制与推广

试点模式复制与推广的路径一般包括三种，第一种是同类业务运营推广模式；第二种是分散业务运营推广模式；第三种是价值关联业务运营推广模式。如图 5-11 所示。

同类业务运营推广模式。在试点总结的基础上，选择与试点业务具有类似客户群体、市场环境、业务需求、业绩提升点等业务特征的业务/产品或者策略举措，扩大市场使用的规模和疆域。

分散业务运营推广模式。在试点经验总结的基础上，选择其他领域的业务，增加多个试点，开展多对多的市场推广模式，以便对更多元的信息要素进行采集及评估，为业务的更大规模推广，提供决策参考依据。

价值关联业务运营推广模式。通过

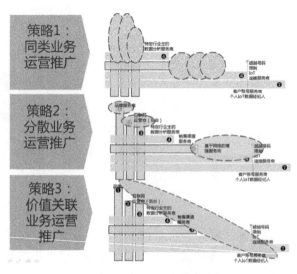

图 5-11　推广策略模式图

试点的分析总结，我们进一步深度了解不同类型业务之间的关联影响，以及客户体验感知的交叉满意度感知，从而将相应的业务/产品聚合打包共同拓展市场。

5.5　全面转型实施

数据中心数字化运营方案在经过试点业务验证与改进优化后，就可以在更大的业务范围，开展相关企业数字化转型和运营策略举措的规模化推广，步入全面转型实施的阶段。

5.5.1　定义业务价值视图

1. 业务价值视图的定义与内涵

每一个典型业务，都可以把它想象为一台运行中的机器，而其中的每个业务组件便是构成这台机器的功能模块。之所以要利用组件来进行业务架构的搭建，正是因为组件具有上述特性，这些特性能确保搭建的典型业务架构图，既完整有效，又无功能冗余，而且有利于今后随着业务环境的变化，进行体系架构的组件扩展和延伸。

数据中心的数字化运营业务价值视图，定义了数据中心数字化运营的业务策略、管理要求，以及关键业务流程。数据中心数字化运营业务价值视图的绘制，就是在明确业务目标的基础上，通过服务蓝图、经营价值链等各个专业领域的业务视图，对企业数据中心所承载的业务整体过程进行解构，分解出关键的管理和实施环节，提取每个环节的影响要素，根据每类要素的特征，制定相应的价值提升目标与要求。

如果对数据中心的每一个业务组件都采用相同的特性定义的方法加以描述，就能掌握这些业务组件当前能完成哪些独立的业务内容，以及能达成哪些业务目标，并在数据中心的数字化运营实践中，逐步探索积累一套应用数字化技术实现成功的业务策略框架与战术工具集，提炼其中具有通用性、普适性的关键点和要素，就可以逐步沉淀为企业自身的具有可行性的方法和路径。

2. 业务价值视图整体架构

一个相对健全的业务价值视图主要包括了四个层次的内容。

业务对象层，主要展示了业务运营服务的对象主体，包括客户、股东、合作伙伴等。

业务目标层，主要承接业务发展蓝图，展示了经济收益、管理效益、能力深化和客户发展四个层次的目标，还可以根据企业的业务特征和数字化转型的阶段，将四级目标与业务对象进行对应匹配。

业务模块层，分为上、下层。上层主要承接业务发展蓝图，展示企业数字化运营相关的各个业务模块，以及这些模块之间的相关价值关系；下层针对各个业务模块进行解构，梳理绘制相关的核心业务流程，并展示相关流程的关联对接关系。

价值提升层，对关键的业务流程进行分解，分析提炼业绩改进提升点，提出关键环节的业绩提升目标与要求。

如图 5-12 所示为某通信运营商业务价值分析与方案示例。

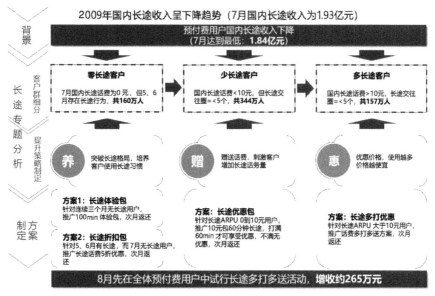

图 5-12　某通信运营商业务价值分析与方案示例图

5.5.2 设计可量化指标体系

1. 目标分解与北极星指标

承继业务价值视图，根据数据中心数字化运营关键业务提升目标与要求，通过 SMART 原则，对业务目标进行细分和量化，保证业务衡量指标的明确、可度量和可实现等特征，实现数据定义业务，作为今后数字化运营的评估标准，并以此建立数字化运营闭环。如图 5-13 所示。

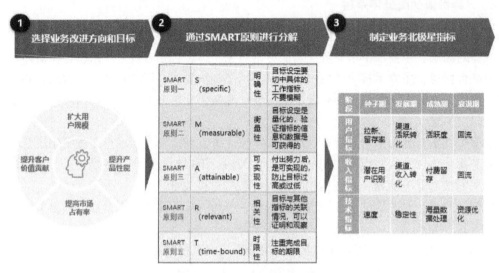

图 5-13　目标分解过程示意图

北极星指标，也叫作唯一关键指标（OMTM，One metric that matters），就是对于一项工作任务来说最重要、最终达到的那个目标。这样就可以理解为什么要叫作"北极星"指标了，其实大概的寓意就是要像北极星一样指引工作开展的方向。

数据中心数字化运营所有工作目标最终都应该分解并量化为一个个指标，其中最终目标可以设为北极星指标。当然，所有指标的制定最好是能符合 SMART 原则。

SMART 原则中的"S"代表目标必须是具体（Specific）的，比如目标定为我要减肥，就不如我要减肥 10 斤具体；"M"代表目标是可以衡量的（Measurable），如果制定的目标都没办法衡量，那么跟没有目标没差别；"A"代表可实现（Attainable），在付出努力的情况下可以实现，避免设立过高或过低的目标，一般设定的目标是可以踮踮脚达到的；"R"代表相关性（Relevant），指绩效指标是与工作的其他目标相关联的，如果公司每个部门的目标跟公司的总体目标方向不一致，就会导致大家不在一个方向上努力，效率低；"T"代表有明确的截止期限（Time-bound）。

企业数据中心数字化转型进程的不同阶段，北极星指标的设定也会有所不同。如

图 5-14 所示，以一个典型的互联网业务平台运营为例：

在种子期，该互联网业务平台的主要目标是扩大品牌影响力，吸引客户参与并留存。此时该互联网业务平台运营的北极星指标序列为：用户指标-拉新、留存率；收入指标-潜在客户识别；技术指标-快速敏捷能力。

在发展期，该互联网业务平台的主要目标是提升客户转化率，转化客户商业价值。此时该互联网业务平台的北极星指标序列为：用户指标-渠道活跃、转化率；收入指标-渠道收入、转化率；技术指标-服务稳定性和健壮性。

阶段	种子期	发展期	成熟期	衰退期
用户指标	拉新、留存率	渠道、活跃转化	活跃度	回流
收入指标	潜在用户识别	渠道、收入转化	付费留存	回流
技术指标	速度	稳定性	海量数据处理	资源优化

图 5-14　数据中心不同时期北极星指标示例

在成熟期，该互联网业务平台的主要目标是提升客户活跃，挖掘客户价值。此时该互联网业务平台的北极星指标序列为：用户指标-活跃度；收入指标-付费留存；技术指标-海量数据处理。

在衰退期，业务的用户已经超饱和、过载，该互联网业务平台的主要目标是客户挽回和留存。此时该互联网业务平台的北极星指标序列为：用户指标-回流；收入指标-回流；技术指标-资源优化。

企业数据中心数字化运营的北极星指标设置也是类似的过程，只不过数据中心更多承担的是对内部用户提供服务的职责，对外部用户的拓展是其中一部分工作而已。

2. 细分量化指标体系

同样遵循 SMART 原则，根据业务实现流程，并结合客户行为的分析以及相关人员的角色和职能要求，对北极星指标进行进一步分解，从而建立完整的、可量化的指标体系，实现对数据中心数字化转型各项工作的度量和评价。如图 5-15 所示。

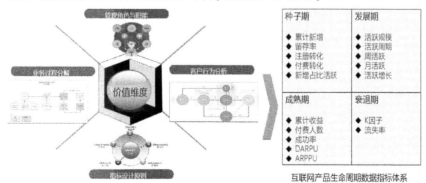

图 5-15　指标分解价值维度示例

如上图所示，指标分解可以从业务过程、管理角色、客户行为等维度入手，以北极星指标为基准进行细分，梳理制定可以量化的 OKR 指标。这里我们引入了 OKR 指标的概念，那么到底什么是 OKR 指标体系？我们为什么需要引入？

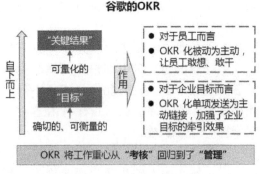

图 5-16　谷歌公司 OKRs 示例

OKR 的英文全称是 Objectives & Key Results，即目标与关键成果，就是"为确保达成企业目标的关键成果分解与实施"。OKR 不同于 KPI 只关注目标和结果，是一套定义和跟踪目标及其完成情况的管理工具，可以帮助企业从战略目标出发，识别和落实关键任务的方法。如图 5-16 所示为谷歌公司 OKR 示例。

同样以上文的互联网业务平台的推广为例，围绕产品发展的生命周期，在前文确定北极星指标的基础上，对各个阶段目标进行分解，设定形成各个阶段的 OKR 指标体系。如图 5-17 所示。

发展阶段	结果目标	关键成果
种子期：产品拓展，引流新增	用户新增规模和用户数	❖ 累计新增数 ❖ 注册转化率 ❖ 留存率 ❖ 付费转化率 ❖ 新增占比活跃度
发展期：增加使用，激发活跃	用户活跃与黏性	❖ 活跃规模 ❖ 活跃周期 ❖ 周活跃 ❖ 月活跃 ❖ 活跃增长
成熟期：价值转化、提升价值	付费用户数与贡献值	❖ 付费用户数 ❖ 累计收益 ❖ 成功率 ❖ DARPU ❖ ARPPU
衰退期：流失防范、交叉营销	严控流失与增强推荐	❖ K因子 ❖ 流失率

图 5-17　OKR 指标体系示例

5.5.3　数据监测运营过程

在前面一节，我们完成了针对数据中心数字化运营相关业务活动的分解和量化，明确了 OKR 指标体系后，现在就可以开始着手建立数据监测体系了。

1. 数据监测的业务定义与作用

所谓的数据监测，就是将企业数据中心数字化运营各项工作的行为数据以及业务数据采集过来，用可视化的形式呈现出来，再通过指标结果所反映的发展趋势来进行监督和控制。数据监测是及时、有效反馈出数据异常的一种手段，通过对数据的监控去观察企业数据中心数字化运营指标是否异常，如何波动，从而透视出整体的运营工作是否正常有效地运行。

一个好的数据监测体系能够从以下四个方面为数据中心数字化运营工作带来帮助。首先能够反映数据中心过去的业务和产品现状，对现在以及实现数字化转型后的业务和产品提供对比和参考；其次就是能够对数据中心当前各项业务开展的状态进行监控，及时发现异常数据和问题等；第三就是能够及时发现数据中心数字化运营某项业务指标的升高或降低，辅助运营人员分析这种升高或降低产生的原因；第四就是能够模拟和预测数据中心数字化转型未来业务和产品可能发生变化的趋势，再根据指标数据来制定和调整运营策略、成本等关键要素配置。

2. 数据监测体系构建

对于数据中心数字化运营工作来说，我们首先要明确需要设定的监测指标有哪些？为什么要监测这些数据指标？关于这两个问题，我们无法给出一个标准答案，因为不同企业的数据中心承担的业务不一样，企业希望数据中心数字化转型达成的目标也不一样，那么针对这些工作所设置的指标就不一样，监测体系自然也都不一样。

但总体来看，数据中心的监测体系主要是搭建以日、周、月为单位的数据指标监控体系，并最终形成不同时间粒度的监测报表，从而实现对每日、每周、每月、每季度的运营指标数据监测，以图表展示，来反映数据中心数字化运营工作成果的变化趋势，通过过去一周的数据反映数据中心运营现状，通过每日、周、过去三个月的业务数据变化趋势预估未来的变化趋势。

对于监测体系来说，最重要的还不是发现已经发生的问题，而是能够根据指标数据趋势的变化及时发现可能的风险，并进行预警。这就需要围绕监测体系制定预警规则并建立预警手段。

基于监测体系建立预警能力有以下四项工作需要开展：

首先就是确定每个监测指标的正常波动范围。数据中心数字化运营的有些指标与业务相关，需要由业务人员来确定指标正常范围。有些指标则是可以根据历史的数据设定一个正常浮动范围，一般可以从同比数据（与上周同一天同一时段进行对比）、环比数据（与前三天同一时段的平均值进行对比）、每个小时增幅（与前 N 天每个小时增幅进行对比）等统计维度去确认正常波动范围。

举个例子，根据数据分析得出，数据中心注册用户量环比前 3 天的平均值正常浮动范围是 ±20%。

其次就是确定预警触发条件。一般来说，在明确监测指标的正常范围之后，超出正常浮动范围就会发出预警。有些特殊的监测指标，也可能设置为超出正常范围一定的幅度才会预警，这要根据实际情况来确定。

第三就是确定预警周期与频次。预警的周期通常是一天，频次是半个小时一次或一个小时一次。

最后就是明确预警通知的方式。目前应用比较广泛的主要有短信通知和电子邮件通知两种。随着在工作中微信、企信、钉钉等办公软件的普及，也可以将相关的预警通知信息通过这些办公软件送达相关人员。

5.5.4 分析业务问题及改进措施

根据前述数据监测流程，当有数据异常的时候，就会触发条件快速通知数据中心数字化运营人员，这时候运营人员要做的就是根据监测指标的异常情况，进行数据分析，诊断发现哪个环节出现了问题？原因是什么？并针对性制定适配的改进优化措施。

1. 通过数据分析、洞察业务问题

通过对监测指标数据的全面深入分析，我们可以透视企业数据中心数字化运营工作的实际运行情况和成效，并诊断分析存在哪些业务问题，整体过程大致分为了问题定位分析、问题构成分析和问题根因分析三部分。

（1）问题定位分析。

当监测指标数据出现异常或产生预警后，我们第一反应就是产生了问题。那么到底是否产生了问题？这个问题的严重程度如何？还需要进一步对比分析。这个就是我们通常所说的问题定位分析，一般包括了横向对比分析、时间序列分析和变化趋势对比分析。

横向对比分析。当监测数据出现异常后，除了针对数据中心自身业务范围内进行原因分析之外，还需要跟企业整体业务情况乃至整个行业的相关数据进行横向对比分析，才能判断是否真正产生问题。如果横向对比分析后，大家都一样，数据都出现异常，那就是整体的生产经营环境（政策、需求、事件）发生了变化，不能完全判定是数据中心相关运营策略的问题。例如我国新冠疫情发生后，全国的餐饮、旅游、服饰贸易等行业的客户数和销售量都急剧下滑，甚至趋近于0。同时，疫情又给在线游戏类行业带来新的契机，均说明了是整体市场环境发生剧变，而不是个别企业的问题。而如果横向对比后，发现企业市场主体都没有异常，那就一定是本企业出现了问题，需要重点分析和解决了。如图5-18所示。

时间序列分析。把当前的异常指标数据，与数据中心自身历史同期（同比）和上一统计周期的数据（环比）进行对比分析。如果历史同期也出现相应的情况，那么就很有可能是季节因素或者周期因素。比如在每年的11月、12月用户数量或者新发布的数据应用数量都会出现大幅增长，这可能跟企业年终考核要求相关，每年都是如此。如果经过分析，发现情况不同，那就需要从当前运营工作中来找存在的问题了。如图5-19所示。

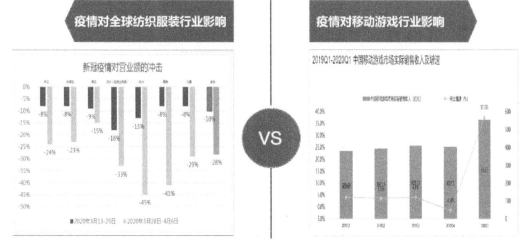

图 5-18　指标横向对比示意图

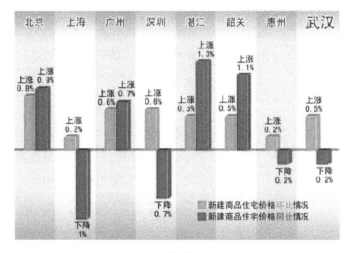

图 5-19　指标时间维度对比示意图

变化趋势对比分析。有时候不能孤立地只看当前某一个时间节点的指标数据，还需要随时间变化的趋势来分析数据。例如从累计规模上来看，用户数在增长，形势大好，但是通过近几个月增长率的变化来分析，就会发现用户增长率在逐月下降，实际上反映了企业产品的吸引力逐渐减小、用户日趋饱和、增长乏力等问题。如图 5-20 所示。

（2）问题构成分析。

问题构成分析也叫作细分分析，其原理是对发生异常的监测指标，从时间、地域、用户分类等多个维度进行进一步的构成分解与细分，从而找出异常发生的主要部分，发现主要矛盾。如图 5-21 所示。

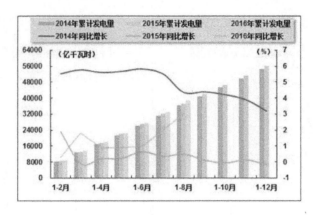

图 5-20　指标变化趋势对比示意图

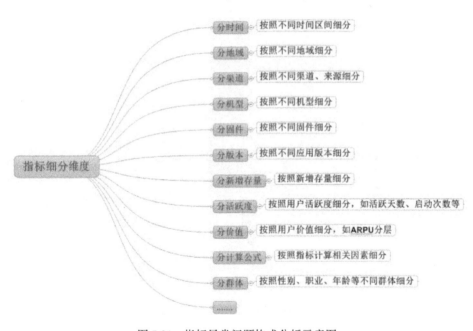

图 5-21　指标异常问题构成分析示意图

（3）问题根因分析。

根因分析就是找到问题的根本原因，是分析问题和解决问题的一种方法。它是一种结构化的问题处理方法，用以逐步找出问题的根本原因并加以解决，而不是仅仅关注问题的表面现象。例如在业务场景中，有的时候需要调查和分析为什么会出错，在哪里出错，寻求防止差错事故再次发生的必要措施，从而提高整体业务的安全和质量。

根因分析的方法通常包括"5WHY"、鱼骨图、故障树分析、事件因果链和逻辑树五类方法。

● "5WHY" 分析法

所谓 "5WHY" 分析法，又称 "五问法"，就是以连续反复使用五次 "为什么" 的方式自问，以打破砂锅问到底的方式寻找问题发生的根本原因，如图 5-22 所示。"5WHY" 不限定必须或只做五次为什么的提问，以找到问题根因为准，也许是三次，也许是十几次都有可能。一般而言，反复提出五次为什么基本就可以寻找到问题的根因。

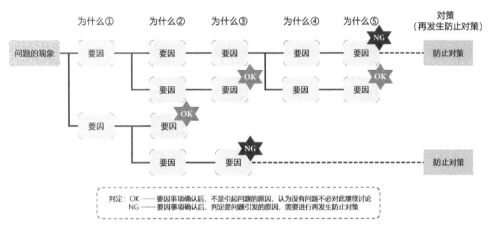

图 5-22　5WHY 分析的运用示意图

● 鱼骨图分析法

鱼骨分析图（Fishbone diagram），又被称为石川图，该方法用来合并、总结跨层面的因果关系，如图 5-23 所示。鱼骨图分析法在很多场景下被广泛使用。根据问题的不同情况，从不同的功能领域进行分析（如人力、环境、工具等），它能确定所有可能影响事故的潜在过程和因素，鱼骨的头部标示需要调查的问题，鱼骨的每一条分支，则标识不同层面的问题。

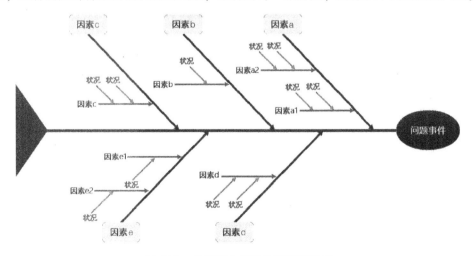

图 5-23　鱼骨图分析法的运用示意图

- **故障树分析法**

故障树分析（Fault Tree Analysis）是一种在工程系统中普遍使用的、定量的从事故结果到原因再到根本原因的分析方法，如图 5-24 所示。这种方法本质上是一种由上往下的演绎式失效分析法，利用布林逻辑组合低阶事件，分析系统中不希望出现的状态，能够有效地寻找根本原因和事故之间的事件关系。事故（或可能发生的事故）在图表的最顶端，被称为"顶上事件"，从上至下地分析与事务有关的原因，这些原因被称为"中间原因"，直至无法从原因中再向下分析出更深层次的原因，这些原因称为"根本原因"。故障树分析法中的原因的因果关系通过逻辑门来连接。这些原因通过逻辑门连接起来之后，能够得到一个像倒置的树的图表，如上图所示，故障树分析法既可以用于定性分析，又可以用于定量分析。

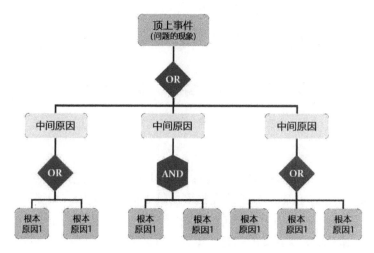

图 5-24　故障树分析法的运用示意图

- **事件因果链分析法**

事件因果链分析法（Event and Causal Factor Charting）可用于确定一系列导致事故发生的事件以及其对应的原因，如图 5-25 所示。它通过将事件和原因清晰地整合在一条时间线上，从而有效地分析调查复杂问题，将复杂问题中的所有事件从头到尾的逻辑关系明确展示，并且将事件和其对应的原因结合在一起。

- **逻辑树分析法**

逻辑树分析法（Logic Tree Analysis）经常与事件和因果链一起使用，不同商业机构使用的逻辑树分析法名称各有不同，如图 5-26 所示。例如 ABS Consulting 的根本原因地图（Root Cause Map）。该方法通过收集大量的数据，将事故/故障预先分为不同的种类，每个种类的事务/故障都有各自预先确定的原因列表，通过对问题的分析讨论，从列表中选择最合适的原因，即为"根本原因"。

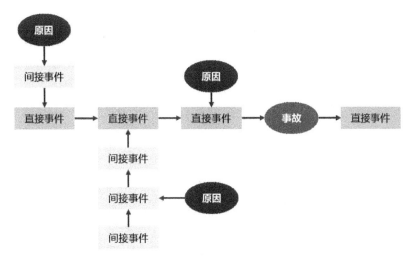

图 5-25 事件因果链分析法的运用示意图

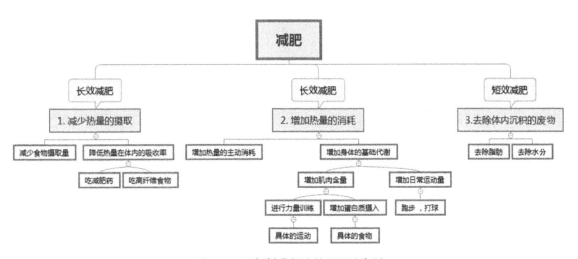

图 5-26 逻辑树分析法的运用示意图

2. 改进策略举措

根据根因分析的结果，针对性地制定改进优化策略和举措，形成举措库。根据业务分析，专业的服务经验案例以及行业实践，形成策略假设，并引入 ICE 模型，对可能的策略假设进行推演和评估。选择执行度高的假设策略，形成可行策略举措列表，分析各个举措的影响制约管理，并排列策略举措的优先级。如图 5-27 所示。

实验名称	实验假设	I：预期影响	C：成功概率	E：容易程度	综合打分	分析
实验一	如果在动态详情的头部导航上的用户头像下方，增加文案"有n位好友也关注了她"，加大关注按钮尺寸并添加图标强调关注，预计用户对其他用户的关注率可以提升到 6 %，因为这个文案增加了用户与博主之间的相关性，并且多位朋友的关注，可以增加信赖感，提升用户关注转化率。	8	9	8	8.3	1 I-预期影响：位置较明显，覆盖用户多，场景多。 C-成功概率：该想法借鉴了其他产品的做法，有数据支撑。 E-容易程度：前端调整间距并添加文案，设计增加图标，后台获取用户的好友关系，提供相关好友数据对接到前端。
实验二	如果在笔记详情页右下角放置与点赞相等权重的关注用户图标，预计用户对其他用户的关注率可以提升到 6 %，因为优化了路径，将关注按钮放在了点击热区。	7	7	6	6.7	4 I-预期影响：位置较明显，接近用户点击热区。 C-成功概率：由于该位置只显示图标，用户不清楚这是否是关注按钮，预期转化率不高。 E-容易程度：进行图标设计，前端增加关注的按钮。
实验三	如果调整点击关注弹窗的设计样式，预计用户对其他用户的关注率可以提升到 6 %，因为原提醒关注的模块与底部的动态之间空间的区分不明显，造成视觉干扰，且加号按钮显得单薄；新的样式可以降低注意力分散。	8	9	7	8	2 I-预期影响：减少了视觉干扰，突出关注按钮。 C-成功概率：该想法借鉴了其他产品的做法，有数据支撑。 E-容易程度：进行图标设计，前端增加关注的按钮。
实验四	如果在社区页增加消息的入口，预计用户对其他用户的关注率可以提升到 6 %，因为原消息模块在个人中心页，消息不能在探索页面实时看到，而是要去到个人中心，路径过长，关联性过低。	6	7	5	6	5 I-预期影响：缩短了用户查看消息的路径，增加互动，预计可以提升关注率。 C-成功概率：暂无相关的其他案例支撑，需要验证。 E-容易程度：需要设计和前端的配合。
实验五	如果用户在某个文章或动态上停留5秒以上，"关注"按钮变亮变大，提示用户可以关注此博主，预计用户对其他用户的关注率可以提升到 6 %，因为这样可以吸引用户的注意力。	5	6	9	6.7	3 I-预期影响：用户专注看视频时，可能会造成干扰。 C-成功概率：有其他产品做了类似的尝试，有相关数据支撑。 E-容易程度：只需前端实现。

图 5-27　改进策略实施示意图

5.5.5　持续迭代完善

在数据中心数字化转型的开展过程中，还需要建立评估机制，根据预设的阶段性工作成效标准，定期通过数据分析、流程穿越、场景体验和用户访谈等多种方式，及时了解整体工作的开展现状以及遇到的问题，评估业务开展的成效，通过成效评估以及与预设目标的差距分析，判断改进方向是否正确、目标设定是否科学可行、洞察之前设计的策略举措是否与实际的业务紧密对接，辨析还存在哪些不足和短板，并制定进一步优化改进的方案，从而实现数据中心数字化运营策略及其策略举措的循环业务验证和持续迭代优化改进。

5.6　总结与深化

根据预先规划，分阶段对当前企业数据中心数字化运营情况进行全面的评估总结，不仅仅包括成效和业务的评估，还要结合包括数据中心数字化运营面临的政策环境、行业和企业发展趋势、面临的市场竞争态势、用户需求的发展演进等综合因素，深入加强自身对数据中心数字化转型的认知理解，思考数据中心数字化业务的特征和发展优势，研判企业数据中心发展演进的方向与路径。在此基础上，进一步规划设定企业数据中心数字化转型下一阶段的深化目标、策略与举措，驱动企业数据中心承载业务进入下一个周期的能力螺旋循环。

第6章 关键挑战与应对

6.1 认知理念层面

数据中心的数字化转型，对于企业来说是一项长期而艰巨的任务，也是一项复杂的系统工程，在实施的过程中，将面临诸多挑战。而摆在最前面，也是最根本的就是来自于认知理念层面的挑战。特别是对于传统企业来说，易受到旧有经营模式下惯性思维的影响，造成认知理念上的模糊和错位。

6.1.1 业务主导与技术主导

企业数据中心在进行数字化转型之初，首先思考解决的挑战，就是应该谁来主导这个数字化转型的过程。是"技术为王"还是"业务为王"？其主要职责是什么？如何聚合调动相关资源共同参与？

根据调查，很多企业对数字化转型的初步认知大多是：数字化转型是信息化的升级，主要是技术和数据管理模式方法的转型升级。基于这类认知，认为技术部门负责企业整体的信息系统建设，汇聚并管理企业的数据，几乎是企业内部与数字化转型工作距离最近的部门。数据中心作为企业技术部门负责主导建设的信息化系统平台之一，依据惯性思维，其数字化转型的重任当然应当交由技术部门来负责。接下来我们通常就会看到，很多企业数据中心的数字化转型就是去采买大量的新型设备、前沿软件，发展先进的人工智能、区块链等技术，同时引入大量数字技术人才，把数字化转型的重心放在技术设备升级上。这种认知和决策忽视了两个重要风险：一是现有的企业技术部门缺乏推进数字化转型应有的业务能力，说白了就是平台建得再好，不对业务部门的口味，没人用；二是现有技术部门往往从单一的技术思维出发，因为视角和认知的制约，抑制了对数字化转型愿景目标在业务层面的设定和整体构想。

所以我们认为即使数据中心是由技术部门建设和维护的，但数据中心的数字化转型并不是单一的技术转型，也不是将某个应用或者业务的数字化，而是指从业务层面发起的、由业务用户驱动的整体业务运营方式的转型。这不仅需要数字化技术的更新升级，还需要牵涉各个业务内容和业务模式的深度融合与协同，甚至是整个组织的变革。因此，企业数据中心要实现数字化转型的战略目标，就要真正调动和协同企业整体资源，需要基于数据中心实现业务与技术的深度融合。如果有必要的话，应该建立起专门从事数据中心数字化转型的部门或团队，由业务人员和技术人员混合组成，以便更为有效地推动企业经营过程中全要素、全过程、全方位的数字化。

综上所述，在企业数据中心数字化转型过程中，不管是技术还是业务，都不能成为唯一的主导力量，而是需要将业务和技术通过数据中心这个平台，以数据为纽带进行连接，形成相互促进、螺旋式上升的良性循环，才能将数据中心数字化转型落到实处，为企业带来实际效益。

6.1.2　全面推动与局部提升

数字化已经到来，企业考虑的已经不是需不需要数字化，而是数字化如何落地应用。而对于企业数据中心的数字化转型来说，究竟是从平台自身已有的优势业务领域先动手开展，还是整体上全面推进，是每个企业数据中心的管理决策者需要思考确定的。

首先需要说明的是，不管是全面推动还是局部提升，都应该在对数据中心数字化转型工作进行了全面细致地规划设计之后，按照规划的总体目标采取具体的落地实施策略。

全面推动，是以数据中心数字化转型规划蓝图为目标，以数据中心当前承载以及未来可能承载的业务为范围，同步推进各业务领域的数字化转型工作。对于数据中心，甚至整个企业来说，这是一件全局性的系统化工程，需要从全局着眼，整体把握。需要注意的是，所谓全面推动并不代表着所有数字化转型的工作任务不分主次、同等重要，而是必须对所有任务按照重要性进行分级分类，并重点确保关键任务的及时完成。全面推动这种模式由于往往涉及的业务面比较广、相关部门比较多、任务数量巨大，所以整个工作的周期会非常长，一般都需要分成几期来完成。相应地，在整个周期中出现问题和风险的可能性就会比较大，对数据中心运营团队在问题处理和应变能力方面有着极高的要求。

局部提升，在全面规划指导下，以数据中心某个业务为切入点，先行开展数字化转型工作，并取得成效提升。切入点的选择可以从以下三个层面考虑：从需求层面，可选择需求相对较急，且内部分歧小，达成需求后见效快的；从成果层面，可选择成果复制性强，可评估，有影响力并能带动其他局部数字化转型落地的；从投入层面，可选择投入周期短、投入金额较小的。局部提升并不代表数据中心只需要在局部业务领域完成数字化转型就行了，而是一种"投石问路"的策略，一方面可以积累经验，发现并解决规划中无法预见的问题，也就是我们俗称的"踩雷"；另一方面可以降低启动门槛，先把事情干起来。这种策略的最终目的还是要通过一个又一个的局部提升实现数据中心全部业务的数字化转型。

不同企业的数据中心发展程度不一样，选择的策略也就可能不一样。有些企业数据中心建设多年，原有业务比较成熟，建议采用局部提升策略；有些企业数据中心建设刚刚完成，业务发展还在初级阶段，可以采用全面推进策略。所以我们认为不管是全面推进还是局部提升，只是一个起点问题，第一步先迈左脚还是右脚，要根据企业数据中心实际情况来选择，不存在那么多套路上的优劣，关键是要先走起来，瞄准大方向出发，坚持走下去。

6.1.3　自主发展与合作聚力

数字化转型，对企业数据中心的现有能力提出了全方位的要求，如何在短期内快速完备提升自身的能力，是在本企业内部自主培育、发展壮大，还是与外部优势资源合作协同，快速补齐，是企业需要明确的。

数据中心数字化转型带来的是对企业业务全方位的改造和建设，企业仅仅依靠自身现有的力量完成，越来越不可行。因为内部员工数字化能力的培养和成长需要经历一个较长的时间周期，才能为我所用。如果企业执着于此，将面临能力缺陷与贻误机遇的双重风险，几乎很难成功。

我们建议，在数据中心数字化转型中，企业应首先辨析和聚焦自身的核心能力，自我提升实现核心能力内化，并在行业内保持优势发展，铸造自身的"壁垒"和"护城河"。而在非核心能力上，应该以开放的心态，基于数字化系统性建设所需的能力分层和角色分工，充分利用外部力量，快速补齐能力短板，为自身发展构建互利共赢的生态体系。

6.1.4 长期投入与短期业绩

企业推进数据中心数字化转型，是为了利用数据来驱动、提升业务效益水平，从而获得更好的发展。这样的要求，本无可厚非。不过寄希望于数字化转型能够立竿见影，要求数字化转型工作在很短的时间内就能够全面收回各种投入并带来十分突出的业绩增长，就违背了商业规律，有些操之过急。

数字化转型是一项长期的战略行动，需要长期投入，着眼于企业的长期绩效提升。目前来说，各类企业的数字化转型普遍处于初期打基础阶段。在这个阶段，数据中心在人员、设备、软件工具等方面的初始投入很大，短期内能够带来的绩效无法完全覆盖投入是很正常的。数字化转型和业务紧密联系在一起，数字化转型更多地体现为对业务绩效提升的助推作用，数字化转型相对独立的绩效，不容易单独衡量。如人力和物料成本降低了，残次品率减少了，库存量减少了，交货期缩短了，各种故障以预警的方式提前排除了，维修中的停机时间减少了，为客户提供的产品和服务更加精准了，客户的满意度提高了等。在这些情况中，数字化转型所带来的直接价值不容易从现有业务的综合绩效中剥离出来。

正因如此，企业在数据中心数字化转型中面临巨大的业绩压力。为了更好地推动数据中心数字化转型工作，企业设立专门的部门、岗位，大规模引入数字化转型的高端人才，投入大笔资金到相关软硬件建设上。然而，由于数字化转型工作与业务紧密相连，这些专业化的部门和人员所从事的工作，往往又很难直接反映在业务价值上。在大多数业务人员甚至领导们看来，数据中心数字化转型在一段时间内并不能产生大量的直接效益，这个结论似乎很容易得出。这样一来，从企业高层到数据中心数字化转型部门，都会因此而面临巨大的业绩压力。甚至在压力面前，一些企业开始削减数据中心数字化转型的相关投入，裁减部门和人员，走向了推进数字化转型的反面。

因此，推动数据中心的数字化转型，不能受制于短期绩效要求，要做好长期打算，从战略发展的高度出发，持续但合理地投入资金和人员，算大账、算长期账。对于专门负责数据中心数字化转型的部门和人员，不要从一开始就赋予他们业务部门的业绩要求，不列入利润中心，而将其列入成本费用中心。对其考核方式，不能以短期直接收入与利润指标来衡量，而要以其在推进数据中心数字化转型方面所取得的一系列重要改变作为工作的业绩，甚至鼓励大胆尝试，允许必要的失败。

6.1.5　数字汇聚与数字化

数字化热潮出现后，企业所有的部门和人员都开始认识到，数据是有价值的，数据正日益成为企业的核心资产。很多企业认识到，积累数据是最重要的，一是把本企业的各种数据集中起来，二是想方设法从外部获取各种数据。一些企业以为，从内外部获得的各种数据，只要努力抓在自己手里，就抢占了市场竞争的制高点。在这样的认识之下，企业内部众多部门找各种机会尽可能把各种企业数据集中在自己手里，不愿意把数据轻易提供给其他部门使用，带来了一个个"数据孤岛"。显然，这样的认识和做法存在着很大的偏差。

数据的终极价值，在于通过广泛的流通和融合，借助关联性分析得到能够用于鉴证、预测的结果，以此指导和促进业务提升。也就是说数据的价值需要在融合和分析应用中实现。企业以及内部各个部门想方设法把数据抓在自己手里的做法，无助于数字化转型的顺利实现。对于不懂业务的部门来说，拿到数据，也未必能够从中分析出有价值的结果。而且这种情况下来自业务与职能部门的数据，很可能是已经被过滤和处理过的，其本身可用于分析的价值已经远远下降。对于每一个业务部门来说，如果只是抓住本部门的数据，能够用作分析的事项非常有限。就整个企业来说，仅仅依靠自身所获得的数据，推动数字化转型所能达到的高度也是非常有限的。

6.2　组织人才层面

数据中心数字化转型给企业带来的不仅仅只是技术上的转变，更是企业业务业态、组织管理的转型。而在这个转型过程中，企业首先面临的不仅仅是技术或者市场的挑战，也包括企业自身是否有足够的数字化人才来支撑企业数字化战略的发展。数据中心作为企业数字化转型核心主体，其数字化人才的规划与建设尤为紧迫和重要，是实现数据中心数字化转型的关键。

6.2.1　怎样建立数字化人才标准

在考虑如何打赢数字化时代的人才争夺战前，首先要思考人才标准问题，即哪些是组织所需的数字化关键人才？他们需要具备哪些能力？这不是个别员工的问题，而是所有处于当今数字化时代的组织和人才需要思考和解决的问题。

欧盟很早就开始了数字化人才的研究，制定了数字人才的相关标准，如《公民数字能力框架》《e-CF 数字化人才能力框架》等。欧盟 e-CF 数字化人才能力框架将数字化人才的能力划分为计划、搭建、运行、启用、管理五大能力域共四十个能力项。

笔者亲历了国家大型企业数据中心的建设、管理和转型的各个阶段，并对数据中心在数字化转型趋势下的数字化人才与组织能力的规划建设，进行了一些尝试，初步设计构建了相应的人才岗位分类与标准，在此也跟大家分享和探讨一下。

结合数据中心工作的专业及任务特点，我们将大数据领域的人才岗位简单划分为开发类、运维类和应用类三种。开发类包括大数据系统架构师、数据开发工程师等；运维类包括大数据平台运维工程师、数据治理工程师等；应用类包括数据产品经理、大数据挖掘分析师、大数据可视化工程师、数据运营工程师等。在此基础上，根据目标要求，我们针对每一类人才岗位，从任务、知识、技能和能力四个层面进行了构建，从而初步形成了数字化人才的标准体系。最终汇总各个数字化人才岗位的知识能力要求，构建了整体的数字化人才能力图谱。如图 6-1 所示为大数据系统架构师的能力标准示例。

工作任务名称	大数据系统架构师
工作任务编码	002
专业领域	大数据平台开发
工作任务描述	负责大数据平台的搭建和系统设计
工作任务内容	T1：负责大数据平台建设项目的整体架构设计和开发
	T2：负责推动大数据平台建设项目的执行落地
知识描述	K1：熟练掌握数据库和数据仓库的理论知识
	K2：了解 Hadoop 生态系统的组成和主流模块的架构原理，掌握 Map - Reduce 的编程模型、相关基础和高级编程语言
	K3：掌握大数据平台建设项目开展步骤及项目控制
	K4：了解大数据质量管理体系和大数据架构的思路与方法
	K5：掌握大数据平台性能优化及维护的方法
	K6：掌握大数据挖掘的思路和常用的大数据挖掘和分析的模型
技能描述	S1：解决大规模数据处理的基础能力
	S2：相关数据处理程序的编写
	S3：独立搭建和优化 Hadoop 大数据平台架构
	S4：掌握大数据平台的部署和搭建能力
能力描述	A1：保证大数据项目的顺利推进和落地
	A2：解决大规模数据处理的基础能力
	A3：具有优秀的业务理解能力，能够站在应用的角度更好的设计平台架构
	A4：具有团队管理能力和良好的沟通、协调和组织能力

图 6-1　大数据系统架构师能力标准示例

岗位能力图谱如图 6-2 所示。表格中左侧为岗位名称，右侧为能力点。中间有颜色的部分标识，每一个岗位对应需要掌握的知识点，颜色标识了该岗位对该知识点要求的深度。

图 6-2　大数据岗位能力图谱示例

6.2.2　怎样构建专业能力

数字化人才专业能力的构建要将基于职业生涯的人才培养模式和基于问题导向的人才培养模式二者相结合。

基于职业生涯的人才培养模式往往是立足于公司发展战略方向，适度的前瞻人才的需求，识别差距，进行有重点、体系化的发展。基于职业生涯的人才培养模式可以帮助员工识别自身优势、劣势，可以增强人才发展对人才管理、绩效管理和目标管理的支撑。

基于问题导向的人才培养模式是基于企业当前经营问题和员工工作情景，聚焦改善绩效而引入的一系列高效、快捷的使能方法。

数字化人才的发展过程中，基于职业生涯的人才培养模式和基于问题导向的人才培养模式是相辅相成的，前者是发展的方向和牵引力，后者则是在过程中不断修正方向，共同作用于人才专业能力的构建。

数字化人才专业能力的构建要结合当下学习的特征，将不同层级人才所需要掌握的知识、技能通过各种数字化工具技术和智能化的工具，为人才学习提供碎片化、个性化、敏捷化、共享化的学习体验，为人才专业能力的构建提供良好的学习环境。

6.2.3　如何评估数字化人才能力价值

大数据是一个非常专业的领域，对大数据岗位人员的要求缺乏客观统一的人才评价标准，不仅不利于公司选择合适的人才，也不利于大数据人员的成长和流动。因此，企业需要与相关部门和外部主体开展合作，结合企业数据中心的业务特征和数字化转型目标要求，建立适配的数字化人才能力评估体系。

在一个企业中，内部人才培养和能力评估是一件非常重要的事情，一般会由公司人力资源部门负责统筹，根据各项业务和各个部门的工作岗位要求，以满足不同专业方向、岗位职责为目标，以知识考核、技能测验、能力评价为依据，建立符合公司实际和国内外人才评价标准程序，且科学、完整、统一的大数据从业人员能力评估体系。

数字化人才能力价值评估体系包括能力胜任度模型构建、评估指标体系设计、评估方式周期以及权重测算与赋值。

能力胜任度模型构建。通过八个环节的流程构建，根据归纳整理的目标岗位数据资料，对实际工作中员工关键行为、特征、思想和感受有显著影响的行为过程或片断进行重点分析，发掘绩优员工与绩效一般员工在处理类似事件时的反应及行为表现之间的差异，识别导致关键行为及其结果的具有显著区分性的能力要素，对识别出的胜任度指标做出规范定义，并在此基础上，对各个要素项目进行等级划分，对不同的要素等级做出详细描述，明确分值、权重及计算公式，初步建立胜任度模型。如图6-3所示。

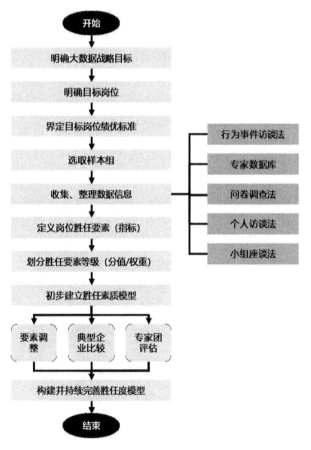

图6-3 数字化人才能力胜任度模型的构建流程图

评估指标体系设计。数字化人才能力评估体系的评价指标是在建立的胜任度模型要素的基础上细化而成的，主要由专业领域、评价维度、评价项、评价要求、分值、权重六个部分组成。

专业领域，分为开发类、运维类和应用类三大类，未来可根据工作需要在三大类下面细分二级岗位类别。

评价维度，是指专业领域需要完成的工作任务所必须具备的相关知识、技能、能力的要素，如日常工作完成情况、培训成绩、比赛成绩等。

评价项，指对专业领域的胜任度要素，是一系列明确的、可采集的评价指标。

评价要求，是指对评价指标的满足程度的说明。

分值，是指对评价要求不同等级的评分赋值。

权重，是指某项指标在整体评价中的相对重要程度。通过权重的引导，可以引导人员侧重某项能力的提升。

评估方式周期。企业数据中心数字化运营部门会同人力资源部门，应该定期综合采用数据分析挖掘、360°访谈以及关键能力测试等多种方式，开展数字化人才能力的评估。考虑到考核工作本身占用的工作量比较大，考核频度通常以季度为宜。

权重测算与赋值。根据实践经验，数字化人才评估指标应以量化指标为主，定性指标为辅。定性指标设置通常不宜过多，在整个考核分值中的占比不宜超过20%，以体现评价结果的客观性。

案例：华为数字化人才团队的实践案例

华为较早地开展了数字化人才的顶层设计与规划，结合欧盟 e-CF 标准，定义出华为所需的 ICT 专业人才分类。如图6-4所示。

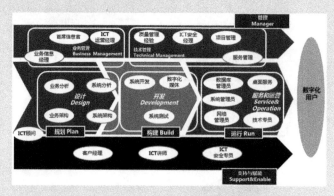

图6-4　华为 ICT 专业人才分类图

对 ICT 数字化专业人才分类和角色做出清晰定义，如图6-5所示。

分析各角色核心活动，并基于关键成功要素明确专业能力要求，以业务架构设计角色为例，如图6-6所示。

人才类别	角色	定义	岗位示例
业务管理 Business Management	业务咨询专家 Business Expert	• 对某一特定领域的业务有深刻的理解，并能根据行业的关键要素提出对解决方案的关键设计要求 • 基于行业特点，解决该行业的难点业务问题并指导IT解决方案的设计	• 财务分析专家 • 人力资源管理专家 • 用户体验专家
	业务分析 Business Analyst	• 针对某一业务领域进行现状诊断、需求分析、解决方案设计、实施落地推动、评估和优化，完成业务解决方案设计	• 大数据分析员 • 人工智能分析师 • 商业流程分析师
技术管理 Technical Management	项目经理 Project Manager	• 在敏捷开发机制下进行高效的项目管理，并完成交付	• 项目经理 • 敏捷教练
系统设计 Design	(企业) 业务架构设计 Business Architect	• 基于数字化转型战略和所需的关键能力，负责整个企业的架构、企业顶层的业务蓝图设计	• 业务架构设计师 • 人工智能架构设计师
	系统架构分析与设计 Systems Analyst	• 基于业务架构，分析并设计系统架构	• 信息系统分析师 • 云计算系统架构分析师

图6-5 华为ICT专业角色定义图

核心活动	业务需求梳理	架构设计	规划	运营及落地
关键成功因素	• 理解业务现状 • 理解相关业务主管、高层对未来系统的预期和诉求 • 理解市场标杆和最佳实践 • 遵循公司IT的整体架构设计原则	• 识别用户之旅，分析核心价值流 • 基于价值流，梳理场景化的业务框架 • 基于业务框架，梳理IT能力框架	• 基于业务需求和业务能力梳理，制定未来架构实现路径和不同阶段版本的蓝图规划 • 对短个版本自身需求进行详细分析，输出方案、价值点和指标 • 进行需求详细分析，输出业务方案，落实到开发	• 基于蓝图规划，指导后续平台的运营 • 指导解决平台运营中存在的架构问题
能力要求	• 理解一个或多个专业模块 • 以业务为导向的逻辑思维和业务现状判断力 • 对行业发展趋势和最佳实践的深入洞察 • 理解公司技术路线，理解必须遵循的技术框架 • 理解最新ICT技术（如大数据、人工智能、5G、云计算、区块链等）及未来发展趋势	• 基于用户体验的设计思维（Design Thinking） • 以业务为导向的逻辑思维和业务规划梳理能力 • 对业界最佳实践的理解，业界跟随（向内看，向外看，看未来） • 理解公司技术路线，理解必须遵循的技术框架 • 理解传统系统如何迁移到新的ICT系统（如云平台）	• 基于用户体验的设计思维（Design Thinking） • 以业务为导向的逻辑思维和业务规划梳理能力 • 对业界最佳实践的理解，业界跟随（向内看，向外看，看未来） • 理解公司技术路线，理解必须遵循的技术框架	• 基于用户体验的设计思维（Design Thinking） • 以业务为导向的逻辑思维和业务模型设计能力 • 理解公司技术路线，理解必须遵循的技术框架 • 未来平台运营所需要具备的知识，如运营管理、运营流程、运营体系和运营支撑等 • 项目管理能力

图6-6 华为业务架构设计角色核心活动示意图

最终形成华为 ICT 专业人才能力模型设计框架，示例如图 6-7 所示。

图6-7 华为ICT专业人才能力模型设计框架图

6.3 实施策略层面

除了认知理念层面和组织人才层面，数据中心数字化运营的另一个关键挑战来自于实施策略层面。在数字化运营实施策略落地的过程中，如何实现基层减负、创新转型的目标，如何适应外部技术、安全、市场需求等环境变化，如何确定目标范围及实现动态调整，都会给企业带来不小的挑战。

6.3.1 帮助业务基层减负

基层负担重，除了上级文件多、会议多，很重要的一个方面就是基层需要统计、汇总、上报大量的数据、表格和材料，占用相当多的时间和精力。为什么会出现这种局面？又如何才能破局？

为何要开展基层减负？

当今，数字化生存是常态，各类数据信息渗透生活的方方面面。政府部门要掌握实际情况、做出科学决策、检验工作效果，都离不开信息。经济学上有个信息不对称理论，指在市场经济活动中，各类人员对有关信息的了解是有差异的，掌握信息比较充分的人员，往往处于比较有利的地位；而信息贫乏的人员，处于比较不利的地位。

正如尼葛洛庞帝在《数字化生存》中所说，"信息的 DNA"正在迅速取代原子而成为人类生活中的基本交换物。开会、下文、上报材料，归根结底都是一种信息交换过程。当信息不对称状况严重，信息孤岛多，信息管理手段缺乏、理念落后，基层必然需要更多的人力、物力来推动信息流动，形成沉重负担。

很多企业，尤其是大型企业的基层工作普遍存在会议多、文件多、报表多、材料多、迎检多、汇报多、问责多等问题，让基层业务人员疲于应付，压得他们喘不过气来。而实现高效、统一的信息资源共享，已经成为基层减负的心声。

2019 年《关于解决形式主义突出问题为基层减负的通知》明确提出将 2019 年作为"基层减负年"。

让信息"多跑路"，推动基层减负

以生态环境治理为例，治理环境污染，单纯靠人海战术是不行的。基于数据中心建设生态环境大数据的应用，可以为生态环保工作尤其是基层生态环保工作提供一条新的路径。

首先，生态环境大数据可以引入在线监控数据、视频监控信息等，构建全方位、多层次、全覆盖的监控系统，实现对企业生产设备、治污设施、运行情况的 24 小时不间断监测监管。一旦发现异常状态，可以及时通过短信、微信、手机 App 等方式告知环境执法人员，提升巡查效率，降低巡查成本，有效缓解基层监管能力明显不足的压力。

其次，生态环境大数据还可以与企业相关的其他数据，共同构成企业信息生态圈。比如企业的用电量、用水量、排污设施型号等，可以多层面地支撑和配合排污费的核算，精准为污染源"画像"。通过关联分析计算，可以及时发现企业的治污情况，为环境监管执法提供数据支撑，使得环境监管执法更加科学。

在此基础上，可建立覆盖全国的大数据分析系统，实现信息资源集聚、互通、共用，实时网罗污染源企业生产状况、治污设施运行情况、进料量、用电量以及银行账目等信息，然后由国家建立统一的评判体系、点位描述、过程监管表格，上下一个指令、一套表格，做到内容精准、形式简洁、可操作性强，切实减少重复交叉的低效核查。

此外，还可以通过数据中心实现生态环境数据与公安、住建、国土等多个部门的环保信息共享，以消除部门之间的"信息孤岛"。这有助于改变过去环境监管执法单纯依靠人力的局面，可有效提升环境监管执法的信息化和智能化水平，为打好污染防治攻坚战提供科学的手段，必将推动基层生态环保工作迈上新台阶。

技术是中性的，能否趋利避害，让人们共享数字技术红利，为基层减负，关键还在于使用技术的人尤其是领导干部为何运用。

6.3.2 参与企业创新转型

当前，数字经济正在成为经济高质量发展的新引擎。数字经济蓬勃发展，在推动生产力发展和生产关系变革的同时，对企业数字化转型升级也提出了新的要求。数据中心作为企业实现数字化转型的重要载体，必然会广泛参与到企业数字化转型带来的业务变革中，促进业务与数字化技术的深度融合。

1. 强化企业数字化技术支撑

数据中心的数字化转型本质上是使用各种各样先进的技术来支撑和改善业务运营，这通常意味着升级或替换原有的技术能力。物联网（IoT）、区块链、大数据、人工智能（AI）、机器学习和云计算都有助于企业有力推动数字化转型的整体进程。这些技术将企业数据中心的数据转化为可操作的服务或组件，从而帮助公司业务在不断发展的市场中保持竞争力。

（1）人工智能规模化，AI大势所趋。

到2024年，凭借主动的超高速运营变革和市场响应，具备人工智能（AI）实力的企业对客户、竞争对手、监管机构和合作伙伴的响应将比同行快50%。超过50%的用户界面交互将使用支持AI的计算机视觉、语音、自然语言处理（NLP）和AR（增强现实）/VR（虚拟现实）。

这就要求企业数据中心应当长期规划并建设人工智能技术能力，逐步将人工智能嵌入新的应用程序，并且提供渐进式改进，以使应用程序更智能，更动态。

（2）云连接加速数字化技术整合。

为了在数字经济中保持竞争力，数字服务必须能够随时随地运行。到2022年，70%的企业将部署统一的混合/多云管理技术、工具和流程。这是云竞争的新篇章。

在数字经济时代，企业的竞争能力将取决于它的数字化范围。而数字覆盖的一个关键部分将是整合云和数据的管理。企业应该通过数据中心的软硬件及数据原料的管理优先级来确定相关的业务 KPI 来驱动，并围绕数字优先的基础设施重新整合所有技术能力，实现基于云的广泛连接和全面共享。

(3) 区块链打造多方互信的数字化环境。

由于区块链固有的不变性和多方的可信度，该技术有潜力通过连接有价值的资产，如医疗收据、商业发票、电子合同、仓库账单和数字身份，来帮助改造传统行业。区块链还能够记录各方之间信息流动的完整过程，显著消除摩擦和欺诈的可能性，帮助个人、公司和整个社会的效率显著提高。

例如百事可乐最近进行了区块链试验，其程序化广告（自动购买和销售在线广告）的供应链效率提高了28%。信息技术巨头富士通（Fujitsu）宣布，它已经开发了一种基于区块链的系统，用于企业用户之间的电力交换，以便在高峰时期提供更稳定的能源供应，该系统比现有系统大约改进了40%。

区块链技术已经被许多其他行业探索和部署。银行、保险、投资管理和其他金融服务提供商正在使用区块链进行数字认证和保护。区块链还可以与其他技术一起实现，解决之前无法解决的挑战，并从互联网中释放更多的价值。

(4) 物联网助力企业实现万物互联。

物联网的价值在于能测量和记录具有高等细粒度和完整性的数据集。企业能从全局的角度了解不同业务板块的联动运作情况，并且使用这些信息改进流程和提高业绩。物联网数据迎来了前所未有的多样化应用机遇，无论是对基础设施进行预测性维护、精确扩展，或是改善客户交互体验，物联网都大有可为。

随着5G的引入，物联网的应用范围进一步扩大，低延迟、高带宽和高服务质量等种种优势的结合让物联网成为未来生产力的控制中心，例如远程控制起重机、工厂里的引导式运输车或者自动驾驶的汽车和卡车。

物联网能帮助企业提高业务体系的可见性，帮助企业加强绩效管理，更好地控制关键产出、提高质量和服务水平。此外，通过分析数据获得有价值的信息能够帮助企业更好地制定未来的发展战略。当企业掌握的信息越完整越全面，企业就越有可能创造性地解决问题。

2. 促进企业业务的整合提效

数据是"未来社会的石油"，是经济社会发展的新动力。数据资源有别于资本、劳动和技术等传统生产要素，虽不能直接作为促进经济增长的原料，但其依托信息技术挖掘出数据背后的信息大大提升了传统生产要素的配置效率。

在推进数字化转型过程中，企业基于数据中心不断提高数据开发利用的深度和广度，充分发挥数据的创新驱动潜能，将数据作为战略性核心资产进行管理及业务应用，强化数据与生产技术、业务流程、组织结构之间的相互影响和相互作用。

一是数据的全面汇集和共享流通。数据中心实现企业所有数据的统一汇聚，尤其是跨业务域数据的有效整合，很大程度上模糊了业务之间的边界，客观上打破了原有的业务壁垒，通过数据"多跑路"的方式沟通和衔接原有的业务流程和事项，从而对业务模式带来新的改变，对业务效率带来积极的影响。数据就像一条无形的"纽带"，为企业的业务变革和发展构建了新的"视窗"和"连接点"，真正将企业的业务公平善意地转化为向用户提供个性化便利的过程。

二是数据的服务化、组件化。企业数据中心不仅仅是汇聚数据，更重要的是在数据整合的基础上，进一步与业务进行融合，生成具有业务含义的指标、标签等数据，这些数据可以被业务所理解，方便业务人员或系统的直接使用。一般情况下，数据中心应当成为企业数据提供服务的基座，这就需要将数据进行服务化封装，内容可以是数据集，也可以是统计数据、标签数据等，其目的就是要将数据与具体的应用解耦，能够方便业务直接调用，从而帮助业务流程快速重组和优化。这是数据中心促进业务数字化转型的重要支撑能力之一。

三是数据规律的深入挖掘指导业务发展提效。企业数据中心的数据除了通过多种形式和方式提供给业务使用、支撑业务数字化转型之外，其中还蕴藏着业务发展的潜在规律和发展趋势。这就需要数据中心具备多样化的数据挖掘模型和技术实现能力，将这种业务规律和发展趋势发掘出来，从而为业务数字化转型提供政策性参考，引导业务向正确和利益最大化的方向发展。

6.3.3 外部动因倒逼转型

从企业高度来看，由企业内生性驱动导致的组织与业务流程变革、商业模式创新、数字化产品与解决方案等为内在动因，由外部环境、社会需求、经济不确定性等导致的生产与消费需求变化、竞争压力、制度变迁、产业结构升级等为外部动因，结合产业结构变迁，可以总结出企业数字化转型的两大驱动模式，即由内在动因主导的增值服务模式和由外在动因主导的倒逼模式。

回到企业数据中心的视角，尽管数据中心的数字化转型更多的是企业内在动因驱动的结果，但随着行业数据生态圈、区域数据生态圈的逐步形成，数据开放融合成为新的趋势，这为企业数据中心的数字化转型带来了原本没有的外在动因。这种外在动因试图从另外一个角度为数据中心带来全新的转型方向和模式，也帮助数据中心发挥更大的价值。

推动企业数据中心转型的外部动因主要分成技术动因、安全动因、市场需求动因、数据增值动因四个方面，共同形成了企业数据中心由外部动因主导的倒逼转型模式。

1. 技术动因

对于很多传统行业企业来说，信息化系统长久以来以稳态为主，保持了相对平稳的发展，数据中心及其前身在线运行十年以上，系统软硬件架构陈旧。随着软硬件技术的不断发展，长期运行的系统形成越来越多的问题隐患，一是系统运行的硬件设备逐渐老化，可更新替换的零部件备件越来越少，硬件发生故障的概率与日俱增；二是业务系统运行的操作系统版本老旧，难以兼容新硬件平台，系统向新硬件平台上迁移的难度越来越大；三是操作系统的更新换代导致旧的操作系统逐渐停止更新安全补丁，系统存在安全漏洞无法弥补的安全隐患。与硬件耦合紧密的封闭系统架构需要向灵活弹性的基于软件定义的数据中心架构过渡。

信息技术快速更迭为数据中心的能力升级带来新动力。新形势下应运而生的虚拟化、软件定义等新技术、新概念，对数据中心基础架构带来了深远影响。越来越多的服务器、存储、网络、负载均衡、操作系统、中间件、数据库等基础软硬件互相融合，虚拟化、云计算、容器、分布式存储、分布式数据库、超融合一体机、软件定义网络等各种新技术、新产品的应用，有力推动了数据中心飞跃式发展。

2. 安全动因

网络安全形势日益严峻形成新压力。当前，网络安全面临更加严峻的形势，网络入侵、网络攻击等非法活动严重威胁信息基础设施安全，网络犯罪手段呈现多样化、高科技化、复杂化和隐蔽化等特征，常规攻击不断衍变，黑客攻击活动日益猖獗，有组织的大规模网络攻击日渐增多。网络安全已成为关系国家安全、社会稳定和人民群众切身利益的重大问题。

很多传统企业，尤其是大型的央企、国企，其业务往往涉及国家的经济命脉和国计民生。所以对于企业的数据中心来说，不仅仅是网络安全，数据安全正在逐渐成为更为重要的课题。企业数据中心在作为基础平台与外部单位进行合作的时候，网络安全和数据安全都会成为一条不可逾越的红线，这就反过来要求数据中心具备更强的安全防护能力，保障数字化转型的开展。

3. 市场需求动因

传统信息系统架构由于与硬件耦合度高，系统的运行严重依赖业务事项的稳定性，而系统的高可用措施及设备复杂封闭，难以共享资源，成本较高而且效果有限，传统数据中心的业务模式也不例外。随着数字化转型的推进，外部市场也在快速发展，正在从"卖方市场"快速向"买方市场"转变。在这种趋势下，数据中心原来相对僵化的需求响应机制已经完全无法适应，从而倒逼数据中心在需求响应模式、应用开发建设模式等方面进行转型。

这时的数据中心就要以提升业务连续性保障能力和提高建设运维水平为目标，科技人员的工作职能也需要适应变化，以技术发展为依托提高数据应用建设效率和敏捷性，不断优化提升运维效率与信息化水平，避免产生"灯下黑"，重点将更多的工作精力投入到应用快速实现和迭代优化方面来，从而具备快速响应市场需求的能力。

4. 数据增值动因

目前，中国消费者在行为上已经呈现出高度的线上线下多渠道多触点全面融合的特点，习惯于数字化的消费者使得中国在前端消费侧已经高度数字化。以生活场景为例，在衣食住行四大方面，中国的数字化程度已经赶超美国。伴随着中国人口红利拐点的到来，经济进入增速换挡、结构调整、政策适应"三期"叠加下的"新常态"，2015 年中国提出"供给侧结构性改革"的战略方针，在适度扩大总需求的同时，着力提高供给体系的质量和效率，消费端数字化能力逐步向供给端传导，呈现出更加多元化的特征。

数据有一个特别之处，就是它的价值并不会随着买卖和所有权的转移而递减和归零，反而会随着更多数据的融合而产生更大更多的价值。这就为构建数据生态圈提供了条件基础，而这个生态圈往往是以一个企业或多个企业的数据中心为基础载体的。所以在企业发展数字经济的大环境下，数据中心"走出去"与更多外部数据结合，可以为企业带来更好的经济收益，这是一种全新的业务模式和利润增长点，经营得好可以说是企业发展的"永动机"。数据中心在这种利益的驱动下，必须从原本相对封闭的架构向开放的架构转型，才能融入数字化转型和数字经济的大潮中去。

例如大型互联网公司基于前端应用和商业模式创新牵引产业链后端进行数字化协同。大型互联网以及科技公司逐渐切入产业价值链，利用自己积累的数据、技术提高工厂效率，为后端价值链赋能，与此同时，迎合消费升级趋势，使用数字化工具带动后端生产进行转型，为消费者提供高性价比和个性化的商品。如以阿里、京东为代表的互联网巨头借力于自身在消费互联网行业领域的技术积累，在工业品买和卖的基础上，不断丰富自身能力类的交易产品，围绕生产制造企业、研发设计企业、创客、终端消费者等主体，汇集产品交易能力、设计研发能力和制造能力，打造按需定制平台，提供包含人工智能（AI）算法支持、系统对接服务、采购数字化平台、物流调度、品牌策略与精准营销等一系列数字化解决方案。

再如 2020 年新冠肺炎疫情突发，虽然对旅游、娱乐、餐饮等行业造成冲击，却倒逼产业端加快数字化转型步伐。以教育、政务和软件行业为例，无论从滚动市盈率还是滚动净资产收益率来看，我国教育信息化、政务信息化、辅助设计与辅助制造软件发展均相对滞后。2020 年新冠肺炎疫情"黑天鹅"引发的"宅经济"则为在线教育、智慧政务及工业软件互联网化提供了"逆流而上"的窗口期。疫情倒逼政府有关部门利用信息化手段为企业和群众提供服务，加速了政务数字化进程。中国软件测评中心调研数据显示，超过 95% 的地方政府利用政务微信、政务微博等及时发布本地疫情防控工作信息。多地政府积极引导群众和企业在疫情防控期间使用 PC 端、政务 App、政务小程序等渠道开展疫情登记、疫情自主申报等相关业务。

6.3.4　小步快跑与动态调整

我们经常说"小步快跑"，什么是小步快跑呢，很多人理解成了敏捷开发，快速迭代。但这只是对"小步快跑"的动作描述。"小步快跑"是互联网时代下互联网产品生产的新方式，具备产品"不需开模""实时上线"的特点，当然这也是互联网产品的特点所决定的，传统企业并不一定能完全照搬。但是"小步快跑"作为新型生产模式，对于企业数据中心之上的数据开发和应用建设是有极强的借鉴意义的。当然，"跑"不是目的，只是一种高速行进的状态，"快跑"的根本在于明确目的，如果开始的方向错了，那么"跑"得再快也只不过是在南辕北辙的路线上更快速地撞到南墙而已。所以"小步快跑"不仅仅是要"快跑"，更重要的是将每一"小步"都踩实踩稳，与最终的目标高度契合，这样才是有意义的。

1. 如何做到"小步快跑"

很多蓝海竞争，寻求差异化，都是在一片荒原上，要靠着自己的力量踏出路来，这就需要一些更多的方法，来提高这个"荒野求生"的生存概率。

（1）方式一——"摸着石头过河"。

看别人走过的路，对于我们增加确定性帮助很大。就像在大雪中，如果看不清前面的路，是很危险的，但是如果能踩着别人的脚印，向前走，至少能很大程度上减少走进坑里的风险。这就是为什么要摸着石头过河，河水是流动的，液态的，就像市场上充斥的非确定性，因为市场状况、用户需求是在不断发生变化的，所以需求不变是不可能的。过河是我们的目标，增大过河的确定性的最好方法，就是摸石头，因为石头就是在这"不确定"之中难能可贵的"确定性"。

对于企业数据中心来说，"摸着石头过河"绝不意味着照搬别人的数据服务或产品，而是应该透过产品服务的表象，看到其内在逻辑符合了怎样的用户需求，通过这样的用户需求和满足方式的认知提升，为成功实现自己的目标增加筹码。当然有人会问，明明有桥为什么不走，非要摸石头？这就是上文中提到的，很多时候，已经建成的桥、已经踏成的路，固然已经形成了成功范式，但由于基础和环境的差异，这种成功很大程度上是无法复制的。"学我者生，似我者死"，走上前人已经达成的成功范式，大概率会出现资源锁死的情况，毕竟所谓"后起之秀""弯道超车"，大多数是掌握独特资源的结果，而非可以简单重复。

（2）方式二——"ABtest"。

某种意义上来说，现在数据产品复杂度的提升速度越来越快，这个速度已经超过了人脑对于复杂事物的分析能力。很多数据产品演进发展方面的观点，也开始从机械唯物主义的控制论，转向了生物繁衍突变的进化论。

基于这个生物学观点，数据中心的每个数据产品的升级完善，都是某种"突变"，将"突变"进行上线，通过数据反馈进行调整是基础，而**通过 ABtest，同一时刻可以有几十个"突变"点进行试验，无疑将极大地提高产品进化速度。而且 ABtest 能带来的价值还在于不会因为负面突变造成的用户体验降低影响大面积用户、用最真实的反馈代替无休止的产品推演。**

在这个背景下，"为什么用户喜欢这样"的背后逻辑，可以留到产品上线后再进行分析，或者干脆留给学者作为课题研究。而"用户既然喜欢这样，那就这样吧"的进化逻辑，最大程度避免了由于产品经理本身认知、思维的局限性带来的产品-用户认知差。ABtest 这种步步为营的方式，从某种意义上来说，才是真正在每个细节节点增加确定性，小步快跑不断提升产品竞争力的终极路径。

2. 实现发展中的动态调整

对企业数据中心运营管理的本质要求和最终目标，由于时空环境的不同，一直在发生着变化，往往难以及时、准确地认识与把握，以至于对数据中心运营管理很难有一个稳定长远的发展规划和明确清晰的战略目标。也就是说，长期以来，很多企业对数据中心的长远发展缺乏一个统一的目标规划。同时对一些根本性的重大问题，比如数据中心的管理体制到底有什么样的具体要求等，都还缺乏足够和充分的科学论证。实际上，企业数据中心运营管理应该是一个社会性的、综合性的整体工程，不应该只是属于某一个单独的技术部门或某一段独立的业务流程。因此，就数据中心运营管理而言，我们必须将其纳入企业整体数字化建设这一大的系统中来，综合各项基础业务，从适应企业数字化转型的发展进程这一宏观层面，以及业务流程、管理体制与数据中心运营管理协同发展的角度统筹加以规划，从而真正实现数据中心实践应用与信息技术的平衡发展。从这个角度看，在建设过程中动态地实现战略目标和落地措施的优化调整，也是数据中心发展的有效途径。

一是支撑数字化业务流程的动态重组。数字化条件下，业务流程的核心是对业务数据的管理、分析与应用。因此，要根据业务数据流转的轨迹和需求，进一步梳理、整合现行的征管业务流程，对业务职责范围进行规范分配，彻底打破业务条块分割、相互独立的状态，对各项业务按职责要求进行归并和重组，同时根据数据处理节点的要求确定业务流程各个环节的具体工作内容。

二是寻求业务人才与技术人才的动态平衡。一支高素质的专业信息技术队伍是数据中心运营管理的基础。目前，就基层部门而言，存在干部队伍素质与数据中心运营管理的发展速度之间的矛盾非常突出的现状，专业信息技术人员数量和质量都还难以满足数据中心运营管理与发展的需要，整个干部队伍对数据中心运营管理的认识和驾驭先进工具的能力还不够，缺乏既懂信息技术，又熟悉业务的复合型人才。为此，必须加大对专业技术人员的培训力度，大力组织计算机系统技术、网络技术、数据库技术、数据管理技术、数据挖掘算法、数据应用建设的培训。同时，学习各方在数据中心运营管理方面的经验，充分了解自己在数字化条件下的需求，以及怎样选用相适应的数字化技术，最大限度地发挥数据中心的价值。

6.4 风险管控层面

数据中心数字化运营对企业来说，是一项创新性的工程，潜藏着一定的风险，风险管控也是我们要讲的第四个关键挑战。为应对这一挑战，要求企业能够合理地使用各种风险应对措施、管理方法和技术手段，对整个实施过程的风险进行有效控制，保证数字化运营目标的实现。具体来说，主要有支撑保障、成本控制、数据质量管理、数据安全管理等四个方面的管控措施。

6.4.1 确保业务支撑不掉队

当企业的数据中心正在全力支撑企业数字化转型的时候，数据中心的管理者往往会陷入这样的困惑中：数据中心的技术能力和数据基础已经足够优秀了，但是业务人员却没有感知。这就说明，数据中心仅仅完善自身能力和基础是不够的，还要在运营管理中加强与业务的连接，弥合技术与业务之间的鸿沟，增强业务感知能力，实现数据中心价值在促进业务发展方面的释放。

要确保数据中心对业务的支撑能够满足和促进业务发展，可以从以下几个方面着手提升和改善：

1. 使数据保持"业务透明度"

不可否认，数据中心的运营管理工作具有很强的技术性和专业性。当数据中心认为已经为业务提供了足够好的技术能力和数据基础的时候，业务人员往往连这些是什么、能干什么都还没有弄明白，当然会觉得是数据中心对业务的支撑不够，影响了业务发展。因此要确保数据中心对业务支撑能够得到业务人员的认可，就必须转变固有的技术化思维，用业务人员能够看得懂的方式把技术和数据服务提供给他们。

例如组织基于数据中心建设面向业务人员的数据目录。这种数据目录不仅仅是数据中心内部存储的数据表的简单呈现，也不是类似传统数据仓库主题模型对数据的整合，而是要基于业务人员的思维方式，比如业务事项、业务流程等来对数据呈现结构进行重组，让业务人员看数据目录就好像是在看自己专业的工作清单一样。同时，再基于这种数据目录提供方面的数据维度设定、快速获取等能力，业务人员对数据中心的支撑自然就会有比较明显的感知了。

2. 参与业务目标愿景的制定

除了要让业务人员看得懂数据以外，数据中心也要积极地走出去，主动接触、拥抱业务。很重要的一点就是，数据中心的运营人员要从业务的角度清晰地回答出为什么进行数字化转型。最好的方式就是数据中心的运营人员要参与到业务的目标愿景或者转型战略的制定中来，并为业务部门提供数据视角的发展建议。一个清晰的愿景能够有效地将技术人员、业务人员以及各利益相关者团结起来，向着同样的目标前进。

许多企业在真正成为数字化企业前，都有很长的路要走。这个过程的快慢主要取决于业务变革的速度，而业务变革能否顺利推进，很大程度上又会依赖大数据技术的辅助和支持。

这就需要有一个共同的、清晰的愿景，以便团结所有人。有些公司在应该由谁来设定和监督这一愿景方面存在分歧，从而遭受损失。这需要尽早做出决定，并确保高层能予以支持。

3. 建立专业的对接服务团队

要想做好数据中心对业务的支撑，就需要构建起一个专业过硬的运营服务团队。这里的"专业过硬"，一方面是指对数据中心的数据和技术能力有一定掌握，能够作为技术部门的"前台"，专门对业务部门提供服务；另一方面是指这些团队人员应当具备一定的业务知识，能够更好地理解业务人员的语言，消除技术与业务之间的沟通鸿沟。

这个团队的组织形式可以是多样化的。一种可能的方式就是由数据中心的部分运营人员与业务部门的专岗人员组成联合团队，以事件为导向快速建立响应小组，承接不同业务部门的数据需求，实现对业务的快速支撑。还有一种可能的方式是延长数据中心运营服务的"触手"，将团队人员散布到业务部门，融入业务部门的日常工作中，从数字化视角解读业务数字化转型的需求，及时提供数据中心支撑业务发展的建议和方案，从而更加"贴身"地为业务提供数据服务。

4. 招募一些成果"传播者"

在整个企业的数字化转型过程中，数据中心不能闷声做事，其他部门不知道数据中心做了什么，为他们带来了什么。这就需要数据中心在运营过程中做好自身宣传工作，重点是要让数据中心在企业数字化转型中取得的成果和发挥的作用在企业内部广泛传播，拉近与业务部门的距离，获得认可。

"传播者"是一个角色，可以是一个人，可以是一个平台，也可以是一个优秀的成果案例。例如数据中心可以牵头组织知识宣讲和培训，积极邀请行业专家、研究学者、内部优秀实践人员等，通过讲座、论坛等形式分享数据中心管理体系、服务机制、技术能力等方面的知识；再如还可以利用电梯电视、公司广播和内部刊物等媒介平台，及时通报数字化转型文化建设工作的进展、热点内容，回应可能出现的各种疑问或建议，形成持续学习、讨论、应用的氛围。此外，与业务部门合作打造一些精品应用，并通过联合宣传和推广的方式增强内外部影响力，这也是吸引业务人员来使用数据中心的重要方式。

5. 尽量多听取业务人员的反馈

数据中心要学会"倾听"。因为数据中心并不是为技术而存在的，而是要为业务人员服务的。从这个角度来说，业务人员就是数据中心的"客户"，那么能够尽可能及时、全面地获取"客户"的反馈，尤其是那些做得不好或者需要改善的信息，对提升数据中心的服务水平、做好业务支撑工作至关重要。

不管数据中心运营服务团队是否配备了专门的反馈收集者，重要的是给业务人员提供一个反馈的渠道。当然，做好听取反馈的准备，并评估是否需要做出任何调整，这也同样重要。公司一线业务人员往往是最好的反馈来源。例如他们可以告诉数据中心运营服务团队，哪些数据是不准确的，某个流程是不合理的，某项技术创新是否能够应用到实际工作中，或者是否有更好的方法来解决业务上存在的"顽疾"。真正理解任何变化的影响很重要。

6.4.2　做好成本收益分析

成本收益分析是通过全面比较一个公共项目或一项公共政策的全部成本和收益，在判断净收益大小或"收益/成本率"及社会公共福利的基础上评估项目或政策实施价值的经济决策方法。成本收益分析广泛运用于政府公共决策和管理中，以使公共项目投资实现最大效益，提升全社会的公共福利。对于企业数据中心来说，数字化转型带来了全新的业务契机，让原本作为成本投资的数据中心能够通过数据业务进行直接价值变现，使其收益越来越显性化，这就有必要充分考虑数据中心整体的成本收益率。

1. 成本收益分析方法的特点

成本收益分析方法有三个特点。第一，研究视角上强调宏观视角，突出整体收益最大化目标，而不是个体效用最大化或企业利润最大化目标；第二，研究对象上往往涉及非市场价值问题，比如用户自主选择售电主体所产生的"客户至上"的主观价值计量问题；第三，计量单位上为了核算净收益，一般要求使用统一的货币计量单位，这给有些成本和收益的计量带来了困难。

2. 数据中心存在哪些成本

首先是数据中心搭建的成本，通常也称为数据中心建设一次性投入成本，这种成本主要发生在建设期，建设方式可分为新建和改建两种。数据中心搭建的成本主要有以下五个方面。一是前期工程费用，包括数据中心规划、设计、可行性研究，以及其他环境准备等费用支出；二是设备购置费，包括数据中心的软硬件设备费用，以及相关机房空调、油机等设备的采购费用；三是安装实施费，主要是支付给承建单位的设备安装、调测费用，以及以自营方式发生的建筑施工和机电安装工程费用、机房装修和综合布线费用等；四是间接费用，包括建设项目监理费、造价编列费、咨询费等；五是管理费用，主要是组织和管理项目建设期间所发生的费用，包括人员工资、福利、差旅费等。

其次是数据源采集、清洗及加工成本。建立数据中心的首要任务是采集可靠数据源，需要对企业生产、经营、流通、交易等各个环节产生的数据进行收集，这时就需要新增数据采集设备或新开发采集接口，就会产生新的费用成本。以农业数据采集为例，环境感知设备、温度和湿度传感器、土壤传感器、气体传感器等设备对基础数据进行有效采集，现在更多的数据都是利用手机 App、遥感和各种高科技影像终端设备进行及时在线采集，这些过程无论从时间还是空间上都会产生数据采集总成本。采集的数据源最终要存入数据中心，这就需要采购数据网络传送设备，如果是无线传输的，还会涉及移动网络、5G 等网络流量费用。采集的数据为了保证内容、格式的规范性，往往需要进行清洗、处理，这就需要投入各种资源建立清洗规则，进行结果校验等，会产生大量的人力成本费用。最终，存储数据中心的数据会被用来进行数据分析挖掘，支撑企业经营管理决策，这时就需要对数据进行整合加工和关联融合，同样会产生一定的成本费用。

最后是数据中心常态化运营的成本。企业数据中心常态化运营成本是数据中心在运营维护期间发生的各类费用，主要包括以下六类。一是设备折旧或租金，也就是数据中心及相关设备购买成本折旧，如果设备是租赁的，每期支付给租赁方的租金费用也应该计入常态化运营成本；二是水电费用，数据中心运营产生的水电费用在常态化运营成本中所占比率比较大，尤其是电力费用一般会占到运营总成本的 40% 以上；三是网络通信费，包括电话通信费、互联网通信费和专线通信费等，由于数据流通的加速，数据中心对通信线路带宽需求不断增加，数据中心网络通信成本呈明显上升趋势；四是管理费用，包括日常办公管理费用，如交通费、差旅费、会议费，以及人力资源成本；五是维修费用，主要是数据中心基础设施日常维修和保养费用；六是财务及相关税费，包括一些金融机构手续费、汇兑净损失、应缴纳的房产税等。

3. 寻求成本、收益与风险的平衡

在市场经济中，完全规避风险几乎是不可能的。企业数据中心在寻求利益最大化的同时，风险随之产生。企业对于数据中心的建设投资就是本着收益风险均衡的原则，需要在建设以及持续运营过程中定期进行收益性和安全性的分析，在收益最大化、风险适度的前提下确定最佳的发展方案。如果对潜在或已经出现的风险不加以约束，就会导致罔顾成本一味地追求数据中心利益最大化而使企业处于高风险的经营之中，进而造成数据中心成本与收益的失衡。

风险与收益的同时，要求企业在建立利益机制的同时也要进行风险防控，以达到风险和利益的相对均衡。数据中心风险管理体系的搭建也要考虑到所投入的人、财、物成本，以及该体系在运行中所产生的成本消耗是否科学合理，从而使企业的效益得到保障。从操作角度分析，数据中心要考虑风险的预防、检测、控制，确定整个风险防范体系应达到怎样的规模。倘若整个体系设计得过于简单、检测点偏少、控制力度有限，风险的预警和控制效果势必大打折扣；反之，倘若设计的检测点过多、不断强化控制力度、增加环节控制和管理成本，很可能影响管理效率和生产经营效益，从而有悖于数据中心管理者和运营者的初衷。另一方面，如果对数据中心的风险管理不付出任何成本，自然衍生出另外一个成本，即未管理风险成本。它包含无法规避风险的威胁和失去潜在收益机会两个部分。所以我们在成本效益分析的过程中，亦要寻找一个能够使企业管理者接受的、实现理想控制效果的平衡点。

所以说，企业在追求数据中心带来的利益最大化的过程中，势必要承担相应的风险，而有效的风险管控手段是保障企业和数据中心稳定发展的必要基础。企业风险管理的效率高低

取决于在当前的企业经营条件下，运用科学的风险管控手段合理降低风险管理成本，同时获得更多的经营收益。最优化的风险管理在于求出风险成本投入的最小化和风险收益最大化的平衡点。在数据中心运营过程中，风险管理应对所有的业务事件进行全面的风险识别和分析，科学地将其作为事件组合加以看待，而后通过风险评估设计相应的管理和应对措施。如此企业才能尽可能地减少分析误差形成的成本损失，也不会错失潜在的投资机会，从而在保证利益目标的前提下降低成本。

6.4.3　夯实数据质量基础

大数据时代数据产生的价值越来越大，基于数据的相关技术、应用形式也在不断丰富和快速发展，基于数据中心建设多样化的新型数据应用已经成为企业数字化转型的一个重要支点。当前各大厂商、用户都在探索与数据相关的开发技术、应用场景和商业模式，最终目的就是挖掘数据价值，推动业务发展，实现盈利。

目前各行各业的数据应用非常多，但真正取得预期效果的却少之又少，而且开发过程困难重重，其中的一个重要原因就是数据质量问题导致许多预期需求无法实现。而数据治理是提升和保证数据质量的必要手段，从全球范围来看，加强数据治理已成为企业提升数据中心管理和应用能力的重要任务。

数据治理是一个系统的、大型的、长期的工程，但目前很多企业在数据治理方面还没有开始真正意义上的实践。究其原因，一方面企业还没有把数据治理的重要性提升到战略高度，另一方面没有将数据治理单独作为课题研究，没有形成系统的实施方法论。

不得不说，不同企业的数据中心实施数据治理的方法和路径可以是多种多样的，这依赖企业内部组织环境和数据基础。但总体上来看，数据治理方法通常都会包含管理和技术两方面，涉及组织、制度、标准、流程、安全、技术等内容，最终目的是不断提升数据质量水平，为数据应用提供基础保障。

1. 建立数据质量管理体系

数据质量管理虽然是数据治理的一个领域，却是一个集方法论、技术、业务和管理为一体的解决方案，是数据治理的核心目标。通过有效的数据质量控制手段，进行数据的管理和控制，消除数据质量问题进而提升企业数据消费的能力。在数据治理过程中，一切技术、业务和管理活动都围绕这个目标而开展。数据质量管理需要从技术、业务、管理多个层面入手，查找并监控企业存在的数据质量问题。这就要求企业建立一整套能够评价数据质量好坏的标准，也就是数据标准体系，从而有效衡量数据的准确性、唯一性、规范性、完整性、一致性、关联性、及时性。

数据准确性主要用于分析和识别哪些数据与实际不符，或是无效的，不准确的数据会导致决策失误；数据唯一性主要用于识别和度量重复数据、冗余数据，这些数据往往容易导致业务无法协同、流程无法追溯；数据规范性主要用于检查实际数据是否符合业务和技术层面的约束条件；数据完整性包含的内容比较多，如参照不完整、数据条目不完整、数据记录丢失或不可用、数据属性不完整等；数据一致性主要反映的是相同的数据有多个副本的情况下的数据不一致、数据内容冲突的问题，例如命名不一致、数据结构不一致、约束规则不一致、数据编码不一致等；数据关联性是指存在数据关联的关系缺失或错误，例如函数关系、相关系数、主外键关系、索引关系等，数据关联性问题会直接影响数据分析的结果，进而影响管理决策；数据及时性是指能否在需要的时候获得数据，数据的及时性与企业的数据处理速度及效率有直接的关系，是影响业务处理和管理效率的关键指标。

2. 建设智能化数据质量管理技术能力

在数据量大规模爆发的背景下，企业需要建立智能化数据质量管理系统，利用自动化、智能化的手段来推动数据治理，实现数据中心数据质量的提升。

智能化数据质量管理系统除了要具备传统的数据质量管理系统的数据质量规则配置、适配、数据质量检查、数据质量问题分析、经验案例库等基础能力以外，更重要的是要将人工智能技术融入功能实现过程中，实现智能化的数据质量管理。例如基于大量的空缺值的处理经验，利用机器学习生成自动化处理规则，实现大部分空缺值的自动补充或拟合。再如利用人工智能技术发现数据之间深层次关联关系，实现关联数据的体系化治理。

在智能化数据质量管理系统建设的初期，数据中心负责数据质量管理的人员要通过对数据中心数据质量管理的历史数据和行业相关数据进行全面收集和整理，筛选有效的数据质量问题处理案例，进行系统录入，为实现系统的智能化和大数据分析提供全面的基础数据。

智能化数据质量管理系统要强化流程管理，实现数据质量管理各种流程的线上化、可视化，同时做好后台日志记录，不允许后台日志记录随便清除。智能化数据质量管理系统应当根据数据需求的变化和先进技术的演进不断地进行优化和升级，提高系统应用的便捷性。尤其是移动智能时代，还需要设计质量管理App，方便员工进行质量管理操作。

3. 加强企业内部数据质量管理培训

数据中心数据质量管理不能仅仅看成是技术部门的事情，而是应该在企业内部形成重视数据质量的整体氛围，自上而下能够自觉做好数据的质量保障工作。这就要求必须加强企业内部的数据质量管理培训，形成全员数据质量管理意识，建立专业过硬的数据质量管理团队。

首先，要加强面向企业所有员工的数据质量管理培训，尤其是业务人员和业务系统的管理人员，强化业务人员的数据质量管理意识，明确自己在数据质量管理方面应当尽到的责任和义务。

其次，要聘请相关领域的专家，以经典案例教学为依托，开展现场或线上等方式的授课，对员工进行数据质量管理知识、理论和实践方法论的讲授，理论联系实际，让员工在日常工作的计划、执行、检查和处理等环节都能严格把控数据质量。对于业务系统的管理或者运维人员，要让他们学会利用数据质量管理系统的经验案例库和大数据分析等工具来增强数据质量管理的智能化、数字化，让数据质量管理更加精准、有效，提高数据质量管理的科学性。

最后，对于企业专职的数据质量管理人员，要完善和优化质量管理经验案例库建设，及时将平时数据质量管理中发现的问题、处理方法和处理结果转化成可供借鉴的案例和知识，丰富数据质量管理的基础大数据信息，充分做好数据收集和知识沉淀，让大数据和智能分析用到实处，提高数据质量管理的科学性。因此，这种培训既要强化数据质量管理知识水平，又要加强数据质量管理实战经验的积累和维护，提升数据质量管理人员专业素质和综合能力。

6.4.4 坚守数据安全红线

近年来，大数据、云计算等新技术的广泛应用冲击传统经济结构和模式，为各行各业带来巨大变革和机遇。数据是发展数字经济的基础，随着数据在全社会范围内的加速流通，各个企业均面临平台自身安全风险、数据集中风险、大数据滥用和合规风险等。在这种情况下，越来越多的企业意识到数据安全的重要性，相信数据安全的防护不力会将组织和个人带入巨大风险中，而建立有效的数据安全防控可使业务专注发展和变革，促进经营管理目标的实现。

企业数据中心作为企业所有数据的"集散地"，通常还会作为数据对外开放合作的"窗口"，应当将数据安全作为管理"红线"，围绕政策保障、制度标准、风险应对等方面建立大数据安全防护体系，构建管理、技术、数据多层面的立体防护架构，在落地时则以数据的生命周期主线，开展全过程数据安全管控。

1. 国家政策法规与行业标准

在国家层面，对数据安全的重视程度不断加强。早在2015年，国务院印发《促进大数据发展行动纲要》，其中部署的大数据发展三大主要任务之一就是健全大数据安全保障体系。近年来，随着数字经济的加速发展，国家也加快了数据安全相关的立法工作，《中华人民共和国网络安全法》于2017年6月1日正式实施，《中华人民共和国数据安全法》（草案）于2020年6月28日在第十三届全国人大常委会第二十次会议审议通过，7月3日全文在中国人大网公开征求意见。

在行业标准层面，等保2.0中提出关于大数据安全的扩展要求，包括在物理和环境安全、网络和通信安全、计算和设备安全、应用和数据安全上均提出具体规范。2019年8月30日，《信息安全技术 数据安全能力成熟度模型》（GB/T 37988—2019）简称 DSMM（Data Security Maturity Model）正式成为国标对外发布，并于2020年3月起正式实施。该标准将数据按照其生命周期分阶段采用不同的能力评估等级，分为数据采集安全、数据传输安全、数据存储安全、数据处理安全、数据交换安全、数据销毁安全六个阶段，从组织建设、制度流程、技术工具、人员能力四个安全能力维度进行综合考量。

2. 构建数据生命周期安全体系

数据采集阶段开展数据识别、分类和打标。数据识别指在建设及使用阶段，通过自动识别等方法对存量和质量数据资产进行发现展示。数据分级按照数据的重要程度等进行分级和定级，遵循"等级就高、最小够用"的基本原则，一般可分为涉密数据、敏感数据、内部使用数据、可对外公开数据等，数据分级越高，其访问主体需要的权限要求越高。分级标准确定后，在数据采集入库或创建生成时，及时对数据打上分级标签，根据业务情况动态调整，便于数据安全策略的适配和管理。

数据传输阶段关注隔离交换、传输加密和防泄露。隔离交换指在不同网络交换数据时采用隔离交换技术，如网络安全隔离、数据无协议摆渡、固定格式落地检查、文件内容过滤等，通过物理单向传输技术保障反向传输上的物理零反馈，确保数据交换安全。传输加密是对数据中心的传输链路进行严格加密，不同级别数据采用不同的加密方式，使用数字证书技术对信道进行加密（或使用专线传输）以保证数据传输的机密性和完整性。同时部署数据防泄露网关，重点针对对外开放数据进行内容敏感性检查，避免数据中心涉密、敏感数据的泄露。

数据存储阶段关注数据加密和防露漏。数据加密指对数据中心的涉密、敏感数据及个人隐私数据进行加密，采用不同的加密算法，并由独立的硬件设备来存储、管理和分配密钥。同时，在终端采用数据防泄露技术，加强暴露在开放环境中的数据的安全管控，及时进行内容敏感性检查。

数据使用和披露阶段注意授权管理、脱敏和审计。数据授权管理的目标是将正确的数据给"正确的人"，实现对数据表、字段（列）、字段值（行）和字段关系进行授权，具备相应权限的人员可以查询并获取到数据。数据脱敏是在数据中心安全域边界部署数据脱敏系统，保障交付的数据不含有敏感信息。数据脱敏中要考虑由于用户级别不同，所能看到信息的敏感程度不同，能够执行不同的数据脱敏策略，脱敏策略能够灵活组合配置。数据中心的操作审计是对用户的访问行为进行严格的全程行为审计，以保障用户在合理的授权和遵从安全控制策略的前提下进行正常访问，同时也需要对数据中心内部的运维人员（包括安全运维人员）的管理运维工作进行全程访问控制。

数据销毁阶段关注密钥销毁和物理销毁相结合。加密数据销毁时直接销毁相关数据加密密钥，即可完成销毁。在物理磁盘报废时，也应通过对存储介质进行消磁、折弯或破碎等方式清除数据，并对数据清除操作保存完整记录，确保用户隐私和数据不接受未授权访问。对于送交符合资质的承销单位销毁的，应保留销毁凭证。

第7章　数字化运营的行业探索实践

知易行难。当前大多数企业都意识到数字化转型是未来发展创新的必然选择，也逐步认识到数据中心在其中的价值与作用，但是要想真正实现其从数据存储中心、数据应用中心向数据运营服务中心的转型，为企业提供持续可靠的服务，还面临资源组织形式优化、能力体系建设、管理模式创新等诸多考验，需要企业去探索实践。

所幸，一批敢为天下先者已经迎难而上，阔步前行，在转型之路上为"后人"披荆斩棘。他们都清楚地认识到数据中心是企业数字化转型的重要基础，企业若想不在市场竞争中被淘汰，要想在行业里保持长期的商业领先，就应该顺应当前时代的发展，改变数据中心传统的建设运行模式，打造数字化运营模式，实现数据中心转型，进而助力企业的数字化转型。

这些"先行者"，在自身的转型实践中逐级探索，他们在取得阶段性成功的同时，也遭遇了许多困难和挫折。其成功或失败经验，都为我们数据中心转型的探索实践，积累了宝贵的财富，令人尊敬。

下面我们通过几个例子，看看这几个不同行业的公司是如何通过数据中心数字化运营模式的构建，来引领和驱动公司数字化转型的。

7.1　某通信运营商数字化运营实践——"运营一体化"

通信市场的饱和与竞争白热化，使得运营商迫切需要寻找新的蓝海市场。如何通过数据中心盘活大数据资产、发挥数据价值、实现数字化转型是摆在运营商面前的关键命题。某运营商将数据采集、整合建模、管控、运营四个方面作为关键突破点，实现了数据中心"运营一体化"，促进了数据的流通共享与商业价值的挖掘，可谓成绩斐然。对其他企业开展数字化运营转型具有一定的借鉴意义。

7.1.1　案例背景

通信运营商是负责国家基础通信网络的运营商，肩负着为政府、企业和人民群众提供网络信息服务的重要责任。如果说国家是一部机器，那么通信运营商就是这部机器的神经脉络。但长期以来，由于传统语音短信市场趋于饱和，通信服务逐渐同质化，电信运营商的行业竞争愈加激烈，加上语音收入持续萎缩，持续推进的提速降费政策以及 KPI 考核之下，通信运营商的压力越来越大，迫切需要寻找新的蓝海市场来改变增量不增收的局面。

某通信运营商作为先天拥有大数据优势的企业，其数据具有实时性强，精准度高、真实有效、用户画像全面、用户行业标签匹配度高等特点，具有显著的价值。如何通过数据中心实现对大数据资产的整合、管理、利用及保护，盘活数据资产，彰显数据价值，驱动企业的生产经营能力和水平的提升跨越，成为某通信运营商推进数字化转型战略落实部署的关键命题。

随着某通信运营商大数据业务的快速发展，对大数据应用的逐渐深入，原本自上而下的运行模式无法及时捕捉用户需求，阻碍了通信运营商自身大数据产业的纵深发展，公司数据中心的数据采集、数据整合建模、数据管控和数据运营能力与公司实际需求之间差距也逐渐拉大，面临新的挑战。具体如下：

1. 大规模数据采集，对数据采集能力提出了更高的要求

庞大的用户基数带来的惊人数据量以及复杂的数据来源，对公司数据中心的数据采集能力提出了更高的要求。如何保证数据中心能够实现规模巨大、多元异构的数据采集，确保采集效率和质量，成为数据中心数据采集能力的一大挑战。

2. 数据不一致、数据模型繁杂是数据整合工作的两大痛点

一方面数据中心的各个系统之间，缺少统一可用的数据标准，不同系统之间可能存在相同含义数据但命名或值不同的情况，数据不一致，导致了系统之间的数据无法进行关联，整合也难以实现；另一方面是数据中心的数据开发长久以来都是"各自为政"的情形，各个系统均是从自身业务特点角度出发进行数据建模，模型缺乏统一规范，分层不足，数据应用混乱，是数据中心在数据整合方面的两大痛点难点。

3. 数据管控缺乏统筹、流程规范缺失、管理工具应用困难

一是公司数据中心尚未组建严格意义上专门的数据管理团队，权责划分不清，缺乏统筹协调。二是没有完善的大数据管理规范和流程，很多管理内容停留在线下和管理人员脑中，导致知识无法沉淀和传承。三是过去采购的数据管理类工具更多依赖于人工操作，对使用人员的管理水平要求高，导致工具在实际应用中常常面临许多困难。

4. 数据应用的创新、数据价值挖掘是重点难题

公司用户数量多，数据庞大，公司业务形态呈现多元化发展。在目前增量不增收的局面下，如何通过利用好这些数据，打造新的数据产品服务，实现营销能力提升，创新数据合作模式，为公司创造价值，是公司数据中心需要解决的重点难题。

综上所述，某通信运营商公司应当将数据采集、整合建模、管控、运营四个方面作为关键突破点，使数据中心能够在保证质量的前提下，支撑大规模的数据采集，打破系统之间的

壁垒，实现数据的流通与共享，通过建立组织机制、形成管理规范和流程、利用管理工具，有效管控数据。

7.1.2 主要举措

某通信运营商为了更好地应用公司数据中心拥有的大数据，挖掘大数据的商业价值，首先明确了数据中心总体的工作思路，即在组织保障下，通过团队建设，借助数据管理手段，培养核心能力自我掌控，实现大数据采集、汇聚、建模、数据服务、数据开放能力掌控。具体举措如下：

1. 设置专业管理团队，形成省市大数据建模协同机制

某运营商的大数据中心在公司总体负责大数据一体化运营工作。为达到大数据的有效整合和管控，首先在大数据中心内部单独设立数据管理部门，明确了数据管理的相关职责，专门负责大数据的整合利用和管控工作，并在此基础上广纳人才，制定详细的数据相关领域学习课程和培养计划，积极培养团队人才。同时在组建省级中心大数据管理团队的基础上，还指导组建了地市公司的大数据团队，形成省市协同大数据建模创新协同机制，力求大数据核心能力自我掌控。

2. 制定数据生命周期全过程流程规范

某通信运营商从顶层设计数据架构，制定了从需求分析、模型设计、数据开发、数据上线等到数据下线销毁的数据全生命周期各环节一系列的规范流程，使数据整合工作开展标准化、程序化。如图7-1所示。

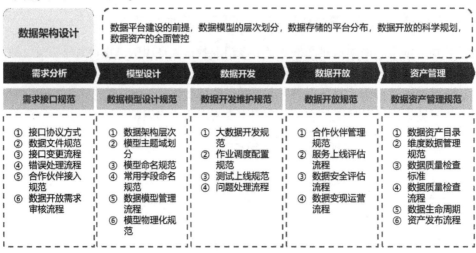

图7-1 数据生命周期规范流程

3. BOM 三域全面数据采集与监控，建立采集远端变更协同机制

一是在大数据采集规划上确定了以业务需求和价值变现为驱动，短期重点突破与长期规划布局相结合，综合考虑数据引入成效比，挖掘公司内的 BOM 三域价值数据，同时积极引入外部数据的采集规划思路。二是开展大数据资产盘点，以企业级的视野对于 BOM 三域系统和数据进行全面盘点，形成较为完整的企业级数据字典。三是在大数据采集实施上，建设云化数据交换平台作为 IT 域的数据交换枢纽，负责大数据平台准确、高效的数据采集工作。四是针对源端变更问题，建立了大数据采集源端变更协同机制，实现业务系统变更事前通知，以及大数据平台采集接口变更事后稽核能力。

4. 统一规范大数据架构建模工作，打造社会化客户标签体系

公司对大数据平台的数据架构和数据模型设计工作进行了统一规范，重点建设基础模型和融合模型。一方面在大数据融合模型实施层面，尝试突破传统通信领域，以客户为核心来构建融合模型体系，另一方面基于流处理构建实时模型，并构建专门的维度模型。同时，从属性、行为和事件三大维度重点打造社会化的客户标签体系，通过客户洞察应用，对客户进行全面剖析，展现标签能力。

5. 形成以数据开发前向驱动管理，开放共享多租户管理

公司通过依托数据资产管控系统，建立了一系列领先的大数据管理能力，通过形成以数据开发前向驱动的数据管理模式，以及开放共享的多租户管理模式，采用组件化的方式实现跨平台的对接，借助租户隔离机制测试和发布数据，借助平台在线化管理规范标准，创建分角色的数据目录，构建闭环的数据资产评估体系等方式，全面管控大数据平台的数据以及数据生产的全生命周期，为大数据整合提供有力的技术支撑。

6. 全过程数据安全控制，建立大数据开放运营九步法

一方面通过数据安全网关，实现从应用开发、数据服务 API 配置到数据出网的全过程安全控制和数据计量；另一方面基于统一的数据安全原则，积极探索各类数据开放模式，建立大数据开放运营九步法，围绕内外部潜在的客户拓展渠道，以专业的协同机制来激励各方拓展客户。

7.1.3 价值成效

自工作思路明确以来，某通信运营商一直开拓进取、锐意创新，从团队建设到各项数据能力把控方面都取得了显著成效。具体成效如下：

1. 实现跨域统一数据采集，部分数据的实时采集

完成了大数据云化交换平台建设，实现了对文件、库表、日志流等数据的集中化采集、清洗、交换、加载，可适配 Oracle、DB2、Hive、Spark、HBase、GBase、Aster、GemFire、Redis 等近十种不同类型的数据库，同时也较好地支持了实时数据采集能力；依托大数据云化交换平台，实现了 BOM 三域 40 多个系统 1500 多个接口的数据采集。同时用户资料、服务订购、业务工单等十多项 B 域核心数据，以及用户位置信令、上网日志等几十项 O 域数据实现了实时采集和解析，为公司业务提升与创新奠定了良好基础。

2. 构建五个层级的大数据整合模型体系，实现跨域数据分析

首次在公司层面，统一了 IT 部门和网络部门共同的数据模型设计规范，实现了 ODS- > DWD- > DW- > 标签- > API 分层解耦，完成了 1500 多份采集数据的清洗和标准化工作，并整合汇聚成 8 大类 16 小类 200 多个融合模型。基于融合模型，从用户相关行为特点提炼出 2300 多个基础标签，并形成客户属性，客户行为和客户事件 3 大类 16000 多个应用标签，提供金融、广告、客流 30 多个标准数据 API。实现了跨域数据价值挖掘分析，同时在全量数据中通过关联分析、业务模型深度挖掘，探求发觉数据真相，实现对业务生产和外部变现的全面支撑。

3. 打造了以元数据驱动的数据管控体系

建设了大数据资产管理平台，实现与 DB2、Oracle、Hive 等十多种平台标准化开发对接和数据的全生命周期管理能力；借助大数据平台的资源共享与隔离机制，通过搭建大数据准生产环境，创新性地解决了数据完整性测试问题，并实现了数据整合过程一键式上线发布；结合不同角色和使用场景，在整体数据资产目录基础上形成了面向管理者、开发者、运维者和运营者四类数据资产目录，并实现数据资产目录和数据资产报告自动化在线发布，极大地提升了大数据共享开放能力；最后通过引入数据管理成熟度模型，创造性地设计并建成了大数据管理评估指标体系，从而建立了一套六层数据架构保障体系，大数据操控全部实现系统化、透明化和可视化，被工信部标准化委员会评为国内企业 DMM（数据管理成熟度）的最佳实践。

4. 对内营销能力提升，对外合作模式创新

对内实现营销能力的大幅提升和报表指标优化整合，支撑了六大模式化营销执行过程、五大类实时营销场景、营销管理与评估等精确营销工作，实现了点连成面的规模化营销效应，并打造了 10 大类 1927 个指标，支撑 262 张综合报表，打造了"黄金眼"等亮点数据产品。

对外进行了数据合作模式创新，探索出了数据泛化、用户授权、数据产品、合作伙伴入驻、行业分析报告 5 种数据开放形式。围绕金融、广告、征信、旅游等行业，已经洽谈企业

150 家左右，签订数据合作合同 20 多个，提供 60 多个数据服务接口，打造了位置客流、金融验证和互联网广告等数据产品服务，并与政府、研究机构在社会管理、交通规划方面形成合作，同时全面开辟公共安全、智慧旅游、市政交通三大行业六大场景，助力杭州 G20 峰会、乌镇互联网大会等大型活动以及反电信欺诈专项工作，充分挖掘了大数据变现的社会效益和变现价值。

5. 审核数据开放对象、需求、数据及操作，保障数据开放安全

公司在当年共进行了 50 多家合作伙伴的资质审核，否决 20 多家；审核数据开放需求 80 多个，通过 60 多个，否决 13 个；审核数据开放上线需求 60 多个，提出整改意见 15 个，较好地保障了数据开放过程的安全。公司基于 45 项大数据安全审计策略进行抽样审计，每月审计出口数据 2697 例，操作日志 5751 条，做到无违规操作，无敏感信息输出。

7.1.4 参考价值

某通信运营商在数字化运营探索过程中，根据公司的特殊性，从实际出发，创新了许多具有公司特色的工作模式，开创了新途径，成绩斐然。尽管不是完全适用，但是对于其他企业来说，某通信运营商所采用的方法、思路仍是具有参考价值的。具体参考价值如下：

1. 人才的蓄积培育是数据中心数字化运营的重要基础

人才文化建设虽是无形的，却是通往成功的制胜法宝。长久以来，企业数据中心一直面临着人才短缺的问题，因为数据中心是一个由多个复杂系统组成的信息处理场所，导致其需要的技能繁多，而现实是绝大多数数据中心只有部分的技术人才。

企业要想让数据中心实现数字化运营，就必须为数据中心招贤纳士，挖掘和培养人才，打造一支能力满足需求，且具备一定规模的团队，只有点化了团队，才能打赢胜仗，在数字化运营这条路上才能走得顺畅。数据中心可以采取社会招聘、内部人才流动、全员推荐等方式，迅速汇聚网络、通信领域以及其他行业人才，建设人才梯队。同时，为了快速培养员工成为业务骨干，还可以联合在数据建模领域的顶尖合作伙伴，制定详细的数据相关领域学习课程和培养计划，创造良好的成长和交流环境，积极培育人才。

2. 洞察客户需求、全面剖析客户是打造数据应用和服务的前提

洞察的目的是为了透过现象看本质，为了避免主观上的思考和表面认知，去发现事物背后真正的问题。对于前期设计和策划阶段的产品与服务，科学的需求洞察有助于帮助企业的研发团队更好地进行产品与服务的设计，使其在上线和运行之前，就能够确保满足客户的需求，降低风险，提高成功率。据统计，有效的需求洞察将提升产品和服务的成功率达 50% 以上。

对于有需要打造数据应用和服务的企业来说，也应该意识到这一点，参考其做法，有重点地选取几个维度去打造社会化的客户标签体系，勾画客户画像，并通过客户洞察应用，全面剖析客户信息，准确把握客户需求，展现标签能力，为后续数据应用和服务设计提供依据。

3. 数据目录角色化拆分是提升数据服务质量的新途径

数据目录是对系统内数据的全面展现，但对于不同的角色、不同的用户来说，并不需要完整的数据目录，只需要与其工作内容和涉及范围相匹配的数据目录即可，而每次都加载完整的数据目录反而会影响用户的使用感知。

对于同样面临这一问题的企业来说，可以选择采用分角色的数据目录形式，即在完整的数据目录的基础上对数据目录进行角色化分拆，根据企业自身特点，选取管理者、开发者、运营变现者、运维者或者其他角色，形成有角色针对性的数据目录。这样的做法除了能够使用户获得更好的使用体验外，还在一定程度上保障了系统数据的安全。

4. 闭环的数据资产评估体系是数据资产有效治理的重要举措

对于期望能够有效治理数据资产的企业来说，可以从数据资产评估入手，以全面的评估手段，建立以数据成熟度、数据质量、数据风险等为支撑点的数据资产评估体系。通过识别数据中心各项数据能力建设现状，全面评价平台内数据质量情况，再以数据质量评估指标结果为基础，综合对照评估出风险数据。一方面可以及时发现数据管理和数据质量相关的问题和不足，提出改进建议，提升数据管理和数据应用意识，充分发挥数据价值，提高数据质量；另一方面可以发现数据管理风险点，并进行风险预警，在其产生影响之前予以解决，从而达到数据资产的有效治理。

7.2 某银行数字化运营实践——"两库一师"

面对互联网金融和大数据时代风云变幻的挑战，某银行因势而动，实施"大数据和信息化"战略，通过数据中心对数据价值的深度挖掘和应用来推动自身发展和创新，推进从"银行信息化"向"信息化银行"的转型升级。根据"信息化银行"的战略目标，明确提出加快数据库、信息库和分析师队伍"两库一师"建设的具体要求，在不断丰富数据仓库和信息库的基础上，打造出分析师人才队伍，并不断提升全行客户营销、风险管控、决策支持等各领域对数据的深入挖掘和分析应用能力，取得了显著成效，为行业数字化运营的开展树立了标杆。

7.2.1 案例背景

当前，以互联网、云计算、大数据、人工智能等为代表的新一代信息技术风起云涌，日益成为各行业颠覆性创新的原动力和助推器，催生了互联网金融等全新业态。互联网企业借助大数据、云计算、社交网络和搜索引擎等信息技术优势，不断蚕食打破传统的金融行业界限和竞争格局，在支付、融资、存款、信息资源等领域挑战银行经营模式。同时，全球经济金融一体化深入推进，新的金融监管改革日趋严格，国内金融脱媒和利率市场化加速演进，银行正面临着经营管理模式、业务运行模式、客户服务模式的变革与冲击。面对互联网金融和大数据时代的风云变幻，某银行因势而动，将"大数据和信息化"战略列为全行发展三大战略之一，利用大数据技术，通过数据中心对数据价值的深度挖掘和应用来推动自身发展和创新，推进从"银行信息化"向"信息化银行"的转型升级。

某银行一直紧跟信息技术革命的浪潮，持续投入大量人力和资金，推进"银行信息化"的建设发展，已经实现了信息科技大集中和客户服务信息化、业务运营集约化、经营管理精细化，推动了银行的国际化和综合化发展，基本完成了"银行信息化"的目标。

尽管某银行经历20多年的发展，在"信息化"上取得了长足进步和显著成就，但是随着外部经营环境的改变和新技术的发展与运用，内部数据量增长的不断加快和数据种类的增多，内外部形势的不断变化对某银行的信息化建设带来了新的机遇和挑战。具体如下：

1. 如何处理数据量的快速增长

首先是全行数据量的快速增长，包括现在每天的交易量、外部互联网金融、自有三大互联网平台等，造成用户的交易数据和行为数据有大幅的增长，对数据中心各方面能力来说都是一场考验。

2. 如何获取和处理多种类数据

大数据时代，在数据量爆发性增长的同时，数据种类也呈现出多样性的特点，半结构化、非结构化数据的涌现对数据的采集和处理技术提出更高要求。

3. 如何快速智能地分析历史数据

某银行从2000年开始建立数据仓库以来，拥有了庞大的历史数据资产，在新的环境下怎样能够快速智能地分析，对其提出了更高的挑战。

4. 如何使用内外数据，描述客户特征

在数据源方面，除了本单位数据，也需要采纳外部的数据来配合进行分析。某银行已经引入了征信数据、税务数据等，怎样做到用比较全的数据去描绘客户特征，是其面临的新课题。

5. 如何紧跟新技术的发展，提升银行的竞争力

银行业作为产品创新的前沿和信息密集的经济活动中心，其发展技术和新兴技术密不可分，如果不紧跟全球信息科技发展的新趋势和新理念，跟踪、研究与运用新技术，银行的经

营发展将失去创新活力和竞争力。

6. 如何应对互联网金融对银行的打击

金融脱媒、利率市场化等对银行的支付、融资、存款业务和信息资源等造成了巨大打击。第三方支付正试图摆脱对银行的依赖，打造新的支付链条；互联网企业发展的网络融资和以"余额宝"为代表的一批产品，对银行的融资和存款业务造成了沉重打击，商户和消费者的经营、消费等信息资源逐渐落入互联网企业手中，银行脱媒的压力越来越大。

因此，某银行必须加快向"信息化银行"的转型，应对挑战，打造核心竞争力，才能在未来发展中保持可持续发展的战略优势。

7.2.2 主要举措

"信息化银行"应具备信息共享、互联互通、整合创新、智慧管理和价值创造五大特征。某银行根据"信息化银行"的战略目标，提出"集中、整合、共享、挖掘"的信息化银行建设八字方针，为全行信息化发展指明了方向。把"充实数据仓库，建设集团信息库"列入全行信息化银行战略的重要内容，强调在基础建设、经营管理层面信息管理和价值创造的重要意义。明确提出加快数据库、信息库和分析师队伍"两库一师"建设的具体要求和安排。在不断丰富数据仓库和信息库的基础上，打造一支一流的分析师人才队伍，不断提升全行客户营销、风险管控、决策支持等各领域对数据的深入挖掘和分析应用能力。某银行"两库一师"的基本架构如图7-2所示。

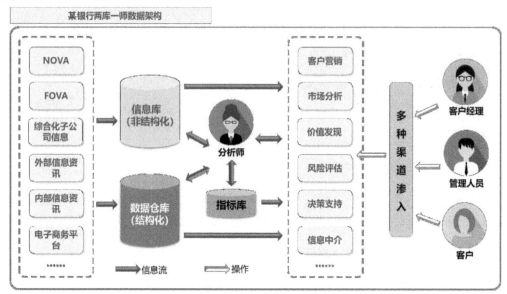

图7-2 某银行"两库一师"基本架构

"两库一师"的具体建设举措如下：

1. 构建数据仓库

在完成数据大集中后，某银行启动了数据仓库及各类数据分析系统建设，利用数据提升管理效率和推动业务发展，陆续实现了大数据的多项创新应用，以数据仓库建设为代表的结构化数据管理和应用已相对成熟。在"两库一师"的建设中，需要在原先的数据仓库建设基础上，增加集团子公司业务数据，纳入电子商务平台、收单管理平台等新系统的交易、物流等各类结构化数据，丰富数据仓库信息资源，将数据仓库升级换代，从高成本封闭的专业系统（如 Teradata），开始向高性价比、通用设备和开放技术的系统转变。

2. 建设集团信息库

由于非结构化数据量的庞大，某银行没有把非结构化数据进行物理存储的集中，而是选择利用统一的搜索引擎让用户能够快速搜索到需要的非结构化信息。自某银行启动集团信息库建设开始，就纳入了行内全球资讯平台、电子公文、网银日志、融e购客户行为日志、客服工单等各类非结构化信息，作为对结构化数据的补充，并整合外部国家经济金融政策信息、行业信息、市场信息、外部客户信息动态、市场研报等数据，补充电商平台、社交网络等领域的非结构化数据，同时通过外部爬网，获取各类互联网新闻媒体、主流论坛、社交媒体数据，利用大数据技术实现对非结构化数据的结构化处理和"云"管理。

3. 组建分析师团队

在打造信息资源优势的同时，某银行加强了对数据的深入挖掘和分析应用，组建了一支高素质的分析师队伍，在总行和一级分行建立了数据分析师团队，为全行数据挖掘提供标准模型、平台和相关支持，在客户营销、运营以及风险管理、经营管理等部门培养专业分析师，进行相关专业领域的模型研究和分析挖掘工作。

4. 依托"两库一师"的基本架构，积极开展应用建设

以服务前端业务为目的，围绕数据应用，针对公司业务发展需求，开展了以下数据价值挖掘，以及经营和风险管控的工作：

（1）应用大数据提升产品创新、客户服务和经营管理能力。

作为数据依赖型行业，银行在数据收集、整理和应用上具有自身特有的优势，为了真正使数据成为提高竞争力和经济价值的生产因素，某银行积极探索大数据前沿技术，以金融数据为核心、以外部数据为辅助，持续完善分析模型，运用文本挖掘及可视化技术，深入挖掘客户需求，更加全面地了解客户、服务客户，并采用分布式、流数据等技术提高信息服务的及时性和准确性，增强客户服务能力，提升营销的精准度和效率，提高风险管控能力，将信息优势转化为业务竞争优势。

（2）建立精准、全渠道协同营销机制。

利用大数据技术，改变过去"撒网式""跑楼式"营销方法，通过智能营销信息服务管理系统，深入挖掘客户基本特征及消费行为特征，针对不同层次的客服进行个性化、差异化营销，全渠道协同营销，大幅提升营销成功率。

（3）**深度挖掘数据价值，提供个性化客户服务**。

通过对大数据的深度挖掘，分析客户的特征和行为，实现对客户需求的精准把握，提高客户服务的针对性和有效性，为客户提供随时、随地、随心的线上线下一体化服务，丰富客户个性化的服务体验，提升客户服务能力。改变传统对文字信息的人工阅读、逐条归纳的分析方式，利用文本挖掘技术"客服智能分析挖掘模型"，运用大数据技术，更高效、智能地挖掘提炼出客户关注的焦点问题和产品痛点，并进行关联性分析，及时洞察和掌握客户的真实心声，推动服务水平的持续提升。

（4）**贷款、融资产品创新，实现高效审批和风险控制**。

借助大数据的支持，某银行率先推出自助信用贷款产品"逸贷"，某银行借记卡（或存折）、信用卡持卡人在某银行特约商户刷卡消费或网上购物时，无须办理抵押和提交贷款资料，即可自动办理贷款，资金瞬时到账。此外，某银行还推出小微商户逸贷、网贷通等融资产品，通过大数据技术实现高效审批和有效的风险控制，使产品更贴近客户需求，更具有市场竞争力。

（5）**强化风险管控能力，完善风险视图**。

近年来，随着金融信息化的快速发展，某银行的风险管理也面临着前所未有的挑战。某银行建立信贷监测中心，运用大数据挖掘技术，集成银行内外信息资源，形成了对全部信贷经营机构、全部信贷客户、全部信贷产品的实时监测分析和预警控制网络。以"一线放开、二线管住"为目标，凭借大数据技术，建立了交易反欺诈体系，以金融内外部的海量数据为基础，部署了数百个精准的智能模型，辅以计算机集群技术，大幅提升了欺诈交易的识别率，并可实时干预欺诈交易。

（6）**打造开放型、综合金融平台，捕捉市场机会**。

在经营层面，随着人们社会交往、消费方式等互联网化以及更多传统企业向电商或半电商企业转型，某银行需要打造一个开放型、综合化的金融平台，将每个节点、企业和个人的交易信息、金融信息、物流信息等在内的全行所有信息按统一标准存储在平台上，形成一个个像集成电路板一样纵横交错的信息网，再经过大数据处理和数学建模分析，从中发现市场机会，为经营决策提供依据。

7.2.3 价值成效

某银行将"信息化银行"理念贯穿在日常各项经营活动中，从"两库一师"的建设入手，实施一系列举措后，在基础建设、经营、管理、营销等层面都取得了显著的成效。具体成效如下：

1. 海量结构化数据全覆盖

目前数据仓库数据已覆盖行内对公、个人、银行卡、电子银行、金融市场、风险管理、经营分析、综合化等业务线，在地域上覆盖了境内外系统的全部机构地区，并逐步纳入工商注册信息、证券价格等外部数据，存储数据量超过400TB。

2. 非结构化数据存储丰富

目前集团信息库已纳入行内资讯、业务知识、规章制度等领域2000万个信息索引，纳入700多TB客户行为日志、客服工单及外部信息等非结构化数据，促进了信息的跨专业共享与流动，并为开展客户行为分析、情感表达分析等多维度分析提供了数据基础，成为拓展营销机会、优化产品结构、提升服务质量、加强风险管控的重要助推器。集团信息库已成为某银行继数据仓库之后的又一大信息资源宝库。

3. 体系化分析全行信息，建设多领域应用

某银行通过建设数据分析师和专业分析师两支队伍，以规模化、集约化、体系化方式，对全行拥有的各类数据信息资源进行深入挖掘和分析，将分析结果应用于客户营销、经营决策、内部管理、风险控制等领域，充分发挥信息的价值，推动经营管理模式和业务发展方式加快转变，为全行经营战略转型提供支持。

4. 准确定位目标客户，个性化精准营销，提升成功率

通过智能营销信息服务管理系统，成功营销537.84万目标客户交叉购买理财产品、商友卡、电子银行等重点产品，总体营销成功率达到25.29%，在客户拓展、交叉销售和客户关怀等领域取得了较好的效果和带动作用，在增加收入、降低成本、提高效率、规避风险等方面累计创造综合效益20亿元。

在支持"中高端客户服务"方面，对代发工资低留存率等中高端客户进行差异化营销，综合营销成功率达22.72%，实现综合效益1.84亿元。

在支持互联网金融产品营销方面，为融e购、工银e支付、工银e投资、账户外汇等互联网金融产品推广提供精准营销信息服务，推送的目标客户中成功登录融e购平台客户占总登录客户的72.23%；成功交易客户占全部交易客户的88.62%。目标客户累计成交金额及消费综合积分占比分别达到64.84%和97.78%。

5. 快速挖掘客户真实需求，抢占市场先机

一是在小微企业信贷领域，通过以商户POS交易流水作为授信依据、以POS结算账户作为质押的方式，某银行建立了全方位、多角度的企业交易数据分析模型，以准确把握企业

经营现状和现金流能力，在实现方便、快捷的小微企业放款的同时，提高了贷款的安全性。目前某银行的小微企业信贷业务已实现签约商户6553户，授信额度67.5亿元，户均授信103万元，发卡6900张。二是结合互联网金融、大数据分析等技术，某银行启动了个人小额信用消费贷款产品的设计和研发工作。计划利用大数据分析锁定目标客户，核定贷款限额，支持对客户申请的自动审批；通过建立小额信用消费贷款风险监测模型，定期监测个人小额信用消费贷款的发放情况。

6. 风险模型有效性提升，实现风险的准确识别和快速干预

一是信用卡业务方面，截至2015年2月，已有效防范美国家得宝公司信息泄露案、沙特阿拉伯和巴西欺诈商户盗刷案等多起欺诈案件，直接拦截高风险交易约74.53万美元，避免外币账户风险损失约合943.39万美元，避免人民币账户损失约合9513.04万元。二是引入外部数据方面，在2014年6月发生的青岛港骗贷事件中，通过对互联网舆情的监测分析，形成了由涉案客户、关联途径及涉案特征所组成的事件关联信息图谱，为信贷监督人员更高效、全面地排查涉案客户，发现风险特征提供了线索。

7. 经营管理水平提升，业务流程优化，实现精细化经营决策

一是完成了全行统一标准的云服务平台构建，提供全行指标搜索引擎服务，为全行各层级用户提供指标检索的统一入口，整合分散在各业务系统中的数据，降低用户信息获取成本，有效解决"数据沉睡"的问题，目前支持近40万个指标的检索；以互联网思维提升数据质量，支持用户对搜索出的指标进行"点赞""星级评分""评论""收藏"，反映指标的真实使用情况，为淘汰"同名歧义"指标，改进指标质量提供直接依据。二是借助海量数据处理技术，运用大数据可视化图形工具，使用户直观地了解业务发展趋势、业绩构成，快速进行经营诊断；通过多维联动钻取技术，将机构、网点、产品、员工、客户、渠道等不同维度的指标有机串联在一起，形成具有血缘分析特点的视图，支持用户实现从全局到细节的循因分析。三是开发了新的绩效考核系统，借助大数据"聚类""分类"等分析方法，结合分行管理经验，建立指标分析及挖掘模型，从机构、部门、产品、客户和员工五个维度构建起完整的绩效评价体系，激发了经营活力和价值创造力。

7.2.4 参考价值

建设"两库一师"是某银行在数字化运营方面能够取得突出成绩的关键一步，而在其后，某银行更是利用数据来精准把握市场和客户需求，采取一系列措施后获得了显著成果。对于那些与某银行处于类似情况、面临同样难题的企业，可以借鉴某银行的做法，以此思考企业自身的解决思路、途径。具体可以从以下几个方面进行参考：

1. 多源异构数据的全面汇聚是数据应用蓬勃发展的基础

企业的数据来源多，采集自各个不同的业务系统，同时其数据形式也很丰富，包括结构化数据和非结构化数据，以及实时数据和非实时数据等，这些不同来源且不同形式的数据就构成了企业的多源异构数据。结构化数据也称作行数据，是由二维表结构来逻辑表达和实现的数据，严格遵循数据格式与长度规范，主要通过关系型数据库进行存储和管理。非结构化数据是数据结构不规则或不完整，没有预定义的数据模型，且不方便用数据库二维逻辑表来表现的数据。

对于同样拥有多源异构数据的企业来说，可以针对不同类型数据形成专门的数据库，对于难以采集的数据也可以采用提供统一检索的方式来解决这一问题。数据库的建设应注重信息采集的时效性和自动化，推进各类信息的标准化和全覆盖，实现信息资源的有效"集中"，全面汇聚多源异构数据，为数据应用建设打下坚实基础。

2. 非结构化数据的有效利用是数据价值发挥的关键

不难看出，结构化数据是高度组织和整齐格式化的数据，与非结构化数据相比，它更容易被人们检索和使用，结构化数据分析已形成了较为成熟的过程和技术，而非结构化数据的采集、处理和分析都比较困难。非结构化数据在整个企业中的量级和规模都是很庞大的，尽管其使用不易，但其蕴含的信息价值对企业或许是一个新的绿洲。因此对很多企业来说，怎样去更好地处理和利用非结构化数据是大数据价值能够得到进一步发挥的重点。

非结构化数据的加入，能够使企业在对客户需求进行挖掘时有了更多的依据，使得客户画像愈发清晰，帮助企业实现个性化的精准营销，准确定位目标客户，其营销成功率也将大幅提升。

3. 数据的统一管理是打破"数据孤岛"的有效途径

对绝大部分企业来说，不同的信息服务于不同的应用场景中，而不同的系统，都收集到了一部分的客户数据。问题在于各个系统中的数据未打通，客户信息数据存储碎片化，企业很难对客户的行为做洞察和管理。

对此，企业可以采用搭建统一的数据信息管理平台的方式，打造一个开放型、综合化的管理平台，将企业的所有信息按统一标准整合存储在一个平台上，避免相同含义的数据在不同系统中命名或值不同的情况，打破企业"数据孤岛"，将各个部门系统上的数据融通，透过对数据精细化的管理和分析，企业可以洞察市场供需关系、行业现状及发展趋势，帮助企业做出正确的经营决策。以数据为支撑的决策能够让企业管理者更有信心、更加放心。

4. 安全风险的准确识别和拦截是业务发展的重要保障

风险是看不见摸不着的，企业在经营过程中要有风险意识，一招错失，或许全盘皆输，危险事故发生时，再去谋求策略则为时晚矣。有经验的企业管理者可以在经营过程中嗅出风险的味道，但是人不可能在每一次危险来临之前都能够做出预判，单纯靠人为判断容易出现纰漏。

因此，企业可以针对重点业务建立监测中心，运用大数据挖掘技术，集成企业内外部信息资源，形成对业务全部信息的实时监测分析和预警控制网络。对于银行这一类金融企业来说，还可以凭借大数据技术，建立交易反欺诈体系，部署精准的智能模型，辅以计算机集群技术，能够大幅提升欺诈交易的识别率，并可实时干预欺诈交易，全面提高风险防控水平。

7.3　某省政府数字化运营实践——"1+2 管运分离"

在国家战略的指导下，某省以建设"数字中国"、智慧社会为导向，按照国家推进"互联网+政务服务"、加快政务信息系统整合共享和实施政务信息化工程建设规划等工作部署，大力推进"数字政府"改革建设。为解决信息基础建设程度低、数据资源未完全整合、数据价值没有充分利用、各部门资源共享及业务协同难度高、数字化水平不高、市场监管不到位、社会治理智能化程度不高等问题，创新实践"1+2"管理体系，全面提升政务数字化水平、智能化程度，取得了丰硕成果，对各地"数字政府"建设具有一定的参考意义。

7.3.1　案例背景

随着环境以及技术水平的不断变化和提升，在国家战略的指导下，我国的"数字政府"经历了从萌芽期、成长期、巩固期，到如今的全面提升期。党中央、国务院高度重视"数字政府"建设，并将其作为实现国家治理体系和治理能力现代化的战略支撑，提出以电子政务为抓手，推进政府管理和社会治理模式创新，实现政府决策科学化、社会治理精准化、公共服务高效化。

虽然某省在电子政务建设和应用方面已取得了一定成绩，但随着社会的变化和政府治理需求的演进、加之科技手段工具的升级，停滞不前只会落后，其建设也应与时俱进、突破创新，不断提升各方面能力，以适应不断变化的民众需求。某省首先需要改进以下几个方面的不足：

1. 信息基础设施集约化程度较低

一是信息基础设施重复建设现象严重，仅省直属部门就有 46 个自建机房，多个部门和地市都在建设数据中心及灾备中心，资源利用率低、运行效益低等问题突出；二是运维难度大，服务水平低，无法形成集约效应；三是尚未形成全方位、多层次、一致性的网络安全防护体系，存在"木桶效应"，国产密码的基础支撑作用未得到充分发挥。

2. 数据资源对决策保障的支撑度不足

一是决策所需的大数据资源还不够健全完整，在整合互联网数据、空间数据、多领域行业数据方面仍存在较大提升空间。二是未能全面发挥政府数据治理、数据决策的作用，缺少统一的政府大数据融合机制和平台，全方位数据挖掘和分析应用能力不足。

3. 各部门专业应用和数据整合共享力度不足

各部门信息化分散建设，缺乏统筹和统一规范，导致网络难互联、系统难互通、数据难汇聚、发展不均衡，业务流程、数据标准不统一，造成数据难以汇聚共享，业务难以协同联动，无法适应大数据发展的要求。

4. 办公协同一体化水平不高

缺少统一、畅通的跨部门线上办公协作平台，导致部门之间、地市之间业务系统尚未充分互联互通，业务审批与办公自动化系统未能协同联动，"移动办公"仍有较大提升空间，文件下发、信息传达层级多、流程长，制约了办公协同效率。

5. 经济调节的数字化水平不高

一是经济调节数据整合和协调运用程度不足，尤其缺乏对社会化、互联网数据的综合利用；二是数据维度、标准不一，海量数据有待治理；三是数据分析预测能力对经济预警、政策制定等支撑能力不足；四是经济调节数据在企业开办、不动产登记、跨境贸易等领域的应用有待加强。

6. 市场监管的方法工具不够完善

对照国家关于市场监管的改革要求，我省相关信息化支撑力量还比较薄弱，尚不适应事权下放、监管后置对"管"提出的更高要求，特别是监管方法手段还不够丰富，没有充分利用数据共享、数据挖掘技术进行市场异常分析和预警，急需尽快健全大数据驱动的市场监管新机制。

7. 社会治理的智能化程度不高

在社会治理的精细化、智能化、现代化等方面，还存在一定差距。一是"社会风险感知网"尚未形成，网上网下的态势感知体系有待提升；二是各部门应用系统的数据共享程度不高，对社会治理应用支撑能力不足；三是大数据驱动的社会治理新体制、新平台、新应用尚未形成。

可以看出，某省的"数字政府"改革建设中目前主要的问题出现在信息基础建设程度低、数据资源未完全整合、数据价值没有充分利用、各部门资源共享及业务协同难度高、数字化水平不高、市场监管不到位、社会治理智能化程度不高这几个问题上。某省要想推动"数字政府"进一步发展，就必须先解决这些问题，从基础建设、管理层面、应用层面等提高政务数字化水平、智能化程度，实现数据资源的全面汇聚，充分挖掘和应用数据价值。

7.3.2 主要举措

为了响应和落实国家政策，推进"数字政府"改革建设向纵深发展，某省创新提出了"1+2"管理体系，在省政务服务数据管理局的统筹领导下，按照"建管分离"的总体原则，建立"建管分离、管运分离"的"1+2"管理体系。规避"既是裁判员又是运动员"的建设管理缺陷，引入监管角色与监管审计机制，实现数据治理的共管共治，互相制约，互相驱动的高效能管理体系。推动和管理某省政务大数据中心数据共享、开放相关各项工作，实现数据治理工作从"技术核心"向"业务核心"转变，从"重建设"向"重治理"转变的阶段性跨越。

"1+2"创新管理模式是指在原有数据建设运营方之外，引入数据管理方和数据审计方，形成三方共建、共享、共治的管理运营模式，如图7-3所示。

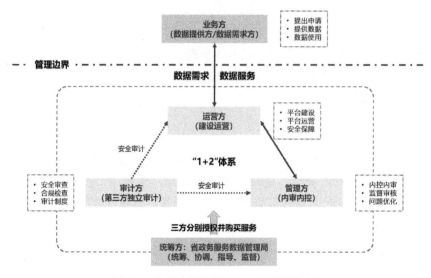

图7-3 某省政务数据"1+2"管理体系

在"1+2"管理体系的基础上，某省选择了从管理、业务、技术三方面入手，采取了一系列措施。具体如下：

1. 优化、强化管理机构

进一步加强"数字政府"改革建设工作领导小组的统筹协调作用。省政务服务数据管理局加强纵向工作指导和横向工作协调力度，健全与地市和部门的工作统筹协调机制，指导各地各部门制定具体工作方案和相关规划，形成"数字政府"省级统筹建设管理体制和省市县协同联动机制，各级政府形成合力，稳步、规范推进各项改革。

2. 构建"共建共治"改革新格局

坚持政府主导，通过政策引导、规范监管、购买服务、绩效考核等加强对"数字政府"建设的统筹协调和组织推进。与优秀骨干企业共同参与"数字政府"项目建设，提升政府管理服务水平，向社会充分释放改革红利，鼓励社会主体广泛参与"数字政府"创新应用建设。

3. 健全驱动全省电子政务发展的动力机制

将"数字政府"改革建设工作纳入全省各级政府绩效考核体系，正确处理好政府、市场和社会的关系，共同培育和提升"数字政府"改革建设的内生动力。

4. 构建"纵向到底、横向到边"的"数字政府"业务体系

突破传统业务条线垂直运作、单部门内循环模式，以服务对象为中心，通过数据整合、应用集成和服务融合，构建"纵向到底、横向到边"的整体型"数字政府"业务体系，建设六大管理能力应用、三大服务能力应用，实现业务协同、数据共享交换。如图7-4所示。

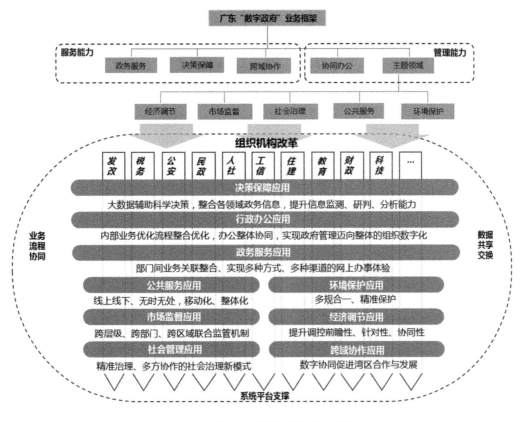

图7-4 某省"数字政府"业务体系

5. 建设"四横三纵"的分层架构模型

如图 7-5 所示，"四横"分别是应用层、应用支撑层、数据服务层、基础设施层，是指通过建设大数据中心、政务云、政务网，对基础设施层进行统一规划、统一标准、统一建设、统一运营，并在大数据中心上，建立基础信息库、主题库、专题库，以及政务信息资源目录等数据服务内容；同时建设统一身份认证中心、可信电子证照系统等平台为各类政务应用特别是政务服务和行政办公两大类应用提供支撑。

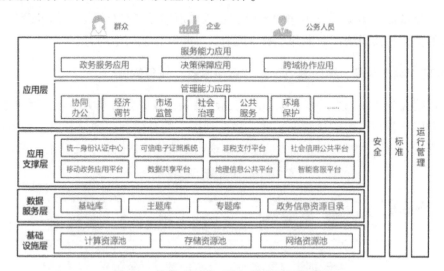

图 7-5　某省"四横三纵"的分层架构模型

"三纵"分别是安全、标准和运行管理，是指构建全方位、多层次、一致性的安全防护体系，建设"数字政府"标准规范体系，形成分级管理、责任明确、保障有力的"数字政府"运行管理体系。

7.3.3　价值成效

某省政府大力推进电子政务建设，运用现代信息技术手段实现组织结构和工作流程的优化重组，提高服务效率，在"数字政府"建设上取得了显著成效。具体成效如下：

1. 主动探索创新，服务中央和省委重大战略部署

充分发挥"数字政府"一体化基础平台支撑优势，在优化政务服务方面持续发力，服务中央和省委重大战略部署。以重点地市支持帮扶成效为例：

一是支持某地市先行示范区建设取得新进展。为该地市提供 65 类政务数据、430 种电子证照和 86 个地图产品，全市 94% 的事项实现"零跑动"，168 项行政服务在全国率先实现

全流程在线秒办。

二是支持某地市实现老城市新活力和"四个出新出彩"取得新成效。在该地市某区开展基层减负便民试点，群众办事信息少填60%、材料少报50%、少跑70%。

2. 加强统筹规划，推进政务数据资源共建共享

积极推动全省政务信息系统互联互通、政务数据集中集约管理。

一是按照"全省一片云""全省一张网"的思路，统筹推进全省政务云和政务网建设，为省级部门及地市提供一体化云资源服务，支撑1103个政务信息系统，整体规模位于全国前列。政务外网接入单位总数达252个，实现省市县镇四级全覆盖，可用率达99.9%。

二是建成全省政务大数据中心，促进跨部门、跨层级数据共享和条块业务系统互联互通，建立人口、法人、信用、空间地理、电子证照等基础数据库，形成共用共享的数据资源池，69个省级部门通过省政务大数据中心共享3955类数据，归集数据总量逾182亿条，政务数据同源和开放共享规模位居全国前列。加强数据分级分类管理，积极探索推进公共数据资源开发利用。

三是推广应用全省统一身份认证、可信电子证照、非税支付、电子印章等公共技术支撑平台，支撑政务服务全省协同、全程网办，省级政务服务事项网上可办率达到98%，市、县级达到82%。

3. 强化推广应用，全面提升信息惠民便民水平

创新政务服务移动平台和模式，打造"某省事""某商通""某政易"等一批深受社会欢迎的"某系列"数字政府服务品牌。"某省事"平台推出两年来，平台注册用户数超过6500万，累计上线1195项服务、76种个人电子证照，其中988项实现"零跑动"。"某商通"平台为企业提供"一站式、免证办、营商通"贴身服务，目前注册企业和个人用户超过220万。"某政易"协同办公平台服务全省约65万名公务人员，支持300人同时在线开会。某省政务服务网网上可办事项超过14万，其中"最多跑一次"事项比例超过98%，七成以上"零跑动"，政务服务一体机已在东西北偏远乡镇和村居试点部署900台，打通政务服务"最后一米"，实现群众家门口办事。

4. 聚焦流程再造，进一步深化"放管服"改革

某省充分发挥"数字政府"改革建设对政务流程优化、政府职能转变的牵引作用，将"放管服"改革向纵深推进，压减省级行政权力事项2032项，压减比例达67.3%。在不动产登记方面，创新签发不动产权证书和登记证明电子证照，实现全省不动产一般登记5个工作日内、抵押登记3个工作日内办结。在工程建设项目审批方面，依托省政务大数据中心和电子证照库，助力工程建设项目审批流程优化，改革成效位居全国前列。在用能报装方面，依托"数字政府"一体化平台，将分散在运营企业的线上线下用电、用水、用气报装服务

进行整合。在解决中小企业融资难方面，建设上线省中小企业融资平台，服务中小企业1207家次，接收企业融资需求19.76亿元，获得银行授信9.82亿元。

5. 发挥数字优势，助力疫情防控和经济社会发展

充分发挥数字政府平台和大数据的支撑作用，创新防控技术手段和信息化应用，有力支撑疫情态势研判、精准防控，对促进经济社会秩序恢复、推进治理体系和治理能力现代化发挥了重要作用。

一是全面建立疫情防控数据共享机制，建成疫情防控核心数据库，汇聚全省105家单位286类数据，开展疫情防控大数据实战综合应用，形成风险防控"一张图""一张网"，有效防止疫情扩散。

二是快速搭建疫情防控内外双平台，建设疫情防控大数据实战综合应用平台，快速精准摸查重点人群，形成管控闭环。第一时间上线"疫情防控服务专区"，一站式及时提供权威疫情信息。创新"入省登记"服务，用信息化手段对陆路入省人员快速检测登记，覆盖全省各检疫站点，为外防输入提供重要支撑。

三是"某系列"平台服务复工复产复学。依托"某省事"推出疫情实时动态、健康申报、云祭扫、某康码等50多项防疫服务；"某康码"实现"一人一码""一码通行"，并与澳门健康码互换互认。截至2020年6月中旬，累计使用人数达9400多万人，平均每天亮码次数超过1700万，使用人数居全国第一。在全国率先上线小微企业和个体工商户服务专栏，推出"中小企业诉求响应""企业供需对接"等应用，持续优化营商环境。

7.3.4 参考价值

某省政府在"数字政府"改革建设上取得的成绩颇丰，其建设对于促进政府服务民生、服务社会的意义重大，对于需要推进"数字政府"建设的其他省地市政府来说，有着很好的参考价值。其中，可能具有参考价值的主要为以下几点：

1. 创新合作模式是集结各方力量、促进改革建设的有效途径

以信息化工作为例，企业若是自己承担信息化工作，一方面需要十分庞大的机构支撑和人员投入，且专业程度不足；另一方面容易造成重技术、轻业务，重建设、轻应用的现象。如此一来，既干扰了业务部门对业务和应用的改革创新，又不能保障技术建设运营和管理的质量。

面对以上问题，企业可以以数据中心为主体，采用与技术型企业合作的方式，向其购买服务，赋予其一定的职能，弥补企业自身能力存在的缺陷，与第三方企业合作共赢，朝着同一个目标共同努力。一方面避免了人员和机构编制的浪费，另一方面可以让业务部门能够专注于业务的改革，由具有专业技术力量的企业保障技术运营服务质量。

2. 引入审计方是对建设运营、管理工作的保障

数据的开放共享在提升办事效率、辅助政府决策的同时，也面临着数据安全问题，考验着企业的数据治理能力。在政企合作这一模式下，政府需要将数据权限开放给合作企业，这就不可避免地带来了一定的数据安全风险。同时，政府机构在对合作企业成果的监督和验收上也往往会遇到许多困难。

为此，某省政府在设立数据管理方和数据建设运营方之外，还引入了监管审计方，一方面是为了监管审计两方的工作完成情况，另一方面就是负责数据安全审计，包括开展合规检查、定期不定期评估等。

3. 分层技术架构是数据应用的有力支撑

纵向层级制与横向职能制的组织架构，使得企业中各个部门之间虽然纵向上存在着制约关系，但在横向上制约关系较弱。在纵向信息互联互通方面进行得相对较好；而横向信息的互联互通方面则困难重重，存在着众多的"信息孤岛"或"信息烟囱"。

对此，企业可以根据自身情况，以数据中心数字化能力提升和转型为引擎，从实际出发，搭建分层技术架构模型，横向上可以从应用层、应用支撑层、数据服务层、基础设施层或其他层面，使基础设施统一规划、统一标准、统一建设、统一运营，实现跨部门的资源集约、共享，建设应用支撑平台，实现共性数据的汇聚、共享，为各种应用系统提供基础、公共的应用支撑平台，实现用户相通、证照相通、支付相通、信用数据共用等；纵向上需要对安全进行把控、建设标准规范体系、构建有力的运行管理体系等。有力支撑数据汇聚，打破"信息孤岛"，才能更好地实现数据应用。

4. 便捷的服务方式是企业提升服务能力的关键

如今，各行各业、企业之间的竞争愈演愈烈，客户的认可度决定企业是否能够留住客户，是决定企业在这场激烈竞争中能否胜出的一大关键，而企业对客户提供的服务就决定了客户是否认可。

因此，企业应该基于大数据平台，对客户需求进行进一步拆分细化，精准捕捉客户真实需求，形成贴合客户需求的轻量化、高效、便捷、贴心的服务模式，以此提升企业的服务能力，获得客户认可，最终留住客户，使其成为"忠实客户"。

7.4 某电网公司数字化运营实践——"搭框架、重治理、夯基础"

数字革命与能源革命相融并进，电网企业的数字化转型已是大势所趋。某电网公司将数字化转型定位了企业级战略，以数据资产管理为抓手，以组织制度和平台工具为"两大支柱"，

以数据治理和数据运营为"双轮驱动",构建数据中心的个性化数据资产管理体系,促进数据有效供给和高效流通,通过数据对内对外的创新应用实现数据要素价值的全面释放,在数据治理、组织团队建设、技术支撑、数据运营方面都取得了显著成效,具有一定的参考价值。

7.4.1 案例背景

数字革命与能源革命相融并进,电网形态逐渐向能源互联网转型,电网企业加速向数字化转型。在某电网公司年中工作会议上,提出"推动电网智能化升级,企业数字化转型"。在国家层面上,电网企业的数字化转型已是大势所趋。在此形势下,某电网公司将数字化转型定位为了企业级战略,而做好公司数据中心数据资产的管理工作,盘活高质量数据正是实现公司数字化转型与建设数字电网的必要条件和核心基础。

2020 年 4 月 9 日,中共中央、国务院发布了《关于构建更加完善的要素市场化配置体制机制的意见》,这是中央发布的第一份关于要素市场化配置的文件,具有重大历史意义,其中,数据作为生产要素之一,被正式纳入国家所定义的要素市场化配置中。意见中提到的"推进数据开放共享、加强数据资源整合和安全保护、建立统一规范的数据管理制度,提高数据质量和规范性"等要求,在某电网公司开展数据中心数据资产管理的过程中,也多有涉及。以数据资产管理为抓手,加强公司数据流通和价值释放,促进公司数据向数据生产要素转化,也成了某电网公司对数据中心数据资产管理工作的新期许。

在数字化转型和数据生产要素流通的双重要求下,某电网公司的数据中心数据资产管理工作面临以下挑战:

1. 数字化转型的挑战,对数据资产管理体系模式提出更高的要求

数字化转型的一切都围绕着数据,包括但不限于数据的获取、沉淀、运用和洞察。有效的数据管理体系是保障,不断完善的数据质量控制是方法,持续优化的数据应用是目标。有效的数据质量控制有利于客观的分析和决策,有效地管理数据是公司实现数字化转型的核心基础。

2. 保障业务数据供给效率,对数据治理工作提出新的要求

随着数字化转型工作和数字电网建设工作的深入,业务部门对数据的需求也越来越大,但是通过数据质量分析,发现很多业务缺陷问题尚待解决,这些问题需要借助数据治理、数据运营等数据资产管理手段进行解决,从而进一步提升电网数据质量,保障业务数据的供给效率,支撑数字电网建设,全面提升供电质量,推动公司向智能电网运营商转型,助力成为具有全球竞争力的世界一流企业。

3. 促进数据生产要素高效流通,对数据服务能力提出新的要求

目前数据散落在各个系统对数据全貌尚不完全清晰,核心主数据在各系统中的标准相互独立，缺乏统一的标准，导致数据冗余，应用指标的正确率无法提升，严重影响上层数据应用服务的可靠性与持续性，从而无法切实支撑电网企业数字化转型，因此迫切需要强大的数据服务能力、专业的数据服务方式、高效的数据服务意识与管理能力来保障实现业务数字化，提高工作效率和质量，加强管控能力，提升决策的支持能力，提高资产利用率和跟踪效率，降低运营成本。

4. 数据资产管理工作本身仍有诸多待改进之处

某电网公司的数据资产管理工作在很多方面都已经取得了很好的成绩与效果，但是在数据质量、数据安全、管理效率等方面仍存在不足。如各业务域整合模型尚未构建，无法提高应用的实用化程度，元数据管理缺乏管理机制，数据安全缺乏体系化管理，数据管理机制尚未完善，人员资源没有有效盘活，无法有机整合人、技术、数据，无法满足地市局的数据需求等问题，既影响数据管理工作的开展，又无法满足业务需求，导致业务满意度与工作效率低下。

因此，某电网公司结合数字化转型战略和数据生产要素流通要求，通过构建数据中心数据资产管理体系框架、基于数据驱动来改变电网现有生产作业模式、促进企业管理流程再造、促进企业组织结构变革、改变企业与用户之间的关系，以及促进企业科学决策，以期应对以上挑战，满足高质量发展需求。

7.4.2 主要举措

为应对日益变化的数据质量和数据服务需求，某电网公司围绕数据资产生产阶段、数据资产增值阶段，以组织制度和平台工具为"两大支柱"，以数据治理和数据运营为"双轮驱动"，构建数据中心的个性化数据资产管理体系，促进数据有效供给和高效流通，通过数据对内对外的创新应用实现数据价值的全面释放。如图 7-6 所示。

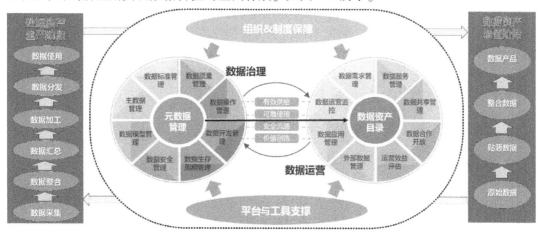

图 7-6 某电网公司数据资产管理体系

为了确保某电网公司数据中心的数据资产管理体系能落地、能充分发挥效用，针对体系中重要的几大内容，开展研究和建设实施，包括元数据及数据目录管理、主数据管理、数据质量管理、组织团队建设、平台工具建设（数据集市、数据运监平台、数据资产管理平台、大数据平台）、数据合作开放等。通过一系列的落地实践，推动数据资产管理体系模式演进落实，助力公司转型创收。

1. 以标准规范为基础，管控、维护元数据及数据目录

梳理元数据。全面梳理公司所有系统的元数据，对跨系统元数据进行统一标准化。通过结合业务开展需要和数据管理需要，针对元数据制定统一的标准规范，明确各类元数据的命名、格式、数值等方面的具体要求，为不同系统之间的数据对话，以及元数据统一建模建立基础和依据。

制定元数据标准规范。指导元数据变更填报工作，协助进行元数据变更审批，进行元数据维护问题管理。监控各业务系统元数据变更情况，分析监控结果，协助进行异常结果的处理，及时组织整改异常。

强化元数据管控及数据目录维护。更新维护数据仓库元数据，为数据应用人员提供元数据及数据目录技术、业务咨询服务，并进行元数据及数据目录必要的其他维护变更服务，提供内容全面、管理规范、脉络清晰的数据资产目录服务。

2. 规范化、技术化主数据管理，为工作开展提供指引

构建主数据识别评分标准。基于逻辑树分析法，某电网公司将现有的主数据定义细分为不同的维度，根据内容设置权重分值，构建可量化的主数据识别评分标准，为业务人员、系统承建厂商识别主数据提供了指导性的技术手段。

建立主数据管理规范流程。明确主数据管理流程内容包括：主数据的识别和定义、主数据的采集和接入、主数据的存储和备份、主数据的修改变更、主数据的废止和下线等；建立公司主数据管理的规范化流程，确保主数据全生命周期管理各干系方"有法可依、有章可循"，为保障主数据管理各项工作的有序开展，提供基础支撑。

主数据标准研究。通过对主数据标准的内容及流程研究，形成研究报告，为支撑和指导公司日常主数据标准管理工作提供依据。

3. 实现数据质量问题闭环处理，开展数据质量考核评价

实现数据质量问题闭环处理。制定《数据质量问题管理要求》，通过省地 1000 号实现重点应用数据质量问题集中受理，省地系统管理员、数据应用运维团队和数据平台运维团队多方协同联动，实现问题接收、分析、处置、反馈闭环。在数据质量管理工作开展的过程中，省级数据治理团队及时处理来自地市局数据质量问题反馈意见，及时进行分析、处理、回复。

开展数据质量指标评价考核。根据业务对数据的使用需求，制定数据质量检查评价标准，并按评价标准，校验抽取考核数据，开展数据质量考核；同时进行数据质量管理平台固化、验证、计算考核规则。另外，按要求开展日评价、周评价、月度评价工作，及时发布评价结果，编制信息系统数据质量及实用化分析报告。

4. 打造高效协同的专业运营团队，提供基础人力保障

通过明确数据运营团队的定位、组织及职责、服务内容，制定省地联动管理机制，建设团队能力建设与培养体系，制定团队工作考核机制等建设内容，打造高效协同的专业数据运营团队，改变以往数据运营和应用运维过程中工作职责混乱的情况，快速响应业务需求衍生的数据提取、发布、调度任务，以及算法、模型的调整等工作，为大数据平台和数据运营工作的省级应用和全面推广提供基础人力保障。

5. 建设"一集市、三平台"，实现全方位数据管控

构建数据集市。基于大数据平台，对各业务域数据资产进行深度融合与协同共享，通过数据产品化的方式，构建数据云上的中台数据集市层，建立资源丰富、质量优良、安全可控、资产透明、应用灵活、管理完善、运营智能的数据服务体系，实现业务域全口径数据的采集和管理。从各主题域维度构建面向实时分析需求、明细数据关联分析需求、即时报表及可视化探索需求、临时数据服务需求、大数据量的报表及可视化探索需求、数据挖掘建模需求、数据推荐与数据地图服务需求的数据服务集市，并进行应用成果的产品化沉淀，为相关应用提供统一的数据服务支撑。

建设数据运监平台。打造数据监控能力，加强对数据管理工作成效的管控。监控重点数据运营过程中的问题和故障情况，激发数据管理方和数据运营方完善自身服务和技术支撑能力，提高整体组织效能和工具产能。从租户、平台、应用及数据的维度对数据资产管理业务进行监控，帮助公司领导和管理人员更好地掌握大数据平台的整体情况，起到统筹全局、经营指挥、决策支撑作用；帮助运维监控人员进行日常运营监控，及时发现故障问题，快速分析问题原因，及时进行故障处理，持续优化某电网公司大数据平台的服务质量，提升数据服务能力。

建设数据资产管理平台。打造面向数据资产全过程的管理平台，将数据治理与开发过程相结合，通过强有力的运营工作推动，逐步整合、完善数据资产管理技术支撑能力，为数据资产管理工作的开展和进一步提升提供坚强有力的技术支撑。

建设大数据平台。构建准实时数据采集架构、混合数据存储计算架构，提升数据采集能力、数据存储计算能力，优化可视化数据挖掘能力，提升数据分析应用能力；通过大数据平台的全视图可视化管理，提升数据管理能力和数据理解能力，深度融合、优化多项大数据技术和功能，提升数据运维和数据服务能力。此外，还要实现大数据平台的向前兼容，降低用户学习成本，为人力、平台和知识资源的复用创造有利条件。同时，构建云租户管理能力，

实现资源合理有效利用，保障数据安全管控。

6. 培育数据要素市场，推进电力数据开放共享

通过制定电力数据对外流通机制，完善电力数据资源管理制度，开展数据运营产品与服务设计，制定外部数据共享和融合的生态合作机制等工作，培育数据要素市场，促进数据要素市场体系中的电力数据开放共享，推动电力数据的跨域融合，激活数据生态圈活力。

7.4.3 价值成效

某电网公司通过聚焦数据生产要素全流程管理，持续夯实数据治理基础、落实组织制度及技术支撑保障、促进数据内外流通应用等举措，充分释放数据价值，探索数据中心数字化运营实践，助推公司数字化转型。在数据治理、组织团队建设、技术支撑、数据运营方面都取得了显著成效。具体成效如下：

1. 打造"自底向上"的数据治理模式，夯实数据生产要素管理基础

通过元数据梳理，厘清 25 个业务系统总计 22 万余个字段的元数据信息，将元数据变更管理前移到业务系统设计、开发阶段，常态校验提升元数据标准的一致性。

通过元数据驱动主数据治理、数据质量管理等数据治理各领域工作的开展；通过数据责任矩阵将相关权责落实到业务部门各岗位，打造"自底向上"的数据治理模式，实现全员参与数据治理，确保数据生产要素在公司生产经营关键过程中的可知、可控。

2. 构建专业化组织及管理体系，优化数据生产要素过程管理

机制方面，制定完善元数据、主数据、数据质量、数据应用、数据共享开放等方面的管理流程制度，全方位、规范化指导数据治理和运营工作开展。促使公司 DCMM（《数据管理能力成熟度评估模型》GB/T 36073—2018）达到稳健级水平，处于行业领先地位。

组织方面，面向数据处理全过程，厘清数据运营团队的职责分工，组建 27 人的数据运营团队，划分为数据应用组、数据服务组、数据治理组 3 个小组，分别承担数据链路运维、数据提取应用分析等 12 项职责，形成数据业务专业管控和服务团队，主动发现和快速响应业务部门数据需求。

3. 构建"运、管、监"分离的技术保障体系，提升数据要素流转效率

建成数据资产管理平台、数据运监平台、大数据平台，形成"数据业务管理、数据业务监控、数据业务执行"三者相辅相成的技术保障体系，支持数字化运营的实施。

数据资产管理平台承载了数据资产管理相关流程和制度的落地。在元数据监控方面，集成 10 个主要系统的元数据监控，根据元数据监控情况共完成事前变更 130 多次，涉及 2400

多个表，55000多个字段，保障元数据标准一致率达到100%；在主数据管理方面，纳管80多类主数据，完成100多次同步异常数据处理，共计解决90多万条问题数据，各类主数据三方一致率达100%；在数据质量提升方面，年处理1000多万条数据质量问题，数据质量水平提升至97.67%；在数据认责方面，累计梳理17份数据流图，制定8份定责标准与流程规范文件并推行，对超过1亿条数据认责，并将认责成果在平台固化，实现线上数据录入问题追责。

数据运监平台承载了数据资产运营的全流程监测与强闭环管控。对全链路各类型的作业和异常情况、各集群的元数据进行采集，实时展示监控状态和异常情况，监控的集群主机达到近400台，平台日均采集和监控8万次作业任务，上线后累计触发100多条工单，处理140多个数据链路问题，数据链路问题处理及时率达到98%以上，问题处理闭环率100%。

大数据平台承载了数据的采集存储、处理分析、共享开放活动的执行。汇聚融合公司管理的大区和生产大区30多类业务（生产）系统原始数据，超过公司主营业务总数据量的90%；服务全省27个租户，累计支撑全省范围内390多个数据应用运行。

4. 构建流转通畅的数据运营模式，释放数据生产要素价值

以数据生产要素流通为目标，以数据应用建设为驱动，不断扩展数据整合层模型、指标、标签等数据共享开放服务能力。

促进公司内部数据共享。建设数据集市，落地1800多个数据整合模型，支撑企业运管、财务大数据、配网规划、客户服务等数据应用建设，形成2900多个指标，根据3600万用户信息形成700多个标签，提供数据标签共享服务能力；实现基于数据集市查找100个业务数据仅投入2人天，整体需求效率提升93%。

探索数据对外开放服务。与省公安厅、省应急厅、政数局、建行开展数据合作，输出用电应急指挥、融资贷款信用评价等多行业数据融合服务，推动公司数据生产要素对外辐射应用价值。

7.4.4 参考价值

某电网公司在数字化运营上取得的阶段性成功，得益于公司长期以来致力于数字化转型的坚定决心，在这条路上的不畏艰险、坚持不懈。对于其他与其有着同样目标的企业来说，某电网公司所采取的举措是十分有借鉴意义的，具体如下：

1. 前向元数据管控是数字化运营落地的基石

企业大数据环境中的数据形态多样，且各系统之间容易存在标准不统一的情况，在这些不同类型的数据之间要进行采集、传播和共享就成了难事。这就势必要求企业对这些数据进行统一标准的管控，即元数据管理。而大多数企业经常会把元数据管控的工作聚焦在事后存量治理上。

这就要求企业将元数据管控前置，变革以往的元数据事后存量管控模式，将元数据管控初始节点前移到信息化系统建设阶段、系统数据产生之前，杜绝数据结构管理无序现象。一方面以数据资产管理平台为基础支撑，制定并推动元数据标准在系统中落地；另一方面以元数据为抓手，及时发现不符合元数据标准的不合规系统建设情况，加强数据源头管控，从根源上避免数据质量问题的产生。

2. 数据应用是驱动数字化运营升级的强劲动力

"数据治理价值不显"是大多数企业在进行数字化转型过程中都会面临的一个传统困境。一方面数据治理过程中，需要做的事情包括方方面面，对于业务人员来说无疑是增加了工作量，另一方面在进行数据治理初期，其价值也尚未体现，这都导致数据治理愈发困难。为了打破这一困境，企业可以依靠数据应用反向驱动质量提升，让数据治理的价值能够得到直观体现。

改变原有运动式数据治理方式，在数据使用过程中发现数据质量问题并驱动问题快速解决，促进数据质量的持续优化提升。这样一来，其数据治理价值则更为直观可见，可以提高企业工作人员对数据治理的重视，增强维护数据质量的意识。

3. 制度的落地执行是实现数字化运营有效管理的关键保障

好的管理必然是成功的前提，但规划总是需要有人去执行落地的，管理者的伟大蓝图需要由执行者去实现。然而现实却是，管理与执行时经常呈现"两张皮"的情况，以及管理与实际执行脱节的现象。

为了规避这一问题的发生，企业可以建立覆盖元数据、主数据、数据质量、数据应用、数据共享开放等领域的公司统一的数据资产管理制度体系，推行管理制度数字化，通过数据资产管理平台实现管理制度刚性执行。同时在平台运营过程中，持续完善各领域的管理办法及实施细则，不断优化操作要求和相关流程，实现对数据资产管理体系制度的贯彻落实，确保执行工作与管理要求一致，实现"一张皮"的数据全面管理。

4. 运、管、监体系相辅相成，构建数字化运营机制

运、管、监体系分离模式，是指将大数据平台中的数据采集、存储、计算等视为数据专业的业务活动，将数据资产管理平台视为数字化部门管理数据业务的业务承载系统，将数据运监平台视为数据专业的业务运营管控系统。企业可通过数据运监平台来确保各过程活动全息透明可见，及时发现处理数据问题故障，提升工作效率，显化数据价值。

对于尚处于传统的数据运营、管理、监督模式，且存在职能缺失和分工界限不清晰情况的企业来说，执行运、管、监分离模式是十分必要的，以独立的数据监督能力为依托，既监督数据管理工作的管理成效，也监控数据运营工作的运营效率，能够激发数据管理者和数据运营者完善自身服务和技术支撑能力，提高数据工作效能。